잘가라 사랑

김수남

내가 그리운 것을 그리워하며 늙는 것처럼
너희도 그리운 것을 그리워하며 늙어야 했다

이화

잘가라 사랑

작가의 말

1962년 6월 10일에 화폐개혁이 있었다.

10환이 1원으로 바뀌는 개혁이었다.

1,200원을 품에 넣고 대학시험 보러 서울에 갔던 그해 겨울이 떠오른다.

1,200원 속엔 왕복 기찻삯과 일주일의 여관비와 15원짜리 짜장면 스무 그릇이 들어있었다,

1966년 조선일보 신춘문예의 당선 소설 '조부사망급래'의 원고료는 3만 원이었다.

막걸리 한 되가 15원이었고 오징어 두루치기 안주 한 접시가 20원이었다.

스물 갓 넘은 청년 넷이서 두루치기 두 접시에 한 되씩 먹고 거나히 취하면 딱 100원이었다.

넷이서 그런 술자리를 300번 가질 수 있는 돈이 당시의 3만 원이었다.

짜장면 값은 자꾸 올라가고 있었지만 1960년대 어느 시점까지는 짜장면 1000그릇을 먹을 수 있는 돈이 3만 원이었다.

3만 원은 무지무지하게 큰돈이었구나!

1971년. 맥줏집에선 맥주 한 병에 150원을 받았다.

술 따라주던 아가씨(미안합니다, '작부' '접대부' 같은 야만적인 언어가 싫어서 그냥 쓰긴 썼지만 '아가씨'라는 정갈한 의미를 훼손하는 듯해서

그마저도 꺼림칙하다)에겐 보통 300원의 팁을 주었고 500원을 주면 작별인사에 기름기가 잘잘 흘렀다. "오빠, 또 와용." (그때 이미 '오빠'라는 말은 대폭발 조짐이 있었다.)

그러니까 3만 원은 술집 맥주 200병 값이었다.

그때 그 3만 원이 바로 아직도 쓰는 3만 원이다.

지금은 둘이서 칼국수 한 그릇씩 먹고 소주 한 병씩 먹는 금액이다.

그런데 그 화려하던 3만 원의 가치가 세월이 흘러 그렇게 전락했다.

단편소설 한 편을 쓰려면 며칠이나 걸릴까?

천재(?)는 사흘이고 범재는 한 달을 잡아야 할 것이다.

눈이 침침하고 허리가 뻐근할 만큼 노동량도 만만찮다.

창작의 고통을 말하는 건 허세 부리는 것 같아서 접어둔다.

도스토예프스키도 글 써서 빚을 갚았다는데 코리아의 지금은 도대체 무슨 시대일까?

글 농사라고 해야 소설은 작년에 달랑 한 편 썼다.

올해는 이 에세이집 한 권이 다다.

겨우 콩 예닐곱 되 거둬들인 꼴이다.

쌀이든 콩이든 글에 무슨 종자가 있으랴만

앞으로 쌀 몇 마지기 더 지을 수 있을는지는 나도 모른다.

글값 받고 글 쓰던 세월이 자취도 없이 사라졌다.

두둑한 원고료를 안주머니에 넣고 어떤 놈 만나기만 해봐라 술 사줄 테다, 하던 때도 있었는데 ……

글쟁이는 글값이 나와야 걸작이든 태작駄作이든 신명나게 쓴다.

죽을 때까지 「쓰는 일은」 내 존재의 까닭이다.

나는 나에게 아직도 더 두근거리고 싶다.

2018년 2월

차 례

데 1 장

막대사탕의 막대가 찡얼댔다. 사탕을 사랑한 것두 죈가유?

세상 한 번 '눈깔' 빠지게 팍팍, 잘도 빡세게 돌아간다.

'메리 크리스마스'의 한국어 유행 버전이 '메리 그리 숨었수'라는 걸 최근에야 알았다.

'나르시소 로드리게즈 포 힘 블루 느와르'가 향수 이름이라는 것도 며칠 전에야 알았다.

'라이언 인형'이라는 게 카카오톡의 이모티콘이라는 걸 안 것도 엊그제 일이다.

영어(또는 외국어)의 앞이나 끝을 붙여서 캐릭터를 만들어내는 발상법 자체야 알고 있었지만 마동석이라는 배우가 lovely에 붙어서 '마블리'로 불리는 줄 어찌 안단 말인가. 괜찮은 영화라면 더러 보는 편인데 사실은 마동석이라는 배우도 요즘에사 알았다.

영화도 한때, 유행도 한때, 모든 게 한때다.

나도 한때는 영화광(?)이어서 헐리우드의 옛날 배우들은 제법 아는 편인데 하루가 다르게 다른 세상의 속도와 풍속도를 좇기가 사뭇 벅차다.

만으로 73세, 한국식 나이로 75세라면 언제 죽어도 딱 좋을 만큼 숙성이 잘된 노인이다.

그런 내가 이 빡센 세상에서 느닷없이 막대사탕 타령을 하자니 비호감 늙은이 캐릭터가 될 것 같다.

나는 내 자신에세 버럭 호통치고 싶다.

"이 영감탱이야, '네비'로 저승길이나 검색해봐. 무슨 놈의 사탕 타령여?"

미안하다 미안타! 사실은 막대사탕을 한 번도 먹어본 일이 없어서 그래.

나 스스로도 어이가 없다.

한국에 막대사탕이 나타난 건 1980년대다. 그 무렵에 나는 이미 마흔을 넘겼다.

그러니 나는 막대사탕 세대가 아니다.

굳이 말한다면 눈깔사탕 세대다. 그러나 내 뇌와 혓바닥의 기억엔 '눈깔'마저도 가물가물하다.

그거 하나 입안에 넣으면 한쪽 볼때기가 둥그렇게 부풀어 올라 한 사나흘 행복할 것 같았던, 그래, 눈깔사탕이라는 게 있긴 있었다.

나는 …… 그 눈깔사탕을 도대체 몇 개쯤 먹고 열다섯 살 소년이 되었지? 일곱 개쯤 먹었던가, 아홉 개쯤 먹었던가? 유년의 단맛은 나에게 그저 신기루 같은 그리움으로만 존재한다.

"막대 사탕 있수? 그, 뭐라냐, 츄파~춥스? ……. "

내가 편의점에 가서 그렇게 찾는다면 알바 아니면 주인은 어떻게 생각할까?

손자 사다주려는가 보다, 라고 지레 짐작하겠지.

"할아버지가 빨 건가요?"

철딱서니 없는 알바가 고약한 말투로 묻는다면 어쩐다? 찍자 붙을 수도 없겠고 …… 그것, 참. 도리가 없다. 뻔뻔하게 아니면 당당하게 …… 다.

'아니, 내가 핥으려구.'

그렇게 속으로 리허설까지 한 뒤 막대사탕 하나 사러 갈 참이다.

한 개라도 빨아먹고 막대사탕 이야길 써야 뭔가 느낌이 올 것 같다.

사가지고 오면 몰래 핥을 것이다. 내 속셈도 모르는 아내가 구시렁거릴 게 뻔하니까.

"쯧쯧, 애들도 아니고, 갑자기 막대사탕은 ……."

츄파춥스를 핥다보면 사탕은 점점 작아지고 어느 순간 부서지면서 안에 있던 껌도 먹을 수 있다는데 …… 그거 정말일, 까 …… ? 궁금해 죽겠다.

지금 마악, 마트에 가서 막대사탕 하나를 샀다.

열심히 핥고 끝까지 빨았다. 점점점 …… 녹다가 마침내 사라진 사탕.

그런데 껌은 없다. 스페인에나 가야 껌이 나온다는 것인가?

그런데 노엘 디어라는 영국 역사학자가 그렇게 말한 건 뭐지?

“2천만 명의 아프리카인이 노예무역에 희생된 것은 설탕 때문이다.”

뉴기니에서 시작하여 인도 인더스강 근처의 사탕수수는 마침내 알렉산더 대왕을 만났다.

인도의 설탕도 그리스 로마와 인사를 나눴다. 십자군 전쟁도 설탕 맛을 미리 알아버린 이슬람제국과 ‘나도 그 맛 좀 보자’고 달려든 유럽의 싸움이었다.

15세기 16세기 설탕전쟁의 선봉은 포르투갈이었는데 스페인 영국 프랑스가 가만히 있을 리 없었다.

4m가 넘는 사탕수수를 베고 압착하여 즙을 내고, 끓이고 정제하여 설탕을 만들려면 얼마나 많은 노동력이 필요할 것인가. 그 노동력의 필요성이 아프리카 원주민을 노예로 만들었고 그로부터 노예무역이 인류 역사에 자리 잡았다.

달콤한 맛에 중독된 유럽인들의 욕구는 설탕산업을 일으켰고 19세기까지 설탕의 최대 소비국이었던 영국은 단맛의 대중화를 촉진시켰다.

유럽산 사탕무 설탕은 마침내 사탕수수 설탕을 앞지르기도 했다.

급기야 수많은 여기저기 군데군데가 단맛을 장악하려는 열강들의 전쟁터로 변했다.

20세기에 들어오면서부터 설탕의 제패에 성공한 나라는 미국이다.

대서양은 설탕의 이동경로다. 대서양을 지배하려는 열강들의 설탕전쟁이 살벌할 수밖에.

설탕은 이슬람제국에서 유렵을 거쳐 미국에 도착했다.

제국이 지나간 자리에는 설탕의 피가 흥건했다 .

사탕수수 재배를 위해 끌려온 노예들.

설탕에 웃고 설탕에 우는 설탕의 혹역사 …… 설탕전쟁은 아직도 진행형인가 …… 끝났는가?

아침에 일어나서 처음 듣는 말이 깜둥이 …… 저녁에 마지막으로 듣는 말도 깜둥이 …… 였다는 아프리카 노예들의 피맺힌 절규, 그 모든 것이 설탕에서 비롯되었다.

1898년에 있었던 미국-스페인 전쟁도 미국 자본가들의 설탕가격 이익을 보호하기 위해 일어난 것이지만 보통사람들은 알 까닭이 없다.

영국은 대서양 지배의 역사를 홍차에 설탕을 넣어 마시며 썼다.

예수 그리스도의 복음도 설탕과 커피와 시나몬(향신료)을 따라서 퍼졌다니 …….

사탕은 설탕의 가공덩어리다.

막대사탕은 그 가공덩어리를 빨리 빨아먹으라는 자본주의의 상업적 유혹이다.

살바도르 달리의 로고가 있는 츄파춥스, 그 속에 숨어있는 설탕전쟁의 거친 숨소리가 들려온다.

애들은 막대사탕 진열대 앞에만 가면 몸을 배배꼰다.

대한민국 장년층의 상당수는 그렇게 배배꼰 단맛을 몸속에 저장하면서 어른이 된 셈이다.

"너 막대가 되고 싶니, 막대사탕이 되고 싶니?"

만약에 그렇게 물으면 요즘 애들은 뭐라 할까?

물어보나 마나다. 막대로 뭘 한단 말인가?
막대사탕이 되어야 그 달콤한 단맛으로 세상을 휘어잡을 것 아닌가.

단맛은 세상을 쥐락펴락하고 싶은 욕망이다.
단맛의 거드름에 중독되면 그게 한세상 사는 맛이라고 외칠 것이다.
"날 봐라. 내가 바로 츄파춥스다."
맛의 기본은 단맛, 쓴맛, 짠맛, 신맛이다. 이 네 가지에 떫은 맛, 매운 맛을 보태고 이것들을 뻐대로 다시 여러 가지 맛들이 생겨나더니 요즈음은 감칠맛을 말하는 사람들이 많다. 감칠맛은 비유적인 표현이라 그 개념이 모호해서 맵다 시다 쓰다 같은 표현처럼 혓바닥에 척 와 닿는 맛이 아니다.
동서양 음식이 넘나들다 보니 조미료도 다양해지고 그래서 그래선지 입맛도 섬세해졌다.
시금털털한, 매콤한, 쌉싸름한, 짭조름한, 개운한, 고소한, 느끼한, 떨떠름한, 상큼한 …… 앞으로는 맛의 영토가 더욱 확장될 듯한 느낌이 든다.

쓴맛은 위험을 경고하고 신맛은 부패를 경고하며 짠맛은 절제를 지시한다.
우리가 가장 좋아하는 맛은 단연코 단맛이다.

권력은 달다. 돈도 달다. 가난은 쓰다. 명예는 달다. 성취도 달고 성공도 달다.
달고 달고 달고 …… 단 것이 너무 많다.
그러나 그중 가장 단 것은 돈이다. 돈, 돈, 돈, 돈은 달고 달다.

권력도 달고 달아서 돈과 랭킹을 다툰다.

아아, 단맛이 이리 많으니 이를 어쩌뇨?

단맛은, 막대사탕은, 욕망과 소유욕을 사람의 몸에 이식하고 훈련시킨다.

대학 4학년 때 한시대韓始大라는 분의 자서전을 써준 일이 생각난다.

그의 구술 기록을 바탕으로 200자 원고지 840장 가량을 썼던 것 같다.

황해도 해주에서 태어나 1903년 14살 때 부모를 따라 미국 하와이 사탕수수밭 노동자로 이민 간 분. 샌프란시스코 멘티카 사탕무농장 경영으로 사업가로도 성공한 분. 도산 안창호선생의 독립재정모금에 번 재산의 거액을 납부한 분. 한국광복군 창설을 후원한 분. 하와이 호놀루루에서 재미 한인사회의 독립운동을 주도한 분.

사탕수수의 수확에서부터 노예에 진 배 없는, 비참한 합숙소 생활의 고통스러운 기억을 쓰는 일은 스물 두세 살의 나로서는 벅차고 어설픈 작업이었다.

알렉스 헤일리처럼 조상의 '뿌리'를 찾으려는 치열함도 없던 내가 한시대韓始大 그분의 아픔을 제대로 전했을 리 없다.

그가 흘러흘러 멕시코와 미국을 떠돌던 이야기도 이미 희미하다.

설탕의 세계사를 더듬다 보니 이제야 비로소 그분의 아픔이 다가온다.

"서푼어치 재능을 불 질러서라도 절절하게 썼어야 했는데 …… 이 형편없는 글쟁이놈아!"

나는 나를 비난하고 싶다. 젊은 날의 내 천학비재淺學菲才가 부아를 지른다.

눈깔사탕을 몇 알이라도 더 먹고 컸더라면 …….

눈깔사탕 하나가 입에 들어오기까지 그 피눈물의 역사를 알았더라면 …….

그 자서전은 그 분의 눈물을 닦아드리는 손수건이라도 되었을 텐데 …….

조선 왕조 성균관 과거시험장엔 선비연하는 개구리들이 바글바글 모여 있었다.

그들은 한결같이 당나라 한유의 문장 아니면 두보의 고체시古體詩를 금과옥조로 여기는 유생들이었다. 동시에 입신출세를 꿈꾸는 명문가의 자제들이었다.

소과에서 장원을 차지한 박지원의 문재文才에 탄복한 임금 영조는 박지원을 입시시켜 도승지로 하여금 그의 답안지를 읽게 하였다.

이제 대과에 응시만 하면 박지원의 급제는 따 놓은 당상이었다. 그러나 연암 박지원은 그럴 마음이 추호도 없었다.

'나 또한 저 출세주의자들처럼 단맛을 좇아야 한단 말인가?'

친구들의 끈질긴 권유를 차마 뿌리칠 수 없어 대과에 응시는 하였으나 박지원은 결국 답안지를 제출하지 않았다.

박지원이라는 명품 막대사탕을 픽업하여 제 똘마니로 삼으려는 고관대작들이 눈독을 들이는 마당에 이거야말로 조선조 한양 땅을 발칵 뒤집어 놓을 만한 빅뉴스였다.

과거급제는 조선사회의 막대사탕이 되는 지름길이었다. 장차는 판서도 되고 삼정승도 될 수 있는 엘리트 코스다. 그 출세의 브랜드 사탕울 마다하고 박지원은 그냥 막대로 사는 길을 선택한 것이다.

1770년 박지원의 나이 34세 때 있었던 일이다. 요즘에 잘 쓰는 꼬부랑말로 해프닝이다.

바다 건너 독일에서 말 타던 여학생이 시험도 안 보고 한국의 어느 대학에서 학점을 땄다.

국정농단 불순물의 눈곱처럼 등장한 학점 특혜 사건.

중년의 남자 하나가 법정에 들어섰다.

소설을 써서 '낙양의 지가'를 올린 베스트셀러 작가다.

업무방해, 증거위조교사, 사문서위조교사, 위조사문서행사 등의 혐의로 그는 구속되었다.

칼국수 팔고 족발 파는 보통사람들의 언어로 말한다면 그의 죄목은 '단맛을 사랑한 죄'다

필명으로 소설을 쓰고 본명으로 자신의 소설을 미화한 비평가.

'영원한 제국'의 태양을 향해 이카루스의 날개로 날다가 허망하게 추락한 작가.

'내가 누구인지 말할 수 있는 자는 누구인가?'

그 대답을 법의 심판대에서 찾고자 판사 앞에 선 남자.

단맛을 사랑한 나머지 스스로 막대사탕이 된 남자.

그는 그렇게 항변하고 싶을지도 모른다.

"내 사탕에 죄가 있다는 겁니까?"

한 사람은 대과 시험의 답안지를 제출하지 않았고 다른 한 사람은 조교를 시켜 남의 답안지를 대신 제출했다.

한 사람은 연암체라고 하는 자유로운 필체의 개척자였고 다른 한 사람은 표절 시비가 있는 소설가였다. 한 사람은 정조의 문체반정文體反正을 불러온 '열하일기'를 썼고 다른 한 사람은 정조를 주인공으로 삼아 '영원한 제국'을 썼다.

한 사람은 돈과 권력을 멀리했고 다른 한 사람은 돈과 권력에 다가갔다.

247년의 세월을 사이에 두고 일어난 막대와 막대사탕의 이야기다.

1958년에 엔릭 베르나트가 사업화했다는 스페인의 막대 사탕, 츄파춥스.

멀건히 심심하기만 했던 막대는 자본주의의 아이디어에 속아(?) 단맛의 전파에 첨병이 되었다.

막대사탕 츄파춥스Chupa chups는 '빨다, 핥다'라는 스페인어 츄파르chupar에서 따온 말이다 츄파, 츄파 하니까 그 의성어에서 빠는 느낌이 돋아나 입술에 닿는다. 영어로는 롤리팝lollipop이다.

한국은 1980년대에 비로소 막대사탕의 시장이 되었다.

나도 막대사탕의 생애를 살아온 것일까?

나도 막대사탕이라면 내 막대사탕의 '사탕'은 뭘까?

여덟 시간 내리 원고를 쓰던 젊은 날의 '열정' 같은 것인가?

내가 한때 가졌던 작은 '재능'인가? 어떤 '성취욕'이었을까?

'자유' 아니면 평화 같은 이상理想이었을까?

이 세상에서 행세하기 위한 '어떤 관계망 만들기' 같은 것이었을까?

사탕은 각자가 규정하는 각자의 가치관이다.

늙어서 내 자화상을 보니 사탕은 없었다. 그저 아라비아 숫자 1처럼 막대만 멀뚱했다.

사탕, 너는 형편없는 '단맛'이다. 너는 의문 투성이다.

한때, 나는 열한 살짜리 쬐그만 소년이었고 작은 동네에서 살았다.

학교에서 돌아오면 나는 집 앞에서 동무들과 구슬치기나 자치기를 했다.

저녁 무렵이 다가오면 그때마다 어김없이 지나가는 어른 하나가 있었다. 그는 때때로 무언가가 들어있는 자루나 누런 봉지를 들고 지나가곤 했다. 자루에는 쌀 서너 되, 봉지에는 보리쌀 두어 됫박이 들었을 것이다. 그런 심부름을 도맡아 해왔기 때문에 나는 금세 알아차릴 수 있었다. 그는 고등어나 조기 한 손을 들고 가기도 했다. 나는 두레상에 둥글게 앉은 그의 식구들을 생각했다.

그는 아마도 서른 몇 살쯤 먹었을 것이다.

그때 내가 그리스 신화를 알았더라면 어쩌다 빈손으로 귀가하는 그의 어깨가 신의 벌을 받아 아틀라스산을 떠받치고 있다고 느꼈을 것이다. 나는 '어른'이 마치 내 인생의 꿈이라고 여긴 한때의 생각을 팽개치고 싶었다.

나는, 언제쯤, 서른 몇 살 어른이 될 수 있을까?

싫어, 안 될 거야. 나는 마음속으로 도리도리 했다.

어른은 아득히 멀어보였고 불가능한 미래처럼 보였다.

그날, 구슬을 딴 건 그 '불가능한 미래'를 믿고 싶은 신명 때문이었을 것이다.

빈센트 반 고흐가 그린 40여점의 자화상은 막대사탕이 아니다.

그가 그린 수많은 자화상은 모두 사탕이 없는 막대처럼 자신에게 결여된 욕망의 발현이었다.

빈센트 반 고흐의 그 많은 표정들은 우리들의 삶에 던지는 쓴맛의 메시지일지도 모른다.

인간은 태어날 때 모두 막대 같은 존재였다. 그러나 살면서 막대에 사탕을 장착하여 힘을 가진 존재가 된다. 마치 평범한 군용전차가 미사일을 장착함으로써 위험한 성능을 갖춘 무기로 변신하는 것과 같은 이치다.

사탕을 떠나보내고 나면 막대는 틀림없이 외로워질 것이다.

막대는 인간의 본래적 자아다. 사탕은 의문의 덩어리다.

아이들아, 사탕 너무 먹지 말아라.

우람해지고 싶은 소는 맛없는 볏짚을 겨우내 먹는단다. 칡덩굴의 거친 잎도 마다하지 않는단다.

연약해 보이는 토끼도 쓰디쓴 씀바귀를 잘 먹는단다.

사탕은 노예의 눈물이 만든 것이다.

세상에는, 단맛을 좋아하는 어른들이 너무 많단다.

너희들도 곧 어른이 된단다.

뚜우~우, 뱃고동이 우는 것 같다.
"잘 가라 사탕."

제 2 장

세상은 나의 인생에 언제나 인문학적으로 끼어들었다

❖시간의 풍경화, 폴란드 처녀 아그네시카

1964년, 대학 1학년 열아홉 살의 그해 여름을 나는 잊을 수 없다.

무언가가 나에게 새로운 영혼을 불어 넣어준 것 같았다. 무엇이 그랬을까? 어떻게 그런 일이 일어날 수 있었을까? 그 무엇은 다름 아닌 두 편의 소설이었다.

가을이 다 가는데도 나는 내가 발견한 생각이 자랑스러워서 보물처럼 간직했다. 적어도 한 달 이상 그랬을 것이다. 내 머릿속에선 전후문제작품집에서 읽은 소설 두 편이 뱅뱅 돌았다.

나는 길을 걸으면서도 미국 작가 젝 케루악의 'On the Road'를 생각했다.

틈만 나면 또 '그래, 그는 폴란드 작가 마레크 플라스코였어'라고 되뇌면서 '제8요일'의 아그네시카를 생각했다. 그녀의 사랑은 넝마 조각처럼 가난했다!

일본 작가 이시하라 신타로의 소설 '태양의 계절'에서도 별다른 느낌을 받은 것만은 분명했다. 그 무렵의 코리언은 엄두도 못낼 그 엽기적인 묘사라니! 그러나 며칠 동안 머물렀다 떠난 나그네인 양 나는 그것을 곧 잊고 말았다. 그 묘사의 일부를 내 흐릿한 기억력으로 재생시키면 이렇다. 새삼 그 원문을 구해 그대로 옮겨놓을 생각은 없다. 그저 노인의 기억력으로 재생했다. 그러니 원문과 다를지도 모른다.

에이코는 사과를 먹으며 책을 읽고 있었다. 갑자기 방문의 문풍지를 뚫고 발기한 페니스가 들어왔다. 에이코는, '저건 다쓰야의 페니스일 거야,' 라고 직감했다. 페니스는 에이코를 빤히 뚫어져라 쳐다보면서 힘차게 꺼떡거렸다. 에이코는 먹던 사과를 힘껏 던졌다. 사과는 보기 좋게 그 페니스를 정통으로 갈겼다.

이런 게 일본적인 건가? 읽고 나서 한참 멍, 하다가 나는 그 정도로 치부했다.

탐닉, 일탈, 방황, 허무, 개방적인 성 의식, 그런데 그게 뭐 어떻단 말인가. 난 일본을 향하여 구시렁구시렁 욕을 퍼부었다. 그런 다음 잊겠다고 결심했다.

그러나 'On the Road'와 '제8요일'은 쉽게 잊을 수 없었다. 젊은 날의 한 페이지에 나타난 무법자를 맞닥뜨린 것처럼 강렬한 해후였기 때문이다.

강렬한 해후가 아닐지라도 인생의 페이지를 채우는 것들은 많다. 그것들은 마치 연필화처럼 아련하다.

젊은 날의 내 시간에 나타났던 '배꽃계집'과 고양이라고 부르던 묘령의 그 처녀와 금앵이, '예수'라고 부르던 예비수녀와, 목로주점의 아낙도 회상 속의 연필화다. 그건 내가 겪은 시대의 풍경이다. 유년 소년 시절의 크레용 시기를 거쳐서 12가지 물감의 수채화를 그리다가 마침내는 유화도 아닌, 노년의 언덕에서 그리는 연필화 같은 것이다.

나에게 그해 여름날은 특별했다.

아그네시카를 만났을 뿐만 아니라 샐 파라다이스와 딘 모리아티라는 미국 청년까지 만났으니 말이다. 'On the Road'의 그 당시 번역은 '노상에서'였는데 길 위에서 나는 자유, 그 비트족들을 만났다.

사실 나는 'On the Road'를 다 읽지 않았다. 나는 겨우 그것의 절반 정도를 읽었고 나머지는 건성으로 건너뛰면서 특별한 'The end'가 있을까 싶어 손가락에 침 발라 마지막 책장을 넘겼다. 그것은 스토리도 없이, 3년여에 걸쳐 흘러가는 지루한 여행 이야기였기 때문이다.

내 머릿속에는 리듬 앤 블루스R&B의 재즈와 흑인가수의 풀린 듯한 눈동자와 가성, 약물과 섹스와 범죄 모의, 마리화나 그리고 자유 따위가 몽환적으로 다가왔다.

잭 케루악의 자전적 소설, 그의 유랑이 얼핏 부럽기도 했지만 나에겐 가당치도 않은 일탈이었다. 자동차라면 미군들의 지프차를 떠올리기 십상인 1960년대 초에 히치하이킹을 하기 위해서, 지나가는 차를 얻어 타려고 엄지를 척 내미는 행동이 어떻게 내 가슴에 와

닿겠는가.

자욱한 담배연기와 어두운 조명과 재즈의 박자와 거기에 몸을 맡긴 낡은 청바지 …… 따위를 뭘 어떻게 느끼란 말인가.

고등학교를 졸업한 지 20년쯤 뒤에 서울에서 동창 하나를 만났다.

그는 쐬줏잔 속에 서럽던 서울 상경 스토리를 딸아 마셨다.

"울 아부지한테 매달렸지. 아부지, 입학등록금 한 번만 대주세유. 그담부턴 어떻게든 제 힘으로 대학 댕길 테니까유."

"그래서 …… ?"

"이불 보따리 들고 서울에 내렸는데, 하필이면 그날 겨울비가 내렸지 뭐냐. 남의 집 처마 밑에서 오들오들 떨며 밤을 지샜는데 …… 그게 서울의 첫날밤이었어."

그나 나나 똥구멍 째지게 가난하긴 마찬가지였다. 그러나 그는 비상한 용기를 담대하게 쥐어짜냈을 뿐 아니라 헤매고 헤맨 끝에 마침내 입주과외를 얻었고 기어이 서울대학교를 마쳤다. 나는 그의 용기에 취해 쐬주 한 잔을 더 따라주었다.

따라주면서 생각했다. 나에겐 왜 남의 집 처마 밑에서 오들오들 떨 그런 용기가 없었을까?

관습과 체제를 깨부수겠다구? 비트족은 자유에 목마르다, 고?

대단해, 잭 케루악! 그런 소설을 쓰다니.

재미없는(?) 소설이었지만 나는 내가 이미 비트족에 물든 사람인 듯한 느낌이 들었다. 그 영향이었는지는 나도 모른다. 지금에 와서 보니 문득 그런 의문이 생겼을 따름이다. 조선일보 당선작 '조부사망급래'는 바로 관습을 거부하는 젊은이의 이야기가 아니었던가? '까뮈'를 연상케 한다던 평론가도 있었다.

나는 나 자신을 모른다. 내 의식 속으로 까뮈가 숨어들어 왔는지, 잭 케루악이 틈입했는지.

그러나 'On the Road'가 내게 놀라운 '신세계'를 알려주었다는 사실은 분명하다.

또 하나 있다. 스토리 없는 여행기 따위도 소설이란 이름으로 행세할 수 있구나. 내가 생각하는 소설의 영토가 끝없이 확장된 것도 'On the Road'가 켜놓은 방향지시등 때문이었다.

아그네시카를 모르는 사람들에게 대체 그녀를 어떻게 소개하면 좋을까?

갸름한 얼굴은 매력적이고, 몸매는 늘씬하다. 그녀가 뱉어내는 낱말은 장미향을 품었을 것 같다.

사내라면 만나자 마자 뿅, 하고 갈 만큼 아름답다. 어쩌면 눈동자가 시계 방향으로 한 바퀴 이상 돌아버릴지도 모른다. 그렇게 뺑튀기라도 할까?

고무줄놀이의 고무줄처럼, 발목에 감긴 세월이 55년이나 지났는데도 나는 아그네스카를 나타낼 브랜드 이미지 따위도 마련하지 못했다.

가만 있자, 사랑의 굴레가 싫어서 이슬람의 히잡 같은 걸 어느 날 갑자기 벗어던진 혁명 처녀라고 이야기할까? 세상의 방정식을 거부한, 멍청한 crazy virgin미친 처녀이라고 할까. 그도 아니면 차라리 관습적 도덕을 깨부숴버리려 했던 테러리스트라고 할까? 아니다. 아니다. 그녀는 스무 살을 앞둔 내 가슴의 풀밭에 뛰어든 방아깨비였다. 그것도 아니다. 그녀는 맹금에게 쫓겨 내 품에 뛰어든 작은 새다.

이것저것 떠올려봤지만 그녀에게는 모두 어쭙잖고 마뜩찮은 말들이었다. 결국 나 자신과 타협한 어정쩡한 경계에서 나는 그녀를 '사랑의 니힐리스트' 라고 규정하고 말았다.

아그네시카는 소설 속의 주인공이다.

내가 그녀를 사랑한다고 말할 때 사기라면서 거품 물고 달려들지는 마시라.

"뭐야, 난 뭐 세기의 사랑이라도 되는 줄 알았더니 말짱 공상이었잖아."

살아있는 사실만이 사랑의 이유가 되는 건 아니다. 나는 아그네시카가 실존하는 존재라고 여겼을 뿐만 아니라 마주칠지도 모른다는 생각 때문에 한동안은 길을 걸으며 두리번거리기조차 했다.

아그네시카는 내가 스무 살 무렵에 무지무지하게 좋아했던 폴란드 처녀다. 사랑을 사랑하던 때였기 때문에 소설 속에다 그리움의 모닥불을 지폈을 것이다.

대학에 입학했던 1학년 초짜시절, 신구문화사가 펴낸 전후문제작품집 남북구편, 마레크 플라스코의 소설 '제8요일'에서 나는 폴란드의 여대생 아그네시카를 만났던 것이다.

안녕, 아그네시카! 나는 눈도 제대로 마주치지 못하고 그녀에게 인사를 건넸다.

아그네시카 같이 아름다운 처녀라면 나는 언제나 똑바로 마주볼 수 없었다.

내 기억에 아그네시카의 아름다움을 묘사한 대목은 없었다. 그런데도 나는 아그네시카를 '그리스 신화의 요정 칼리스토'처럼 흠모했다. 그건 그냥 청년의 순수였다. 1960년대 스무 살 청년의 순수는, 한 끼 밥을 지어놓고는 나 몰라라 하늘 귀퉁이로 사라지는, 푸르스름한 굴뚝 연기였다.

아그네시카는 잊을 만하면 떠올랐다.
나는 김광균의 시 한 구절에서도 아그네시카를 찾아냈다.

낙엽은 폴란드 망명 정부의 지폐
포화에 이지러진
도룬 시의 가을 하늘을 생각게 한다.
길은 한 줄기 구겨진 넥타이처럼 풀어져
일광日光의 폭포 속으로 사라지고
조그만 두 시의 급행열차가 들을 달린다.

불쌍한 폴란드! 폴란드가 망명정부였다니!
아그네시카의 조국이 폴란드라니!
얼마나 참담했기에 지폐조차도 떨어지는 낙엽이라고 했을까?

폴란드의 비극이 아그네시카의 운명을 손짓한 건 아닐까?.
123년 동안 지도에서 사라졌던 비운의 나라.
전쟁은 얼마나 많은 사랑을 무참히 절멸시켰던가.
1980년대, 여학생들에게 김광균의 그 시를 가르칠 때도, 폴란드는 나에게 아그네시카의 눈물을 오버랩시키곤 했다.

20년쯤 뒤에 아그네시카는 다시 나를 찾아왔다.

2002년 한일 월드컵, 코리아의 첫 상대는 폴란드였다.

부산에서 벌어진 대 폴란드 첫승 장면을 보자.

「끼룩 끼우룩, 갈매기의 울음이 어디선가 하늘을 찢듯 새어나오고 부우웅, 뱃고동 소리는 떠나는 나그네의 작별 인사처럼 쉬어 터졌다.

올 봄에는 뭔 새가 왔다 갔능가? 올 가을 을숙도엔 뭔 나그네새가 날아올라나. 고니하고 청둥오리가 올랑가. 큰기러기 쇠기러기가 올랑가. 가마우지 떼거리들의 저공비행은 올해도 여전할랑가? 휘이힉 휘-익 울며 나르던 홍머리오리들의 분홍빛은 올해도 맑을랑가?

이 새 저 새 윈갖 놈으 잡새가 안 오믄 우이 부산이라카노?

노을 어린 하늘 저쪽으로 하늘 길을 따라 기러기가 날면 갈대밭 갈대는 껑청히 서서 나 몰라라 무심히 바람에 몸을 맡긴다. 매정한 것. 잡것. 같이 놀던 동무가 이별차로 날아가는데 멀건히 바라만 보는 기가? 오늘도 시모노세키로 칙칙한 사연 실은 연락선은 시도 때도 없이 가는 기고? 오륙도는 시방 워떻게 잘 있능교?

황선홍이 첫 골을 넣었다.

스탠드는 그야말로 ㄱㄴㄷㄹ, ㅋㅌㅍㅎ와 ㅏㅑㅓㅕ ㅡㅣ가 범벅이 되어 서로 합하고 서로 안 합하고, 펑퍼지고 소쿠라지고 넌출지고, 말이 되고 비명이 되고, 소리가 되고 몸짓 손짓이 되고 야단법석에 왁자지껄 왁자그르르했다.

“성님, 그랑게 우리가 시방 한 골 넣은 거지라?”

"아따, 니는 가죽이 모자라 눈팅이를 쨌다냐? 시방, 한 골 안 넣어부렀냐."

부산 바닥에서 전라도 말 경상도 말이 석류 벌어져 알갱이 드러나듯 벌겋게 쏟아졌다.

"성님요, 폴란드 골문 거기가 출입금지 구역은 아니여라."

"언니 언니 나, 선홍이 오빠 사랑하고 싶어."

"얘는 어제까지만 해두 선홍이 아저씨라구 하더니."

"언니두, 그건 내가 어렸을 때잖아."

"넌 하룻밤 새에 성숙해졌니?"

"언니 언니, 나, 미치고 싶어. 미쳐두 돼?"

"미친년!"

"워매, 쟈들 뽀뽀해부러야."

"니는 눈도 밝어야."

"눈동자가 두 개 아녀라. 그랑게 하나는 황선홍이 골 넣는 것 보고 나머지 하나는 심심한데 어쩌겄소."」(내 축구 소설 '유월이 타고 남은 것'에서)

아그네시카도 축구를 좋아할까? 그녀도 조국 폴란드의 첫 경기를 보고 있을까?

아그네시카는, 그렇게 희미한 옛 사랑의 기억처럼 불현듯 떠오르곤 했다.

사방이 벽으로 막힌, 사랑을 나눌 은밀한 방 한 칸이 없어, 풀밭에서 짐승처럼 몸을 섞을 수는 없다고 울먹이던 폴란드의 처녀 아그네시카. 그 무렵, 나와 누나와 형과 아버지 네 식구는 문창동의 단칸 셋방에서 살았고 그 단칸셋방에서 나는 대학을 다녔다.

단칸방이 친절을 베풀면 엄청난 역사가 생겨난다. 예컨대 네 식구 중에서 세 식구가 늦게까지 오지 않고 나에게 온종일 단칸방을 독차지하게 하면 무슨 일이 일어날까? 틀림없이 무슨 일이 일어난다.

바로 그날 나는 꼬박 여덟 시간, 소설을 썼던 것이다. 그 소설이 1966년도 조선일보 신춘문예 당선작이다. 그것은 단칸방이 나에게 허락한 배려였다.

아그네시카를 만난 것도 그 단칸방에서였다. 나는 아그네시카와 절망을 공유했다. 그녀의 슬픔은 오랜 동안 내 가슴 속에서 용암처럼 녹아내렸다.

아그네시카를 만난 지 두 시간도 안 되어 나는 그녀를 사랑했다. 나는 4면이 벽으로 막힌 방 한 칸을 아그네시카에게 주고 싶었다.

스무 살 청춘의 감옥. 대체 방 한 칸이란 게 뭐지?

그날 이후로 내 전신은 걸어다니는 물음표였다. 적어도 서른이 될 때까지 나는 집과 방 한 칸, 셋방에 대해서 남모르게 적의를 품고 살았다.

술집에서 만난, 이름도 모르는 사내에게 아그네시카는 그녀의 처녀를 버렸다.

사내가 투덜거리듯이 말했다.

"이런, 마치 살인 현장같이 시뻘겋군!"

그 말을 듣고 나는 그 사내를 없애기 위하여 무언가를 해야겠다고 생각했다.

1950년대 공산 폴란드의 바르샤바. 있지도 않고 오지도 않는 제8요일.

마레크 플라스코가 쓴 '제8요일'.

내 기억이 정확하다면 여주인공의 이름은 그 당시 표기법으로는 악니에스카였다. 지금은 아그네시카로 표기한다. 나는 55년 만에 가만히 말을 건넨다.

"아그네시카, 많이 늙었군. 지금, 폴란드는 어때? 방 한 칸은?"

아그네시카의 절규가 들려온다.

"여기 이런 곳에서, 짐승처럼 그럴 수는 없어요."

"하긴 그렇지."

피에트레크는 힘없이 말하고는 아그네시카의 옆 잔디 위에 벌러덩 드러누웠다. 그러고는 위슬라강 건너편 언덕만 하염없이 바라보았다. 강 저편 가운데에서 흉물스런 발동선이 텅텅거리며 짐 실은 세 척의 목선을 끌고 가는 소리가 늙은이의 헐떡거리는 숨소리마냥 들려왔다.

사랑을 나눌, 사면이 벽으로 된, 우리만의 작은 방, 아니 3면만 막힌 방이라도 있다면.

친구의 아파트를 하룻밤 빌리기로 했지만 그것도 수포로 돌아가자 낙심한 피에트레크가 마침내 아그네시카에게 말했다.

"아그네시카, 우린 그만 헤어지는 게 좋겠어. 모든 걸 단념하고 추억만을 간직해."

"당신이 인생에서 배운 게 겨우 그거에요? …… 단념뿐인가요?"

나는 말할 것도 없이 아그네시카 편이었다. 나는 피에트레크에게 바가지로 욕을 퍼부었다.

'염소만도 못한 놈. 사내자식이 뭐라도 해야지. 기껏 헤어지자고 하다니.'

그렇게 피에트레크에게 대들었지만 정작 아그네시카 자신이 포기한 것은 무엇이었던가. 낯선 사내에게 처녀까지 주어버리지 않았던가. 있지도 않고 오지도 않는 제8요일을 마냥 기다렸던 아그네시카.

불쌍한 아그네시카. 처녀를 …… 너무나 참담해서 그렇게 말하고 싶었다.

좌절과 분노와 절망과 무기력만이 있던, 제8요일의 바르샤바.

마레크 플라스코의 '제8요일'을 먹먹하게 다 읽은 것은 육이오가 끝난 지 겨우 11년, 쿠데타의 군홧발이 서슬 퍼렇던 1964년, 봉숭아꽃이 유난히 붉던 어느 여름날이었다.

신문과 함께 새벽 커피를 마실 무렵 놀라운 일이 일어났다.

한일 월드컵이 끝나고 13년 만에 아그네시카가 다시 나를 찾아온 것이다.

아그네시카가 살아있다면 아마도 80이 넘었을 것이다.

아그네시카를 만나도 난 한마디도 못할 것이다. 폴란드어를 배우기엔 인생이 너무 짧다니까.

갑자기 마담 퀴리가 생각난다. 그녀의 조국도 폴란드였다.

중학교 교과서에서 읽었던 기억이 난다. 나는 그 긴 이름을 아직도 기억한다. '마리아 스콜로도프스카'.

아그네시카의 이름은 아그네시카가 아닐지도 모른다.

마리아나 폴리나일지도 모른다. 그게 가장 흔한 폴란드 이름이라니까.

2015년 10월 21일 0시 50분. 폴란드 바르샤바 필하모니 미러홀.

17회 쇼팽 국제 콩쿠르는 사흘 동안의 결선 연주가 끝난 뒤 한국인 피아니스트 조성진을 우승자로 호명했다. 이제 세계는 그를 '쇼팽 스페셜리스트'라고 부를 것이다.

러시아 차이콥스키 콩쿠르, 벨기에 퀸 엘리자베스 콩쿠르와 함께 세계 3대 음악 콩쿠르로 꼽히는 쇼팽 국제 콩쿠르에서 조성진은 쇼팽 피아노 협주곡 1번을 마치 바르샤바 필하모니 오케스트라와 협연하는 것처럼 연주했다.

나는 아그네시카에세 말했다.

"아그네시카, 2015년, 당신의 조국 폴란드 바르샤바에서 일어난 일이야 ……. 쇼팽 피아노 협주곡 1번은 스물한 살 조성진이 아그네시카에게 바치는 영혼이야."

아그네시카도 쇼팽을 들으며 막대사탕을 빨아먹을 권리가 있다.

단맛은 그녀가 꿈꾸던 '제8요일'의 시작일지도 모른다.

아그네시카, 내 회상조차도 늙어가고 있어.

❖종이비행기를 타고 사라진 배꽃계집

잭 케루악의 'On the Road'에는 이런 말이 나온다.

"길을 따라가다 보면 어딘가에 여자, 미래, 그 모든 것이 있으리라는 사실을 난 알고 있었다. 따라가다 보면 어딘가에서 내게 진주가 건네질 것이다."

순수는, 때로는 무기력해 보이고, 때로는 멍청해 보이고, 때로는 나약해 보이지만 생태적 습지처럼 우리가 간직해야 할 가치다.

1,200원을 안고 대학시험 보러 서울에 갔던 1962년이 떠오른다.

1,200원 속엔 왕복 기찻삯과 일주일 여관비와 15원짜리 짜장면 스무 그릇이 들어있었다.

그래, 난 서울의 어떤 대학교에 합격했지, 그러나 이불 보따리를 들고 비를 맞으며 서울의 첫날밤을 지새울 용기가 없어 단념했던 거야. 그러고서 어쨌더라. 어쩌긴, 일 년을 꼬박 놀았지. 그러다가 지방의 대학 하나가 내 인생의 울타리 안으로 슬그머니 들어왔던 거지.

교복을 입고 입학했던 1964년의 대학이 생각난다. 학교에서 맞추란다고, 이제부터는 대학생인데도 불구하고 박박머리 고딩처럼, 멍청하게도 참말로 대학교복을 맞춰 입고 입학식엘 가다니. 그것 한 벌로 4년을 버티다니. 그 4년이 용케도 몽땅 생각난다.

문리대 전체에 여학생은 달랑 12명이었던가, 그 희소가치도 생각난다.

이화여자대학교는 순우리말로 '배꽃 계집 큰 배움터'다.

그 시절 시골 머슴애꼭지들은 '배꽃계집'이란 이름만 들어도 깜박 죽었다.

나는 배꽃계집과 내가 편지 채팅하던, 필화(?) 사건을 까맣게 잊고 있었다. 그런데 왜 느닷없이 생각이 났을까? 가을이 나를 집적거렸나 보다. 아무래도 펄펄 끓던 한창 시절 추억이기 때문일 것이다.

서울대 다니던 친구가 있었는데 한번은 짜식이, 장난을 쳤다.

콩자반과 멸치만 싸가지고 다니던 짜식이 재수 끝에 서울대에 들어갔으니 그 감격이야말로 '가문엔 대박, 하늘엔 영광'이었으리라.

짜식은 기세등등하여 대전에는 늘 서울대 교복만 입고 왔다. 교복의 어깨에 붙은 서울대 심벌마크. 그 심벌로 얼마나 기고만장하고 싶었으랴. 십분 이해한다. 총사가 되려고 파리에 입성한 달타냥처럼 싱싱한 서울대 풋내기의 어깨는 육군 소장처럼 늠름했다.

짜식은 만나기만 하면 서울대생과 이대생의 미팅 설화를 라디오 연속극처럼 늘어놓곤 했다.

1964년의 일학년 여름방학이 끝났다.

서울로 올라가면서 짜식이 생뚱맞게 나에게 '배꽃계집' 하나를 소개팅했다. '학과와 이름'을 넌지시 일러주면서 그는 부아까지 지르며 사뭇 진지하게 신신당부했다.

"자색 출중하고, 범상치 않은 집안의 규수다. 너에겐 과분하겠지만……."

방학 내내, 서울대생과 배꽃계집들의 미팅 '껀'을 화제로 떠올려 지방 촌것 기를 죽이던 짜식의 뻥튀기를 진즉 헤아렸어야 했는데. 생미끼 가짜미끼도 구분 못하고, 나는 그걸 덥석 물고 말았다. 나야말로 천진에 난만이 달린 쌩얼 촌것이었다.

어떻든 그렇게 해서 생전 처음 나는 '배꽃계집'에게 편지를 썼다.

친구에게서 당신을 소개 받았다, 그렇게 운자를 뗀 뒤 정중히 그러면서도 재미있게 그러면서도 꽤 괜찮은 필체로 채팅편지를 띄웠다.

짜식의 소개팅은 완전 사기였다.

'그녀'는 유령이었다. 학과는 있었지만 그런 학과에 그런 이름을 가진 '그녀'는 없었다.

그랬는데 그게 채팅의 '껀수'가 될 줄이야.

열흘쯤 지났을까? 그 유령에게서 충남대 국문과 김아무개 앞으로 편지가 날아들었다. 유령 수신인에게 보낸 내 자기소개서를 읽고 그녀가 땅땅땅, 셀프 방망이를 두드린 것이었다.

학과 편지꽂이에 수신인 없는 편지가 일주일 내내 꽂혀 있었다. 궁금증도 조금 생겼고 그 편지가 하 가여워 뜯어봤다. 김아무개 당신은, 친구의 장난에 당한 것 같다.

그러나 귀하의 편지는 썩 그럴 듯했다. 뜯어본 죄로 귀하에게 답장한다.

이게 '필화筆禍(?)'가 아니면 뭐란 말인가?

내가 어찌 그 생미끼를 놓치랴. 콩콩콩, 내 가슴은 뛰었다.

거짓의 덫을 놓았던 짜식이 이런 분홍빛을 예측했을까?

제 똥에 제가 미끄러진 짜식을 만나면 어떻게 시치미를 뗄까?

가을에 들어서면서 나는 한강 너머 배꽃계집에게 종이비행기를 날려보냈다.

종이비행기는, 편지를 가리키는 나만의 은어다.

그녀는 이제 유령이 아니었다. 그녀는 대중소설의 시작처럼 연출된 실존이었다.

내 답장은 통신에 이용하기 위해 훈련된 전서구傳書鳩비둘기처럼 다시 그녀의 답장을 물고 왔다. 64년 초가을부터 65년의 겨울 어느 날까지 답장은 꼬리에 꼬리를 물고 한강을 오갔다. 한 달에 두 통(?)쯤, 그녀의 답장이 쌓여갔다.

그런데 그 와중에 '경천동지의 껀수'가 생겼다.

뒷걸음치다가 쥐 잡은 소처럼, 스무 살의 내가 덜컥, 조선일보 신춘 소설에 당선된 것이다.

여기에서 잠깐 슴도 고를 겸 사진 이야기를 해야겠다.

어떤 사정이 있었는지 조선일보는 여느 해와 달리 12월 27일에야 속달로 당선을 알려왔다. 대개는 12월 23일 무렵쯤에 크리스마스 이브의 선물인 양 당선 사실을 알려오는 게 상례였다.

신문사는 31일까지 당선소감과 사진을 보내달라고 숨가쁘게 요청했다. 나 역시 당선소감과 사진을 허둥지둥 마련해야 했다. 우편보다 인편이 빠르다면서 학보사 주간께서 볼일이 있다며 서울행을 자청했다. 그 바람에 그 느려터진 시절에 그 두 가지를 인편으로 무사히 제때에 전할 수 있었다.

문제는 사진이었다. 포토샵 기술도 희미하던 그 무렵, 당선소감에 나온 내 사진은 시체 더미 속의 죽은 얼굴처럼 도대체 알아볼 수가 없었다.

기일에 쫓겨 허둥지둥 학생증에서 떼어내 보낸, 엄지손톱보다 조금 더 큰 내 증명사진은 원본 자체가 부실한 속성이었다. 그 시절의 사진동판 기술은 또 말해 무엇하랴. 극사실주의가 유행하지도 않던 시절에 내 사진은 '나와 시대와 조악한 기술의 합작'이었다.

현상범처럼 찍힌 내 시커먼 사진은 노틀담의 꼽추 콰지모도가 보았어도 눈을 가렸을 것이다.

그 '어글리 코리언'을 보고 그녀는 실물채팅에 대한 환상을 버렸을지도 모른다.

차라리 고등학교 앨범사진이라도 오려 보낼 걸. 아직도 소년티가 가시지 않은, 보송보송한 솜털이 귀여운, 고3 때의 사진을 보냈더라면 조선일보는 웃었겠지만 짐작컨대 '배꽃'이 나에게 혐오감(?)을 갖지는 않았을 것이다.

어쩌면 그 사진 한 장이 우리들의 만남을 결렬케 한 중요 원인인지도 모른다.

1966년 1월 중순, 조선일보사의 당선 시상식에, 서울 사는 '배꽃계집'은 오질 않았다.

'따라가다 보면 어딘가에 여자, 미래, 그 모든 것이 있으리라는 사실을 난 알고 있었다.'

잭 케루악은 그렇게 말했지만 나는 알지 못했다. 그녀가 '진주'였는지 아닌지 나는 알지 못했다.

개학을 했지만 그녀의 편지는 더 이상 오지 않았다.

나도 더 이상 편지를 쓰지 않았다.

여기저기에서 원고 청탁이 왔고 자고 나니 하루아침에 유명해졌다는 바이런처럼 나는 학생 문사文士라는 스포트라이트, 그 문학적 독성에 얼굴이 벌개져, 청탁마감일에 맞춰 소설을 주문생산하기에 여념이 없었다.

프로미식축구 슈퍼볼 리그 결승전에서 극적인 역전 터치다운이라도 한 것처럼 '마악 스물한 살이 된 비린내'는 '배꽃의 향기'를 잊은 기억상실증 환자처럼 몇 달 동안을 흐느적거렸다. 겉으로는 아무 일도 없었다는 것처럼 평온을 가장했지만 나는 남몰래 당선의 멘붕을 즐겼을 것이다

그러나 무엇보다도 '배꽃'을 배려하지 못한 내 매너에도 문제가 있었다.

적어도 나는 그녀를 초대했어야 했다.

그러나 그 모든 일은 방학 중에 생긴 일이었다. 나는 그녀의 집주소도 몰랐다. 학교에서 학교로만 오가던 우리들의 편지는 방학 중의 통신수단으로는 쓸모가 없었다.

가난한 시대엔 전화도 없었다. 완행열차를 타고 다섯 시간 반을 덜컹거려야 닿을 수 있는 서울은 머나먼 이국의 땅이나 진 배 없었다. 65년 12월의 내가, 66년 1월의 내가 그녀에게 할 수 있는 일은 별로 없었다.

'그녀'는 어떤 자괴감을 가졌던 것일까?

무명의 지방 촌것 대학생이 감히 '배꽃 계집 큰 배움터' 이대생의 자존심을 능멸하듯 조선일보 지면을 장식했다, 그런 자의식이었을까?

두어 달이 지나 개학한 뒤에라도 내가 먼저 정중한 편지 한 통 띄웠어야 했는데. 그러나 60년대, 농경시대의 편지는 언감생심 내 용

기를 실어 나르지 못했다. 그녀의 종이비행기 역시 용기가 무거웠는지 날아오지 못했다.

배꽃을 향한 내 용기가 우물쭈물하는 사이에 졸업이 다가왔고 졸업하자마자 나는 입대했다.

3년 뒤, 제대하고 보니 그녀에게서 받았던 서랍 속의 답장 뭉치는 누가 치워버렸는지 자취도 없었다. 만난 적이 없어 만날 수도 없는 '배꽃 계집'. 그녀가 가명을 사용했으므로 이름도 모르고 성도 모른 채 바이 바이 하고 만 '배꽃 계집'. 지금은 그녀도 어디에선가 늙음의 바람에 날려 낙화하고 있으리라.

배꽃은 육필 편지 시대의 유령이었다. 스마트폰 시대였다면 우리들의 만남은 어떻게 흘러갔을까? 그 시절 실존의 반대말은 포기였는지도 모른다.

백석의 시를 패러디하면 '가난한 시골 대학생이 서울 배꽃계집을 만나면 속절없이 시간만 꿈벅거릴 뿐, 응앙응앙 울 흰 당나귀가 있기는커녕'이다.

일흔이 훌쩍 넘은 노년의 군동내가 속삭인다, 너는 스무 살의 젖비린내였다, 고.

편지로만 오가던 썸 타기는 60년대 말로 펜팔이다.

'만남'을 갈망하면서 주고 받는 육필은 강렬한 심쿵을 동반한다.

어떤 속박도 거부하고 달달한 연애감각을 찾는 2017년식의 썸 타기와 달리 육필편지는 뒤꼍에서 키운 상추 쑥갓으로 쌈 싸먹는 자연친화적 밥상 같은 것이다. 귀찮아서 안 한 통화가 아니라 돈이며 시간이며 통신수단이며 무언가가 없어서 못 한 불통이었다.

지금이 카카오톡 메시지 시대의 전성기라 할지라도 육필 편지시대가 쓰나미처럼 한 번은 다시 올 것이다. 문명은 본능적으로 야만을 그리워한다. 육필 편지는 민낯을 가진 종이비행기다.

그 많은 종이비행기에는 대체 무슨 사연이 들어있었을까.

그녀는 찔레꽃처럼 예뻤을까? 딸 많은 부잣집의 셋째였을까?

나는 나에게 억수비처럼 욕을 퍼부었다.

'임마, 언젠가 너, 피에트레크를 욕했지. 넌, 더 형편없어. 병든 염소만도 못한 놈!'

잃어버린 편지와 스무 살의 비린내와 '허망한' 상상에 잠겨 과거를 불러내는 램프.

이 가을에 나는 성냥을 그어댄다.

2인승 종이비행기를 타고 혼자 날아가 버린 배꽃계집은 이미 할머니가 됐을 것이다.

웃프다. 우리가 일찍이 무기력한 청춘이었다니. 배꽃계집이 아그네시카처럼 칼칼한 처녀였다면 적어도 이런 말 한마디쯤 날리지 않았을까?

"난 인생에서 아직 '단념'을 배우지 않았어요? 한 번 만나요, 서울역 시계탑 앞에서."

잉크 찍어 낡은 집들이 모인 펜화 한 장을 끄적였다.

집 하나는 판자 울타리다. 나는 물끄러미 대문을 바라보았다.

폴란드 처녀 아그네시카는 무슨 옷을 입고 나올까?
배꽃계집은 초면이라 못 알아볼지도 모른다.
아무도 나오지 않는다면 터벅터벅 목로주점엘 가자.

이 모든 건 시대가 낳은 춘초몽春草夢이다.
인간은 저마다 시대의 풍경으로 살다 가는 막대다.

❖순수한 아날로그, 까르르르 그녀들

와타나베 이타루가 쓴 '시골빵집에서 자본론을 굽다'도, 아론 바브로우 스트레인이 쓴 '흰 빵의 사회학'도 빵 이야기의 바탕엔 '사랑의 복원'이란 갈망이 깔려 있었다.

자본주의 세상의 '사랑'은 화장발이 세다.
남실남실 흘러가는 척하던 60년대와 70년대가 80년대로 넘어오던 그 순간부터 '순수'는 숨을 할딱거리기 시작했다. 황순원의 '소나기'가 그린 그 순수는 '자본주의의 황금과 비민주'가 불륜을 저지르는 동안에 무뎌질 대로 무뎌져 아무도 예찬하지 않는 '죽은 통장'으로 전락하고 말았다.

1964년 아니면 65년쯤, 아마도 시인 장만영의 '사랑'을 패러디했을 것이다.
누구에게서 들었더라, 그 누구 역시 기억조차 없다.

독서회 동아리의 회원 하나가 어느 날 '4차원의 사랑'이라는 시 한 편을 낭송했는데 귀가 부풀어 오를 만큼 반짝거리는 재치에 빠져 한참을 끼들거리다가 언젠가 소용이 되겠다 싶어 나는 그 시적 전개를 기억의 테이크아웃 컵에 담아 집에까지 가지고 왔다.

여학교 국어선생이 되었을 때 나는 그걸 즉흥시처럼 읊어 수업의 동기유발로 써먹었다.

땅콩만 굴러도 웃을 준비가 된 열여덟 살 이쪽저쪽의 소녀들은 까르르 까르르, 물방울 같은 웃음을 터뜨리곤 했다. 어차피 시의 전문을 기억한 것은 아니었으므로 내 낭송은 중국 전통마술 변검처럼, 즉석 애드리브처럼 그때그때 달라졌고 그때마다 아이들은 화려하게 응답했다. 말하자면 이런 식이었다.

순아, 우리 단 둘이 살자/ 외딴 집 사글세 단칸방 하나 얻어/ 우리 단 둘이 살자

쌀이 없은들 어떠리/ 돈 30원 가지고 가 풀빵 여섯 개 사서/ 너 세 개 나 세 개, 똑같이 갈라먹자

나는 남자니까 더 먹겠지/ 그럼 네가 그냥 있겠니/ 아, 순아, 우리 단 둘이 살자

밤에는 호젓이 달빛 내리고/ 새벽이면 물안개가 꿈처럼 어리는/ 성북동 골짜기 그런 곳에서

순아, 우리 단 둘이 살자/ 옷이 없은들 어떠리/ 돈 30원 가지고 가/ 수건 한 쪽 사서

너 반 쪽 나 반 쪽/ 똑같이 갈라 입자/ 너는 여자니까 더 필요하겠지/ 그럼 내가 그냥 있겠니.

단칸방을 그때그때 하꼬방으로 바꾸기도 했고 성북동 골짜기는 보문산 변두리로 바꾸기도 했다. 시공에 따라 수식어의 즉흥성은 가변적이었다.

가난했던 그 무렵 사람들의 가슴 한 귀엔 무성영화 변사에 홀까닥하는 순둥이가 살고 있었을 것이다. 쑥대밭 같은 머슴애 곁에는 엉겅퀴처럼 핀 아낙도 살았을 것이다.

50년이 지난 지금 숙맥 같았던 60년대의 삶은 간데없이 사라지고 그 자리엔 젊은이들의 음지가 들어섰다. 요즘 젊은이라면 이렇게 읊을지도 모른다.

순아, 우리 단 둘이 만나자/ 새벽 알바, 한밤 알바/ 알뜰히 시간 쪼개
연애인 듯 아닌 듯 어영부영 썸 타자/ 나는 3포에다 어쩌다 솔로다
그런데 너처럼 예쁜 애를 누가 그냥 둘까
순아, 너에게 기적처럼 딸이 생기면 아마도 걘 달이 될 거다 아마도 걘 별이 될 거다.

세상 참, 눈 뒤집히게 변했다. 인생은 왜 미래를 알 수 없는 과거를 쌓아가야 하는 것일까?

언어는 역사와 시대의 CCTV다, 아니 '몰카'다.

하이틴 스타로 불리던 과거의 10대는 늙고 지금은 아이돌이란 10대들이 춤추고 노래한다.

섹스는 이제 금기어도 아니다. 차마 내뱉지도 못하던 '섹시'는 애나 늙은이나 입술에 기름 발라 사용하는 예능어로 신분을 바꿨다. 티브이에서 흔들어대는 아이돌 계집애들의 엉덩이와 사타구니를 부끄러워하는 사람이 있다면 후져도 한참 후졌다. 그 섹시한 사타구니

가 매력의 상징물로 자리 잡은 햇수도 벌써 열 손가락이 넘었다.

나는, 아직도 후진 사람이다. 섹스를 연상시키는 몸짓을 보면 내 시선은 여전히 안녕하지 못하다.

아, 나는 이제 몸 안에 스스로 방부제를 넣고 100년 뒤의 미라나 되어야겠다.

60년대의 모든 아날로그여 퇴장하라.

까르르르 까르르르, 소녀들의 웃음처럼 허공 어딘가로 그냥 날아가라.

❖평생 밥 먹여 줄 남자 찾던 고양이 그녀

68년의 봄에서부터 71년의 춘삼월까지, 꼬박 35개월을 나는 강원도 곳곳에서 복무했다. 제대를 하고 보니 세상은 어느 덧 70년대로 접어들고 있었다.

길고양이 세 마리가 우리집을 제집처럼 들락거린다.

갈색 얼룩에 검정과 하양이다.

40년이나 된 집에서 길고양이들의 세대교체는 빈번했다. 세월이 흘렀다 싶으면 나타나는 신세대 고양이들, 어쩔 수 없이 나는 그들과 동고동락한다.

나는 그들을 감시하고 관찰하고 사랑하고 미워한다.

그들은 나를 감시하고 관찰하고 공경하고 무시한다.

우리는 날마다 밀고 당긴다. 아주 드물게, 쥐를 살해한 저녁에는

'조기대가리+내장 살'로 그들의 전공戰功을 기리고 작위를 수여하기도 한다. 마당에 똥을 싸면 그 비열한 행동을 비난한다.

고양이들의 스트레칭은 내 노년의 헬스 규범이다.

담 위를 산등성이 삼아 마당의 백두대간을 종단하고 횡단하고, 고양이는 우리집의 빨치산이다.

그들은 담 위를 평지처럼 산책한다. 담은 그들이 노는 코마네치의 평균대다.

그들의 굴신은 요가의 깊은 경지를 방불케 한다.

어슬렁어슬렁 걷는 걸음새 속에 언뜻언뜻 비치는 원시의 DNA, 내 키 높이 따위를 훌쩍 뛰어오르는 도약은 황홀하다. 그들의 높이뛰기는 배면뛰기가 아니다. 곧장 수직으로 뛰어오르는 그 야생의 탄력 앞에서 나는 내 육체의 무력을 인식한다.

치타 같고 표범 같은 걸음새. 허리디스크 같은 건 없다. 그건 너희들 인간의 직립이 초래한 자업자득이다. 산책하듯 돌아다니다가도 그들은 때때로 경복궁 추녀마루 위의 잡상雜像처럼 또는 티베트의 선승처럼 담 위에 앉아 명상에 잠긴다.

나를 빤히 쳐다보며 눈을 마주치다가도 다가가면 슬금슬금 피하고 먹을 것을 애원하는 듯 추궁하는 듯 종잡을 수가 없다. 교활하고 영리하고, 사랑 하나 있으면 먼 길도 단 둘이 가는 법인데 고양이는 변심을 꿈꾸는 집시여자 카르멘 같다.

스물 여섯의 가을에 고양이 같은 그녀를 만났다.

"휴가 오셨나 봐요."

열린 대문으로 묘령의 처녀가 들어서며 나에게 말을 걸어왔다.

현역병 복무 중에 나는 늙은 양모에게 편지를 자주 썼다.

수학공식 같은, 상투적인 문안편지는 딱 질색이었다. 나는 깨알 같은 글씨로 시시콜콜히, 군대를 모르는 양모에게 일등병 계급장을 달아주어도 될 만큼, 배시시 웃음을 머금게끔, 볶은 깨소금처럼 썼다.

쌩얼을 대하면 여전히 나는 뚝뚝했지만 편지 덕분에 나와 양모는 웬만큼 스스럼없는 모자지간이 될 수 있었다. 내 편지는 내가 바라는 친교와 소통의 구실을 제대로 한 셈이다.

배꽃계집에게 보낸 종이비행기 이후로 군대에서 양모에게 부친 여러 통의 이 편지가 또 필화(?)를 불렀다. 돋보기 쓰고 편지 읽는 양모를 발견한 묘령의 그녀가 마침내 몇 번 대독까지 하면서 발신인에 대한 궁금증과 함께 나에 대한 정보를 수집하기 시작한 것이다. 물론 나중에 안 일이지만, 그녀는 내 방의 책 더미를 뒤적거리며 내 문학적 이력 따위를 캐냈다.

휴가 온 군인에게 작업을 걸어온 묘령의 동네 처녀. 이 사건도 양모에게 보낸 내 편지가 발단이었다.

가을이 깊었다. 머지않아 스산한 초겨울이 가랑이 속으로 스며들 것이다.

한 달만 지나면 스물일곱인가? 휴가병이었던 나는, 낡은 양철지붕 밑의 작은 마루에 앉아 필터담배 한 대를 피워 물었다. 노 필터와 필터는 어제의 나와 오늘의 내가 다르다는 '오브제'이기도 했다.

군대에서 지급하는 화랑담배는 노 필터였다. 필터담배 아리랑은 내가 현재 자유인이라는 인증샷 같은 거였다. 나는 포상휴가 이틀째를 죽이고 있었다.

강원도 화천에서도 한참을 더 가야 하는 사방거리.

그곳에서 버스를 타고, 다시 기차로 갈아타고 하루 온종일 걸려 도착한 대전. 그리하여 불과 하루 만에 필터를 꼬나무는 자유. 어제까지만 해도 나는 회색여우의 감시망 속에 있었다.

회색여우는 늙은 중대장을 가리키는 나만의 호칭이다.

회색여우가 나에게 일거리를 하나 맡겼다.

그는 나에게 40미터쯤 길이의 내무반 미장공사를 부여했다.

천장이며 침상마루며 벽이며 또 관물대까지 모두 페인트 칠을 할 것.

조수 도우미도 없이 혼자서 그 일을 한다는 건 콰이강의 다리 건설만큼이나 지난한 것이었지만 군대가 무엇인가. 거시기로라도 밤송이를 까라면 까야 하는 조직 아닌가. 터미네이터 로봇 병기 아놀드 슈워제네거라면 모를까 지구상의 어느 사내가 거시기로 밤송이를 깔 수 있으랴. 끔찍한 변태 고문이다. 대대의 유일한 정훈병 하나가 한가하게(?)놀고먹는 것이 '참을 수 없는, 존재의 가벼움'처럼 보였나 보다.

어쩔 거나. 까라면 까야지.

두 가지의 페인트를 섞어 균일한 색깔로 꼬박이 사흘에 걸쳐서 끝냈다.

작업이 끝난 뒤, 마침내 나는 군대고 지랄이고 모포를 덮은 채 중

환자처럼 펄펄 앓았다.

내무반 몰골은 훤해졌고 누가 봐도 한 사람이 해낸 것이라곤 믿기지 않을 만큼 성공적이었다.

그 회색여우로부터 한 가닥 연민을 얻어낸 결과물이 일주일짜리 포상휴가였다.

늦가을의 양광을 쬐며 마루에 앉아 나는 회색여우를 생각했다.

이 새꺄, 국방부 시계는 오늘도 간다. 그런 적의敵意와 함께 나는 담배 연기를 내뿜었다.

내가 아끼던 전후문제작품집은 도망가지 않고 그대로 있었다.

남북구편에 아그네시카의 제8요일이 실려 있을 터.

푸른 담배연기는 제멋대로 흩어져갔다.

오지 않을 것 같던 제8요일, 제대의 날이 다가오고 있었다. 그래서 문득 배꽃계집이 생각났던 것일까. 아그네시카가 그랬지. 인생에서 배운 게 겨우 단념뿐이냐고? 아그네시카가 앞에 있다면 난, 그렇게 말하고 싶었다.

"단념뿐만이 아니고 더러운 복종도 배웠지."

연필로 그린 자화상처럼, 끽연과 함께 나는 자유의 몽환에 빠져 있었다.

필터가 제공하는 해방의 극사실은 감격적이었다. 드디어 3년의 복무, 노예생활이 끝나간다.

'드디어'라는 그 비현실 같은 현실, 그 비장한 장엄미를 대한민국 남자가 어찌 잊겠는가.

스물여섯 일곱쯤이면 두 눈 다 뜨고 사는 나이가 아니다.

왼쪽이든 오른쪽이든 그저 열정으로 가득한 한쪽 눈으로만 세상을 바라볼 때다.

제 아무리 잘난 척해도 분별력은 떨어지고 몸뚱이엔 때때로 쓸모없는 에너지가 넘쳐서 공연히 괄괄하기만 한 나이, 그게 스물여섯 일곱이란 나이다.

휴가 오셨나 봐요? 바로 그때 열린 대문으로 들어선 묘령의 그녀가 말을 걸어온 것이다.

나귀의 목에 달린 방울처럼 달랑달랑 생글거리며, 생면부지의 그녀가 넉살 좋게 말을 걸어오는 바람에 나는 강원도에서 벗어났다.

나는 그만 그녀가 내 옆에 앉는 관용까지 베풀었다.

연애에너지 셀프사용법에 서툰 숫보기가 쩔쩔매는 꼴이라니.

나는 스탕달의 연애론 신봉론자도 아니다.

잘츠부르크의 소금광산 채굴장 깊은 곳에 나뭇가지를 던져놓는다. 서너 달이 지나면 나뭇가지에 번쩍이는 소금결정이 매달려 마치 다이아몬드처럼 보인다고? 스탕달씨, 그런 달달한 소리로 사기 치다니.

내가 2년 동안 근무했던 대적선전대는 남군 5개 중대와 여군 1개 중대로 구성된 대북방송 부대였다. 대한민국 유일무이한 남녀 혼성 부대였으니 얼마나 썸 타는 일이 다반사였으랴.

그 무렵 내 소설 '카키색'이 반공문예작품 현상모집에 당선되어 전우신문에 연재되었다.

나는 유명해진 대적선전대 일등병이었다.

그러나 나는 치마만 봐도 피가 끓는 군인이길 거부했다.

군대는 내 청춘의 '흑색사'다.

나는 이반데니소비치처럼 군대의 수용을 혐오하면서 말을 아꼈다. 내 주변을 맴돌면서 기웃거리는 방송동업자 여군들이 있었지만 나는 그녀들의 꼬리를 쳐다보지도 않았다.

그러다가 대적선전대에서 나는 포병대대로 전출 가는 신세가 되었다.

이등병 시절에 부대에서 보낸 신원조회가 대전의 내 집이 이사 가는 바람에 되돌아왔다. 대적선전대 부대원은 모두 2급 비밀 취급인가자다.

신원조회가 되돌아왔으면 다시 보냈어야 했다. 그런데 행정과 담당자가 제대를 하고 내 신원조회 서류는 서랍에 처박혀 오랜 동안 하안거 동안거의 스님처럼 꼼작도 하지 않았다.

담당 행정병이 바뀌고 바뀌고 …… 무려 2년이 지나자 신원조회 불명은 신원조회 부적합으로 변신했다.

이런 망할 놈의 군대 행정이라니. 그 결과 고참 상병 말년, 제대 1년을 남기고 나는 강원도 화천에서도 더 들어가는 포병대대 정훈병으로 다시 팔려가는 신세가 되고 만 것이다. 전출의 설움은 생략하자.

군인은 사람이 아니다. 군인은 진화를 멈춘 원시인이다. 내 청춘은 3년 집행유예다.

따지고 보면 그 전출이 가져다 준 선물(?)이 내무반 미장공사를 야기한 셈이다.

지금 나는 마지막 휴가를 보내고 있다. 머지않아, 올 것 같지 않았던 제8요일이 온다.

오, 자유. 그녀의 치마에 걸려든 것은 자유라는 오염원 때문이었다.

비유하자면 그녀는 갈색 얼룩 고양이였다.

일주일 휴가 중에 그녀를 몇 번 만났던가.

마루에 앉아 있으면 퇴근길의 그녀가 어김없이 마당에 들어섰다.

해가 바뀌었고 1971년이 왔고 춘삼월이 왔고, 나는 드디어 군복을 벗고 욕심껏 자유를 움켜쥐었다.

고양이 같은 그녀는 빨치산처럼 내 자유의 세계를 들락거렸다.

그녀의 친구들과 내 친구들에게 바다가 손짓했고 여름휴가 집단 채팅 속에서 우리는 은밀한 두 개의 점이었다는 것을 의식했다. 바닷가의 집단 채팅 뒤에 슬그머니 한가위가 다가왔다.

한가위의 둥근 달이 둥글게 비쳤으므로 그날 저녁 우리들 집단 채팅 여섯은 시시덕거리며 한가위 기념 팔뚝맞기 민화투를 쳤고 술을 마셨다. 남녀 사이의 팔뚝맞기라는 것이 얼마나 야릇한 요기妖氣를 뿜어내는지 알 만한 사람들은 알 것이다. 열두 시가 가까워지자 다들 돌아가고 마침내 우리 둘만의 내밀스러운 고요가 왔다.

통금시대의 야경꾼은 우리들의 시간을 으르딱딱거렸다.

우리는 할 수 없이 그들의 포충망에 걸려들지 않기 위해서 정처 없는 순례를 떠났다.

만삭의 한가위 달이 둥글게, 천연덕스럽게 걸려있는데, 등 뒤에 꽂히는 방범대원들의 호루라기 소리를 피해 자정 무렵부터 먼동이 틀 때까지, 여섯 시간도 넘게 걷고 걸었던 미친 데이트.

골목에서 골목으로 선화동을 꼭짓점으로 삼아 숨듯이, 수배자처럼 변두리를 은밀히 걷고 걸어 마침내 새벽녘 보문산 어느 모퉁이에서 우리는 눈 한 번 마주치고는 제각기 제 길로 귀가했다.

우리들의 순례는 내 열전列傳에 기록할 만한 일대 사건이었다.

청춘의 언어를 여섯 시간이나 나누었다면 우리는 깊어져야 했다. 그런데 어찌 된 일인지 우리들의 강은 가뭄처럼 물이 마르고 얕은 도랑물로 변하고 말았다.

그녀는 다른 동네로 이사 갔고 우리는 연락 두절의 상태로 돌아갔다. 나는 고양이에게 피에트레크처럼 말하고 싶었다. '모든 걸 단념하고 추억으로 남겨둬.'

이건 뭔가 이상하다. 그녀가 나를 리모컨으로 조종하는 것 같다.

나는 흐리멍텅한, 알 수 없는 결별의 이유에 화가 잔뜩 나 있었다.

1년쯤 지난 어느 날 내 책상 위에 그녀가 메모쪽지를 써놓고 갔다.

책 서너 권을 빌려달라는 것이었는데 그건 누구라도 쉽게 구할 수 있는 소설류였다. 그녀가 고양이 과라는 것을 유감없이 드러내는 몸짓이었다. 그건 '다시 시작하자'는 파란 신호등이었다.

더 만날 구실로 삼고자 구해달라는 책 두 권만을 들고 나는 그녀를 만났다. 필요하다면 나머지 책 한 권은 낱장으로 뜯어다 줄 작정이었다.

10분쯤 늦게 그녀가 손에 목탄 칠을 한 채로 약속장소에 나타났다. 그녀가 말했다. 그림을 배우는 중이며 미술학원에서 목탄데생을 하다가 오는 길이다, 라고.

10분쯤 늦은 것도, 목탄이 묻은 손을 씻지 않고 온 것도, 그녀의 계산된 연출이라는 것을 나는 직감했다.

그녀의 시각으로 보면 해답이 금세 나왔다.

이 남자와 다시 시작해야겠다. 그런데 쑥스럽다. 뭐 자연스런 핑계거리가 없을까?

그렇다. 책을 구해달라고 하자. 예민한 남자니까 그게 신호라는 걸 금방 눈치 챌 거야. 아, 그런데 언젠가 이 남자의 서랍에서 연필 인물화를 본 기억이 난다. 제법 그럴 듯했어. 문학 말고 그림에도 소질이 있나 봐. 그래, 그러면 나도 그림을 그리자. 다시 만나는 날 미술학원에서 목탄칠을 한 채로 가는 거지 뭐. 그럼 이 남자와 공유하는 취미가 한 건 생긴 거네. 이쯤이면 성공하지 않을까?

맞다. 제대 말년에 나는 심심파적으로 연필 인물화를 그렸다. 주로 외국 유명배우들을 많이 그렸는데 예컨대 영화 닥터지바고의 오마 샤리프와 줄리 크리스티도 그렸다.

나는 마음에 드는 스무 장쯤을 집에 가져다 놓았다.

내가 없을 때 그녀가 내 서랍을 뒤졌다는 걸 안다.

재회의 드라마를 위하여 미술학원과 목탄 묻은 손을 소도구처럼 동원한 그녀는 분명히 고양이 과였다. 생맥주 두 잔째가 비워질 즈음에 나는 고양이에게 돌직구를 날렸다.

"내 질투를 유발하기 위하여 당신은 바닷가에서도, 한가위 날에도 기회가 생기면 부러 내 친구와 다정한 척했고, 등등등이 있었다. 여섯 시간의 청춘 데이트를 감행한 끝에 우리는 적당한 징표를 확인했다. 그런데 그 이후 당신은 까닭 없이 소식을 끊었고 일 년이란 세월이 흘렀다.

당신은 아마도 충분히 심사숙고할 시간이 필요하다고 판단한 것 같다. 이제 다시 만났는데 시간이 더 필요한 것인가? 일주일 뒤 이 자리에서 '예스 노우'를 대답하기 바란다."

스물여섯 살부터 끓었던 연애 감정은 35개월의 군대살이로 갇혀 있던 청춘의 통과의례였다. 그것은 몸짓에 지나지 않았다. 운명적인 만남도 아니었고 영원불변의 사랑도 아니었다. 나에게 쳐놓은 한 여자의 주술에 걸려들었다 해도 좋은 것이었다.

일주일 뒤에 다시 만났으나 고양이는 대답하지 않았다. 내가 다시 말했다.

"자정 30분 전까지 대답을."

내가 화장실에 다녀왔을 때 고양이는 사라지고 없었다.

지난 일 년 동안, 환쟁이냐 글쟁이냐, 고양이는 끊임없이 나와 어떤 사내를 놓고 쉼없이 저울질했다는 것을 비로소 알았다. 대답하지 않고 사라졌다는 것은 아직도 고양이의 저울질이 끝나지 않았다는 것을 의미한다.

그 선택 유보, 나는 고양이가 계산하는 짝짓기놀이의 모욕을 참을 수 없었다.

내가 디에고 리베라가 아닌 것처럼 고양이, 너도 프리다칼로는 아니다.

나는 나에게 마음속으로 단호하게 말했다. 굿바이.

고양이는 환쟁이 교수에게 시집갔다.

고양이는 사랑을 찾아다닌 나그네가 아니었다.

고양이는, 먹여주고 재워줄 근사한 주인을 찾고자 헤맸을 따름이었다.

어찌 고양이만 그랬으랴. 그것은 70년대의 생존법이었고 70년대가 그리는 연필 풍경화였다.

1973년 12월 23일, 첫눈이 푹푹 내렸다.

그날, 긴 주례사를 배웅삼아 나는 새로운 동반자와 인생의 산티아고 순롓길을 떠났다.

❖금앵이 그녀, 70년대식 웨딩드레스를 입다

후드득후드득 타다다 탁탁. 비가 오는가 보다. 양철지붕에 빗방울 듣는 소리가 콩 볶듯 시끄럽다. 망할 놈의 양철지붕, 보슬비만 내려도 저렇게 방정을 떤다니까.

중학교는 말할 것도 없고 새쭉새쭉 풀꽃처럼 웃던 여고시절도 이 양철지붕 밑에서 살았으니 이제는 헤어지고 싶다.

끄느름하게 가을비만 내려도 한여름 깊은 밤 논배미에서 울어싸는 개구리 소리처럼 허풍떠는 양철지붕. 너무 시끄러워 미닫이를 열고 마당께로 눈길을 주면 빗발이래야 강아지풀 줄기보다도 가늘은데 그렇게 북새를 떤다.

겨울엔 사람을 동태처럼 얼궈 아랫목에서도 옹송그리게 하고 여름엔 온종일 땡볕을 싸서 품었다간 자정이 지나도록 후끈후끈 열기를 뿜어내 식구들을 아예 찜통 속에서 뒤척거리게 한다.

국수로 점심을 때운 둘째오빠가 낮잠생각이 간절한지 금앵이 방으로 건너왔다.

방은 세 칸이었지만 하나는 안방이고 하나는 오라버니 셋이 쓰고 금앵이와 언니가 한 칸을 쓴다.

여덟 자 방은 옹색하기 그지없다.

금앵은 여름방학 숙제로 수틀에 모란꽃을 놓고 있었다.

“금앵아, 여기서 잠깐 신세지자. 눈 좀 붙여야겠다.”

“하필이면 여기서 왜?”

“머슴애꼭지 셋이서 밤낮 없이 비비적거려 퀴퀴한 냄새가 진동한다. 향내 나는 이 방에서 한 숨 자자. 아무도 없잖니.”

“아무도 없다니 내가 있잖아.”

“중학교 2학년짜리두 여자니?”

오빠가 웃통을 훌러덩 벗어부치고 알살을 드러냈다. 아랫도리를 내놓지 않은 게 다행이었다.

“자더라두 옷 입구 자란 말야.”

“내년부터는 그러마.”

누우런 비닐장판에 벌러덩 눕더니 드르렁드르렁 코까지 골며 오빠는 잠속으로 빠져들었다.

오후 세 시가 넘으면 금앵이 방은 땡볕이 밀어닥친다. 길죽한 햇빛이 네 시 무렵엔 방안을 절반 넘게 점령한다. 하는 수 없이 금앵은 수를 다시 놓는다.

쩌-억! 이게 무슨 소리랴?

물에 젖은 걸레처럼 땀으로 후줄근히 젖은 오빠의 알살이 비닐장판에 늘어붙었다가 일어나는 바람에 떨어지는 소리였다.

이놈의 양철집, 못 자겠다. 오빠는 번들거리며 샘물가로 내려갔다.

“금앵아, 등목좀 해다오.”

그때가 벌써 언젯적인가? 요놈의 양철지붕은 언제쯤 철이 들라나.

혼잣말처럼 중얼거리는 금앵의 말을 어느 결에 들었는지 어머니가 한마디 툭 던진다.

"그래두 양철지붕에 비 듣는 소리가 삼삼하지 않든?"

어른들은 지긋지긋한 것도 몸에 배면 죄다 그리운가 봐. 삼삼할 게 따로 있지.

"잊을 게 없어서 이깐 양철지붕을 가슴에 담아둔담. 난, 기와집이 좋구 서울이 좋더라."

"너희들 모두 이 양철지붕 밑에서 태어났어. 비 내리는 날이면 양철지붕 호들갑을 자장가로 들으며."

"관둬. 엄마는 순응의 천재야. 그러려니 하고 사는 덴 이골이 났으니."

"그러나 저러나 참, 어서 서둘러라."

"엄마 양철지붕 같은 잔소리 이길 수 없어서 나가는 거야. 이런 촌구석에 변변한 총각이 있을 리 없지."

"대전이 왜 시골이냐."

"서울엘 가봐. 거기가 사람 사는 진짜 도시야. 사람들 눈빛부터가 달라."

"서울사람들 눈에선 금빛이라두 나오든? 가진 건 없어두 그 사람 참하니 생겼더라. 괜한 소리 말구 어서 채비나 해."

"왜 나는 밤낮 가진 건 없어두, 그런 꼬리표가 붙은 남자만 선을 봐야 돼? 학벌 좋구 돈 많구 잘난 남자들은 대체 누구 차지야?"

"들깨 쥐어짠다구 참기름 나오든? 제 복에 제 팔자대루 사는 겨. 새로 산 옷 입구 나가. 그걸 입으면 내 딸두 선녀 삶아놓은 폭은 될 거여."

"그건 시장에서 산 싸구려에요. 아니, 그리고 선녀 삶아놓은 거 하구 돼지고기 삶아놓은 거 하구 어떻게 달라?"

"보리밥두 나랏님이 드시면 수라라 하는 겨. 싸구려옷을 입어두

비싼옷 입은 것처럼 보이는 걸 인물이라 하는 거구."

"맑은 물이 흘러두 코에서 나오는 건 콧물이야. 내가 백화점 옷을 사 입고 나가두 사람들은 양철지붕집 딸이 입은 건 싸구려라고 생각하는 법이야."

"복 들어오는 날 문 닫는 법 아녀. 오늘은 아무 말 말구 나가거라."

내 인생은 내 것인데 똥 마려운 년 국거리 썰 듯 대충대충 아무 사내 골라잡아 족두리 쓰긴 싫다. 백마 탄 왕자는 아니더라도 염소 탄 얼간이는 싫다.

다방 안은 어두웠다. 구석에 남자 하나가 있었다.

맞선의 상대라면 그쪽에서 먼저 눈치껏 말을 걸겠지. 글쎄, 대전 촌것들은 이렇다니까. 호텔 커피숍 놔두고 이 컴컴한 데에서 맞선을 보자니.

혼자 있던 남자가 금앵에게 다가왔다.

"혹시……?"

금앵이가 대답했다.

"네."

"어머니에 누나에 고모까지 다 뿌리치고, 혼자, 왔습니다."

한 시간쯤 이야기를 나누고 나서 남자가 말했다.

"언제쯤 다시 뵐까요?"

선생이라니까 밥은 굶기지 않을 것 아닌가.

두 번을 더 만나고 금앵이 어머니가 결혼 날짜를 잡을 때 금앵이는 아무 말도 하지 않았다.

그 남자 바보 같지는 않아.

'언제쯤 다시 뵐까요?' 그 대시도 제법 남자다웠어. 인생은 어차피 모험이잖아.

후다다닥. 금앵이는 모험을 저질렀다.

70년대 방정식. 금앵이는 그렇게 웨딩드레스를 입었다.

❖바깥 기척에 허기져(?) 파계한 그녀

내가 33년을 근무한 곳은 수도회가 세운 가톨릭학교였다.

그곳에서 나는 내 인생 최고의 얼짱미인을 만났다.

수녀가 되고자 청원의 과정을 밟고 있는 예비수녀였다.

날마다 낭랑18세의 여학생을 상대하건만 내 눈에 그녀는 단연코 절세였다. 원체 드러내지 않으려고 행동거지에 조신을 거듭하는 그녀였기에 그녀를 바라보는 우리들의 눈길도 조심스러울 수밖에 없었다. 옷매무새, 손놀림 하나까지도 정갈하기 짝이 없는 조선시대 양반집 규수처럼 그녀의 몸가짐에선 바람 한 점 크게 이는 법이 없었다. 그건 수녀를 지향하는 사람에게 내려진 수도회의 수련 지침이기도 했다.

내가 어찌 감히 세속적 감정 따위를 품을 수 있으랴.

그녀를 볼 때마다 일어나는 찬탄, 그건 비온 뒤의 건넌산을 바라보는 미학적 그리움 같은 것이었다.

'예수'를 남 그윽이 흠모하던 사람은 대체 몇 사람쯤이었을까?

'사랑ᄒᆞ다'는 '생각하다'의 15세기 표기다. '사랑ᄒᆞ다'는 love보다 사랑의 본질을 꿰뚫은, 철학적 함의가 깊은 표현이다. 생각은 사랑의 알파요 오메가다. 수많은 남선생들의 생각을 받고 있던 그녀.

수련과정의 하나로, 교무실에서 선생님들의 도우미를 담당하면서도 그녀의 둘레에는 언제나 바이칼호에 떠도는 청량한 아우라가 어려 있었다.

나 역시 그녀를 '사랑ᄒᆞ고' 있었다.

어느 날 그녀가 웬일인지 나를 면담실로 청했다.

면담실엔 밖에서 안을 들여다볼 수 있는 쪽창이 하나 있다. 은밀한 정감(?)을 예방하는 장치다.

그녀가 나에게 하얀 봉투 하나를 내밀었다. 나는 그녀를 예수님이라고 불렀다.

"예수님 …… 이라니요?" 그녀가 당연히 의아할 만했다.

"예비수녀의 준말이에요."

언제나 조용하기만 하던 그녀가 소리를 내어 웃었다. '예수'가 좋았던가 보다. 네티즌식 준말 언어가 없던 1976년 아닌가. 그녀가 웃었으므로 나도 즐거웠다. 그녀를 어떻게 불러야 좋을까 늘 고심하다가 얼마 전에 얻은 궁리였는데. 품고만 있었던 발상을 때맞춰 '내놨다', 는 기쁨이 나를 달뜨게 만들었다.

"좋은 곳에 쓰세요. 어려운 학생 도와주셔도 좋구요."

돈이라고 직감했다. 돈을 왜 나에게 주는 것일까.

얼마든지 다른 방법이 있을 텐데.

어쩔 줄 몰라 나는 당황했다.

그러자 그녀가 봉투 위에 내 손을 끌어다 덮은 다음 그녀의 손으로 내 손등을 다시 덮었다.

내 생애가 만난, 가장 예뻤던 그녀의 손이 지금 내 손등을 덮고 있다는 사실에 나는 남몰래 열락에 빠져 허둥거렸다. 그 뒤로부터 그녀를 마주치는 내 눈은 황홀한 비밀 같은 것이었으리라.

그런데 몇 달 뒤, '예수'는 수련기도 청원기도 마치지 않고 갑자기 수도원을 떠났다.

무엇이 그녀를 스스로 파계하게 했을까?

그녀가 왜 종신서원의 길을 거부했는지는 알 수 없지만 내가 내 생애에서 가장 설렜던 찰나를 잃어버린 것만은 분명하다.

> 귓속이 늘 궁금했다/ 그 속에는 달팽이가 하나씩 산다고 들었다/ 바깥 기척에 허기긴 그가 저 쓸쓸한 길을 냈을 것이다/길 끝에 입을 대고/근근이 당도하는 소리 몇 낱으로 목을 축였을 것이다/ 달팽이가 아니라/도적굴로 붙들려간 옛적 누이거나/ 평생 앞 못 보던 외조부의 골방이라고도 하지만/ 부끄러운 저 구멍 너머에서는/ 누구건 달팽이가 되었을 것이다 그 안에서 달팽이는/천년쯤을 기약하고 어디론가 가고 있다고 한다/ 귀가 죽고 귓속을 궁금해 할 그 누구조차 사라진 뒤에도/길이 무너지고/ 모든 소리와 갈증이 다한 뒤에도/ 한없이 느린 배밀이로/ 오래오래 간다는 것이다. 망해버린 왕국의 표장標章처럼/ 네 개의 뿔을 고독하게 치켜들고/더듬더듬/ 먼 길을.
>
> (김사인의 시 '달팽이')

뭇 사내들의 시선을 앗는다는 것 자체를 원죄라고 생각했을까?

사내들을 설레게 한다는 것 자체를 원죄라고 생각했을까?

바깥 기척에 허기진 '예수'가 저 쓸쓸한 파계의 길을 냈을 것이다. 근근이 당도하는 소리 몇 낱으로 목을 축였을 것이다. 부끄러운 저 구멍 너머에서 '예수'는 달팽이가 되었을 것이다. '예수'는 천년쯤을 기약하고 어디로 가고 있을까. 모든 소리와 갈증이 다한 뒤에도 한없이 느린 배밀이로 가고 있을 '예수'.

그녀가 사라진 하늘엔 낮달조차 보이지 않았다.

> '하늘은 가끔씩 신의 음성에겐듯 하얗게 귀를 기울이는 낮달을 두시었다'는데. (서정춘의 시, 귀)

> 『고요한 곳에다 가둬놓았지만 끝내 그 그림을 마칠 수가 없었다. 그는 또한 여색을 좋아하는 성격이었다. 그림을 그릴 때마다 반드시 분단장한 여인과 마주 앉아 술을 따르게 한 뒤에 붓을 휘둘러야만 마음에 드는 그림을 얻는다고 했다. 나이 마흔 남짓에 처음 아내를 얻었지만 하룻밤 잔 뒤에 갑자기 그를 내버렸다. 그러고는 죽을 때까지 다시는 장가들지 않았다.』
>
> (허경진 편역 '조선평민열전' 오원吾園 장승업)

하룻밤 장가의 장승업은 혼인을 속박 그 자체라고 생각한 것 같다. 아니, '솔로 인생'의 진경眞境을 깨달았을지도 모른다. 속박을 싫어하는 자유 의지가 어찌 그에게만 있으랴.

조랑말이나 벤츠나 인생은 결국 이반데니소비치의 하루 같은 것.

사람의 자취가 사라지면 모를까 복사꽃 떠오는 강을 아무리 거슬러 올라가도 사랑의 무릉도원은 없다. 다음 생애가 있다면 장승업처럼 한평생의 솔로는 어떨까?

그때의 내가, 내가 아니었다면 지금의 나는 어떤 무엇이었을까?

그녀가 떠나고 기나긴(?) 1970년대가 마침내 저물었다.

80년대에 접어들자 일상도, 사랑도, 모든 것이 온통 뒤죽박죽 일그러지기 시작했다.

❖80년대의 갈증에 지쳤던 듯한 목로주점 그녀

유난히 크고 잘생긴 2015년의 한가위 달. 혹시 묵은 손편지라도 있는지 서랍을 뒤졌다.

달빛으로 읽을 가난한 시대가 남아있을까? 그러나 60년대의 편지는 없었다. 70년대의 편지도 없었다. 왜 과거를 그리도 쉽게 버리고 버렸을까. 다행히 80년대의 편지 뭉치가 있었다.

"김선생님, 너무나 강경 발언하셔서 그 우직스러운 포졸들에게 혹시나 시달림을 받지나 않으실는지 걱정이 됩니다." 1986.8.11 레오나르도.

가톨릭신문에 연재한 칼럼을 읽고 보내온 어떤 독자의 편지였다.

상징과 알레고리로 80년대의 독재를 건너려던 내 칼럼들.

이걸 내가 왜 이리 간직했지? 위로라도 받고 싶었던 모양이군. 꽤 고독했던가?

악령이 우글거리던, 날마다 소주가 절실했던 80년대.

중앙시장 골목 샅에 자주 가던 목로주점 하나가 있었다.

그 목로주점에 40대 초반(?)의 과부 둘이 있었다.

예쁘고 사랑스런 주모가 과부라니. 하나도 아니고 둘이라니.

목로주점은 예쁜 그녀들 때문에 단골이 많았다.

서너 사람이 앉으면 족할, 술탁자 하나가 달랑 있을 뿐, 값싸고 편안한 술집이었다.

나중에 온 손님들은 그 술탁자를 차지할 수 없었다. 당연히 그들은 주모를 마주보며 좁고 길다란 널판지 다이(대臺의 일본말)에서 한 잔 마시게 마련이다. 술꾼들은 그 '다이'에 앉는 것을 더 좋아했다. 왜 안 그렇겠는가. 예쁜 주모를 마주 보며 술잔을 기울이는 그 호사를 누가 마다하랴.

오는 사람마다 두 사람 주모 중에 하나씩 점을 찍었다. 그러고는 사내들의 도둑놈 심보처럼, 엿장수 가위질처럼, 각자 자신의 연인으로 삼았다.

한 사람은 수더분한 마음씨로 술꾼들의 대거리도 나긋나긋 잘 받았다. 하지만 또 한 사람은 영 아니었다. 그녀는 술탁자의 어떤 단골 옆에도 앉지 않았다. 하느님 똥구멍이라도 찌를 요량인지 마냥 솟구친 교회의 첨탑처럼 그녀의 자존심은 도도했다. 괜스레 작업 거는 말 한마디라도 했던 사내들은 그녀의 푸른 칼날에 베이기 일쑤였다.

미인들의 도도함은 언제나 그녀들의 자존심이자 권리다.

자존심이라면 내 똥도 굵은 편이다. 하여간 작업 따위의 허튼 수작은 내 예능감에 맞질 않았다.

도도한 미인을 누가 사랑하지 않으랴. 남정네들이 보내는 눈길에 자취가 있었다면 이옥봉의 한시 '몽혼夢魂'처럼 '문전의 돌길이 반은 모래가 되었을 것이다.'

나도 그런 술꾼들 중의 하나였다. 나는 도도한 그녀를 좋아했다.

여름날의 목척교, 어둠이 이미 짙은 천변의 포장마차.

어느 날, 웬일인지 파계라도 한 것처럼 그녀가 나를 불러냈다.

당나라 시대 양귀비가 현종 몰래 글쟁이 술꾼을 호출한 셈이니 놀랄 만한 '잠행'이 아니고 뭔가. 더구나 지정한 장소는 그녀의 목로주점이 아니었다. 요즘말로 하면 목척교의 천변 카페(?) 아니, '포차'였다.

무슨 일일까?

여기서 잠깐, 80년대라고 하는 천변만화의 격변기를 짚고 넘어가자.

술꾼이니까 술집 풍경 하나 가지고 이야기하겠다.

시대가 얼마나 숨 가쁘게 돌아갔는지 나는 세월이 꽤나 흐른 뒤에야 비로소 실감했다.

1970년대가 웬만큼 저물어갈 때까지 나는 주말마다 술집에서 한 잔 걸치는 걸 낙으로 삼았다. 대개는 서너 명씩, 많을 땐 예닐곱 명씩 우리는 은행동 뒷골목 단골 2층집에서 더치페이로 막걸리를 마셨다.

탁걸리를 마시다가 흥겨워지면 당시의 최고급술이었던 맥주를 2차 입가심으로 지정했다. 한복을 입은 '도우미(?)아가씨'들은 수컷들 사이사이에 앉아 열심히 안주를 축내며 매상을 올렸다.

젓가락 장단에 맞춰 노래 부르고 술판은 깊어간다.

그런데 이 단골집은 결코 요정이 아니었다. 지하 룸살롱도 아니었다. 목로주점에 진배없는 셀러리맨 전용 보통 술집이었다. 한데도 불구하고 아가씨들이 대여섯 명이나 있었고 그들은 고급요정의 아가씨들처럼 한복을 떨쳐입고 술손님을 맞았다.

같이 근무하던 동료 하나가 70년대 중후반 무렵에 미국으로 이민을 갔는데 10년쯤 지나 그러니까 80년대 어느 날 고국에 잠깐 들렀다.

그가 옛날의 술풍경이 그리웠는지 나에게 말했다.

"김형, 한복 아가씨 있는 은행동에 가서 한 잔 하십시다."

휴가 나온 군인처럼 그는 고국의 옛 풍습을 즐기고 싶어 몹시 들뜬 사람처럼 보였다.

은행동엔 나 역시 오래만에 가는 터였다. 그와 나는 오르락내리락 은행동 뒷골목을 한참이나 헤맸다.

단골 이층집은 사라지고 없었다. 아니 그런 유형의 샐러리맨 전용 보통 술집 자체가 없었다.

그런 유형의 샐러리맨 전용 보통 술집은 고급요정이나 지하 고급 살롱으로 둔갑한 것이었다. 막걸리 대신에 맥주와 양주가 그 자리를 꿰찼고 젓가락을 두드리던 아가씨들은 신분이 격상되어(?) 고급인력으로 바뀐 지 오래였다.

산천은 유구했다. 유구하지 않은 것은 막걸리와 한복 아가씨와 술값이었다.

우리는 더 이상 더치페이와 막걸리와 한복 아가씨를 만날 수 없는 초라한 술꾼에 지나지 않았다.

80년대는 뭐든지 요동치던 시대였다.

육칠백 만 원이던 집값은 느닷없이 마술처럼 억대를 호가했다.

모든 가치는 어제의 가치가 아니었고 모든 사람들은 어제의 그 사람들이 아니었다.

다시 도도한 그녀로 돌아가 보자.

그녀가 날 쏘아보았다. '내가 싼 여자가 아닌 건 아시잖아요.' 그런 눈빛이었다.

"웬일일까 궁금해 하지 말아요. 그냥 마셔요."

궁금한 생각을 접어둔 채 술 마시는 그녀를 바라보며 나도 말없이 술을 마셨다.

아하, 그녀에게 뭔가 남 모를 고독이 찾아왔는가 보다.

그녀는 나에게 과부의 신세 한탄 한 번 한 적이 없었다. 고독의 '고'도 꺼낸 적이 없었다.

시간이 꽤 흘렀을 때 갑자기 그녀가 말했다.

"나, 급해요."

딱히 마땅한 데가 없었다. 그녀가 눈으로 나를 끌었다.

나는 그녀를 따라 목척교 아래로 갔다. 다리 밑 으슥한 곳에서 그녀가 말했다.

"앞에서 지켜주세요."

나는 그녀의 방뇨 파수꾼이 되었다.

나를 호밀밭의 파수꾼처럼 세워놓고 그녀가 '쉬'를 했다.

부끄러움을 무릅쓰고 자신의 '쉬'소리를 들려주는 그 야릇한 신뢰의 정체는 무얼까?

설마 '자신의 쉬 소리'를 들려주기 위해서 만나자고 한 건 아니겠지.

"아, 살았다!"

구원을 받은 듯한 그녀의 목소리가 들려왔다.

나는 내 발칙한 상상을 들키기라도 한 것처럼 소스라치게 놀라서 잽싸게 거두어들였다.

목척교 다리 밑에서 그녀가 보여준 그 '파수꾼 제의'가 수수께끼처럼 떠오른다.

어느 날 갑자기, 그것이 80년대식인 것처럼 그녀도 사라졌다. 그녀도 사라지고 목로주점도 사라졌다.

영원할 것 같았던 목로주점은 더 이상 나타나지 않았다.

70년대의 '예수'도 어느 날 갑자기 사라지더니 목로주점의 그녀도 어느 날 갑자기 사라졌다.

이건 뭐지? '어느 날 갑자기'가 대 유행이라도 할 모양인가?

아무개도 죽고 아무개도 죽었어요. 인생은 죽음과 삶, 반 반인데 어째 죽음이 더 많은 것 같아요.

그런 보고서를 탁걸리 잔에 부어 건네며 목로주점 그녀의 갈증과 주름살을 만나고 싶다.

'미라보 다리 아래 세느강은 흐르고 우리들의 사랑도 흐른다. 가버린 시간도 사랑도 돌아오지 않지만 밤이여 오라, 세월은 흐르고 나는 여기 머문다.'

저 멀리로 마냥 깊어져 가는 가을 하늘을 보면 충청도 사람들은 그렇게 말하곤 했다.

그들은 배냇시인이다. "워째 저렇게 내빼기만 한 대유."

뜰에 나서니 작년 그러께에 만났던 그 가을이 떠억하니 옛날 동무의 문자 메시지처럼 다시 날아와서는 빚쟁이처럼 자리 잡고 앉아있다. 머릿속에서 가을들이 사뭇 날아다닌다.

그녀들은 왜 꿈속에서 한꺼번에 나타나지 않을까?

연분홍 편지지에 적힌 저녁노을 같은 글씨, 그걸 꽃봉투에 넣어 빌려주었던 책갈피에 넣어준, 그녀가 생각난다. 별빛이 내리는 둑길에 앉아 어둠을 나누던 그녀도 생각난다.

보리밭 사이를 거닐던 초여름의 그녀도 생각난다.

체격이 튼실했던 음대 피아노생, 그녀도 생각난다. 보랏빛 같은 얄궂은 설렘을 살포시 건네던 그녀. 돌팔매처럼 날리는 내 직선이 좋았던 것일까?

종아리를 가득 채운 부츠를 신은 그녀, 만나자 마자 일어서던 그녀, 보기좋게 나를 찬 그녀, 그녀의 눈빛은 유난히 서늘했다. 또각또각, 그 단호한 구둣소리가 지금도 들려온다.

우리는, 나는, 채이고 차는 풍경을 많이도 그려냈다.

아그네시카와 배꽃계집과 고양이와 예수와 목로주점의 그녀들은 모두 60년대와 70년대와 80년대를 건너게 한 점點들이다. 내 인생은 이런 점들의 점철로 이루어진 시간의 총화다.

낙화유수, 그 점들은 이제 점의 의미를 잃은 점이다.

내가 '그녀'와 '그녀'와 '그녀들'의 곁을 지나쳐 내 시간의 '이제'에 이른 것처럼 그녀들도 나를 지나쳐 그녀들의 언덕 너머 어딘가의 '이제'에 이르러 있으리라.

생의 행로란 결국 그런 것. 나의 현재는 숨 쉴 새도 없이 날마다 과거로 변하고 있다.

나의 현재가 벤담의 원형감옥 같은 기억의 CCTV를 세우고 과거를 감시하면 과거는 도망칠 엄두도 못 낼 것이다.

여기에서 만났고 저기에서 만났고 한 잔 술로 만났고 소매를 스치듯 만나기도 했다.

남자도 만났고 여자도 만났고 수없는 만남들이 있었다. 어떻든 모든 만남은 지나고 보니 시대가 그리는 풍경에 지나지 않았다. 예컨대 2017년에 배꽃계집과 채팅했다면 어떤 풍경이 나타났을까? 사실 궁금할 것도 없는 풍경이다. 적어도 좌회전 우회전보다는, 갈팡질팡보다는 아마도 '직진'이었겠지. 그게 요즘 청춘들의 방식이니까.

21세기에 접어들었는데도 대한민국은 어지럽다.

비민주적 복마전에 언제쯤 합리적인 디자인의 손길이 닿을는지.

21세기 70대 노인에겐 이제 몇 장의 풍경화가 더 필요할까?

아인슈타인이 말했다.

"분노는 바보들의 가슴속에서만 살아간다."

나는 바보다. 사탕도 다 녹은 막대사탕의 막대다.

80이 다 된 아그네시카에게 말했다.

"아그네시카, 올 가을 폴란드는 어때? 코리아는 다시 70년대야."

목로주점도 그녀도 없다. 목이 타면 어디로 가야 하나?

값싸고 편안한 목로주점이 없어 나는 '황야의 술꾼'이 될까봐 멀뚱해진다.

제 3 장

단맛을 거부한 영혼
–내가 가장 공경한 작가 최상규

이것은 2006년 월간문학 7월호에 실명소설이란 형태로 실렸던 글이다.
소설이란 이름을 빌렸지만 사실은 팩트나 진 배 없다.
분량을 제한하는 바람에 70장만 발표했던 터였는데 이번에는 빠졌던
원고지 열여덟 장 분량을 보탰다.
그의 치열한 작가정신과 작품성을 알리는 일은 이승에서 해야 할
내 마지막 사명이다.
그는 나에게 10년 세월의 교감(交感)만을 허락하고 떠났다.
내 생애가 만난, 가장 작가다운 작가.
좌르르르 …… 그와 소주 한 잔 나눌 수만 있다면 ……

악령의 늪을 건너 날아간 타조

1994년 1월 16일. 겨울도 깊은 칠흑, 을씨년스런 새벽 네 시.

대전 을지병원 3병동 3층 303호실.

껑청히 큰 키, 타조처럼 목이 긴 중년의 사내가 허리를 구부정히 꺾은 채 늘상 있던 적요의 어둠 속에서 자신이 누웠던 병실, 아직도 눅눅한 체온으로 후줄근히 젖은 침대를 물끄러미 바라보더니 이윽고 체념한 듯 야릇한 시선을 거두어들이고는 연기처럼 푸르스름한 영혼

에 날개를 달아 창문을 빠져 나가 서쪽으로 날아올랐다.

큰성님, 오늘두 나 김치하구 밥 먹었수

꿩김치는 못 먹어봤으니 그렇다 치고 풋김치 날김치도 괜찮을 것이다.

홀아비김치면 어떻고 총각김치면 또 대수랴. 오이소박이김치도 열무김치도 밥 한 사발 해치우기엔 참말로 제 격일 것이다. 보쌈김치 동치미는 제 철이 아니니 글러버렸고 고들빼기김치 섞박지는 그동안 해먹질 않았던 터니 있을 리 없다. 그런가? 그렇다. 엊그제 담근 나박김치가 남았을 것 같다. 좋다. 그거 한 보시기면 하늘 밑에 벌레 같은 이 중생의 주린 뱃속 달래는 데 무슨 허물이 되겠는가.

그도 저도 아니라면 시어터진, 묵은 김치는 설마 남았을 것이다. 그거라도 냄비에 자글자글 얼큰히, 시금털털한 찌개로 끓이라 하자. 더러더러 후르륵 쩝쩝, 멀국 떠먹으며 김치이파리 숟가락에 얹어 한 그릇 밥 걸터듬은 끝에 모로 쓰러져 누우면 이 밤도 짐승처럼 곯아떨어지게 마련인 것을.

밥? 오오, 밥이라. 밥이라면 마땅히 그렇게 지어야 한다.

내 성깔엔 차라리 고두밥을 꺽꺽 먹을지언정 질척질척한 진밥은 싫다.

되지도 질지도 않게 밥이란 건 그저 제발 고슬고슬해야 한다.

어둑어둑 땅거미가 내린 춘삼월 끄트머리의 오후 여덟 점.

술시라면 저녁참이 훌쩍 지난 때라서 나는 뱃속에 와락 차오르는 시장기 때문에 눈구멍이 움푹 꺼진 몰골이었고 그러자 기름기가 잘잘 흐르는 허연 이밥과 김치가 눈앞에 어른거려 마침내 차를 모는 아내에게 주린 도깨비처럼 신음소릴 내질렀다.

"집구석에 닿는 대루, 닿자마자 후딱, 밥부터 지어 주우. 고슬고슬하게시리……나박김치 남았던가? 없으면 김치찌갤 짜글짜글 끓입시다 ……."

"알았어요. 호르륵호르륵, 고슬고슬 한 그릇 후딱 지을게요."

식성을 익히 꿰뚫어 아는 아내가 내 굶주림을 어엿비 여겨 나긋나긋 되받는다.

1994년 3월 28일 월요일. 최상규 선생의 집에 들러 홀어미가 된 선생의 아낙과 이런저런 이야기를 나누다가 나는 그만 밥때를 놓치고 말았던 것이다.

돈 있으면 금수강산, 돈 없으면 적막강산.

땡전 한 닢 남겨놓질 않고 훌쩍 이승을 떴으니 선생이 살던 학하동 그 쓸쓸한 집안은 휑뎅그렁하여 늙은이 콧김마냥 썰렁하기 그지없었다. 큰 소설가의 죽은 뒤끝이 어찌 이렇듯 소슬하단 말인가. 사뭇 비감에 잠겼던 바로 그때 젠장, 뱃속에서부터 우르르 몰려오는 시장기. 아뿔사, 나는 서둘러 말을 끝냈다.

선생이 이승을 뜬 지 한 달 보름도 채 안 된 터에 제 딴에는 선생을 따르고 공경하여 마지않았다는 내가 귀로의 차 속에서 떠올린다는 생각이 고작 이승의 메밥 한 그릇에 김치쪼가리라니. 생각이 밖으로 나와 싸지르고 다니지 않길 망정이지 발바닥이 후끈 달아오를 만큼 염치없는 일이었다.

그런 생각을 하던 뒤끝에 갑자기 공중 어디선가에서 최선생 특유의 비아냥거리는 소리가 들려왔다.

—김수남, 야 이놈아. 흉년에 배운 지랄이 밥탐이라더니 네놈이 그래 시방 황새 논두렁 넘어다보듯 먹을 것만 궁리하는 게여? 그래서 헌 바지에 뭐 나오듯 느닷없이 김치타령 이밥타령 주접을 떠는 겨? 아예, 판 벌여놓고 창을 해라 이놈아. 죽은 최선생 내가 누구냐. 네게는 문학의 큰형님이 아니었더냐. 제 절 부처는 제가 위하랬다는 말도 못 들어봤냐. 죽일 놈, 제 오라 제가 질 놈, 이 콧구멍에 낀 대추씨 같은 놈아, 네놈도 따지구 보면 칠 홉 송장여!

죽은 최선생 목소리임을 왜 모르랴만 심통이 나서 나도 볼멘소리로 맞받을 수밖에.

— 게, 뉘쇼?

— 머리 검은 짐승 노릇 하다 뒈진 귀신이다. 이놈아. 그건 왜 물어?

— 죽은 사람은 죽은 사람이구 산 사람이 배 고파서 숫백성 먹는 김치 생각 쬐끔 했기로소니 패악이 너무 심하지 않수. 개똥밭에 굴러두 이승이 좋구 맹감을 따먹어두 그저 이승이랬수. 저승사자 따라나서기 전까지는 산목숨 뱃구레 채워야지 어쩌겠수.

— 이런이런, 쥐어줘도 모르는 놈. 네놈 앞날두 이 아픈 날에 콩밥 올라오기 십상이다. 애라, 인간 망종아!

죽은 최선생이 억지를 부리든 말든 집에 오자마자 추상처럼 밥 짓기를 채근하여 나는 허겁지겁 밥덩이를 욱여넣었다. 달디달게 뱃속을 채운 뒤 그제서야 나는 비로소 공경을 머금은 말로 죽은 최선생

큰성님에게 한 마디 넙죽 올렸다.

—큰성님, 미안하우. 성님두 없는 성님 집엘 가긴 갔는디 우라질, 허기져서 하마터면 저승 갈 뻔했수. 밥이란 게 말이우, 알고 보니 잘난 계집 허리마냥 착착 감기는 겁디다. 이 아우는 이승에서 그거나 몇 술 더 뜨다 갈라우.

절대고독의 프리랜서(Freelancer)

대흥동에 프리랜서라는 술집 하나가 나타났다. 장차 그곳을 꾸려 나갈 주인장 최아무개라는 분이 개업 초대장을 찍어야겠다며 시퉁맞게도(?) 나에게 시를 하나 써넣었으면 하고 간청한다.

'프리랜서, 프리랜서' 하며 뇌다가 내 머리 속 점등이 섬광처럼 번쩍했다.

프리랜서. 어디에 소속되길 싫어하면서 활동하는 작가나 배우.

그런 자유인을 가리켜 프리랜서라 하던가. 그렇다면, 오, 그렇다면 …… 최, 상, 규. 그야말로 영원한 자유인, 프리랜서가 아니고 무엇이었던가.

절대고독의 성을 쌓고 스스로 그 안에 갇혀 오만한 성주城主로 군림하면서 사람을 사람처럼 사랑했으되 사랑하고 싶은 사람만을 골라 사랑했고, 사랑하는 사람만을 남 몰래 그의 성안으로 끌어들이던 프리랜서.

최상규, 1934년생. 그는 나보다 꼭 열 살 연상이었다.

그가 '문학예술'을 통해 '포인트'라는 소설로 등단한 때는 1956

년. 내가 조선일보로 등단한 때는 1966년. 등단마저도 꼭 10년 선배였다. 그와 대체 몇 년이나 옷깃을 스치며 술잔을 부딪혔던고 하며 손꼽아 헤어보니 그 세월이 또 10년 아닌가. 10진법의 논리로 젊은 내 입에서 어허, 얄궂다, 소리가 무릎 칠 사이도 없이 절로 나왔다.

어지간하구두 얄궂수. 성님, 고작 10년이우? 저한테 주신 세월이 기껏 10년이란 말이우?

그래, 이놈아. 내 예순 한 살 한평생 자라목처럼 짜르게 살다 가면서 네놈에게 10년 때어주었으면 과분하지 더 주길 바랐더냐?

아니 아니 성님, 그만만 해두 감지덕집니다.

아무리 성님이라두 성질빼기 하구는! 나긋나긋 곰살궂게 말하믄 어디 덧나나?

그는 나에게 겨우 10년 세월을 수수팥떡처럼 던져주고 민들레씨 바람에 날아가듯 훌쩍 어디론가 떠났다.

10년 전 5월(?)그 어름께, 선화동의 개선문이란 술집에서 나는 최선생을 처음 만났다.

그때 최선생은 충남대 국문과 교수이자 평론가인 김병욱 선생과 술잔을 주거니 받거니 하고 있었다. 아니 주거니 받거니라는 말은 어울리지 않는다. 최선생은 주거니 받거니, 부어라 마셔라, 형님 아우, 하는 그런 술자리를 연출하지 않는다. 부어주면 그저 천천히 마실 따름이다. 술잔을 놓고 있는 시간은 길기도 하려니와, 그래서 천천히, 라고 해야겠지만 예컨대 독주라면 그는 여러 번에 나눠 마시질 않고 뜸을 들이다 단숨에 들이키는 그런 식이다. 그러나 이런 음주 형태도 말년엔 많이 바뀌었으니 그것은 아마도 남몰래 자작한 횟수가 많아서였을 것이다. 아무튼 그는 술 뜸 들이는 시간을 훨씬 줄여버렸다.

김병욱 교수가 나를 보더니만 최선생에게 소개했다.

"선생님, 김수남입니다."

내가 문단의 대선배에게 깍듯이 경의를 나타내며 슬그머니 좌석의 한 자리를 차지했건만 최선생은 쓰다 달다 군말이 없었다.

대선배, 늘 뛰어난 작품을 정력적으로 발표하는 현재 진행형의 정통파, 문단의 고수.

내가 그렇게 감격시대에 겨워 송구스러워하고 있는 것은 안중에도 없이 최선생은 표정 하나 느슨히 풀질 않았다. 담담 담백. 시종여일 그랬다. 그는 밴댕이처럼 팔짝팔짝거리며 반갑다고 침 튀기지도 않았고 그저 가을 들녘처럼 텅 비어 있었다.

그러나 그 흔들리지 않는 비정非情 속에 그 나름대로의 도화춘풍이 있음을 깨닫기 시작한 것은 두 번째의 만남부터였다.

어느 달 어느 날께, 연락이 왔다. 맹물처럼 맺은 인연이어서였는지 두 번째도 맹물처럼 그렇게 부르는 호출이었다. 호출자는 김병욱 선생, 그러나 호출 명령인은 알고 본즉 최선생이었다.

두 사람은 이미 복숭아꽃처럼, 바알간 취흥으로 도도했다.

"선생님 이차를 하셔야죠?"

살아생전에 나는 그에게 늘 선생님이라 했지 실상 성님 소리 한 번 못 뱉었다.

"그래야지."

나는 속으로 꿍시렁거렸다. 대답 한 번 되게 짧군.

"선생님, 그럼 어디로?"

"네가 정해."

'오매, 또 짧어야!'

여드레 똥 싸고 아흐레 뭉개듯 뭉기적거리며 내가 조심스럽게 묻자 그는 칼로 무 자르듯 싹뚝 내질렀다. 택시를 잡아타고 가는 중에 김병욱 선생이 눙치듯 한 마디 던졌다.

"이차는 누가 사는 거요?"

그 말로 보아 일차는 김병욱 선생이 샀는가 보다.

"젊은 놈이 사야지."

나도 또 속으로 종알거렸다. 대사 짧아서 외기 좋겠네그랴.

내가 가장 연하였으므로 당연지사라고 각오한 바였지만 거침없이 내뱉는 선생의 말에 '내가 선생님께 술빚 진 거 있습니까?' 하고 성미를 부릴 법도 했으련만 어쩌꺼나 어쩌꺼나 나는 이미 그를 원초적 사랑으로 좋아하기 시작했고 그가 부리는 사랑의 마술에 마음을 앗겨 눈 감고 입술 받는 숫처녀나 진 배 없었다.

나는 네가 사기꾼 같은 소설쟁이가 아닌 줄을 안다. 그러니 사기꾼 아닌 소설쟁이 김수남이 사기꾼 아닌 진짜 소설쟁이 최상규에게 술사는 건 당연한 거 아니냐. 쓸 만한 놈이라면 물어볼 것도 없이 그러는 거다.

그의 짧은 말속에는 그런 뜻이 들어 있었고 나 역시 눈치코치 허겁지겁 일으켜 세워 그의 기질과 속셈을 헤아린 터였다. 주변머리 없이 겨우 선술집 술값 몇 푼 가지고 나온 것을 그제야 내심 아차 했지만 때는 이미 늦은 것. 나는 한 번도 가본 일이 없는 '가장무도회'라는 술집으로 똥배짱을 믿고 무조건 들어갔다. 두 사람 몰래 로

비활동을 벌여 궁즉통, 결국 외상술 먹기에 성공했다. 그것이 최선생과 맺은 밀회 10년의 본격적인 서막이었다.

따르릉, 전화가 울렸다. 최선생의 목소리다.

뭐해?
선생님 전화를 지금…….
나와.
어디로요?
우리집.
알았습니다.

그의 말은 그의 글처럼 짤막한 하드보일드 스타일이다.

감정 방기放棄 따위 도대체가 군더더기라고는 없다.

물꼬를 튼 뒤로 그는 언제나 이런 식으로 나를 불러냈고 그때마다 나는 누구 분부랴 싶어 큰스님 분부 받은 불목하니처럼 쪼르르 지체 없이 달려가곤 했다.

용두동 허름한 셋방 시절, 쇠고기 두어 근에 소주 몇 병 사갖고 가면 그는 이미 눈을 감은 듯 뜬 듯 브람스의 피아노 소나타와 소주에 귀까지 취해서 "따라 마셔" 하며 볼멘소리도 아니고 퉁명스런 것도 아닌, 그만의 독특한 정감법으로 지엄히 하명하기 일쑤였다.

「자, 들까?」 하다 못해 그런 말투도 있으련만, 「~까?」 같은 간지러운 말투를 그는 언제나 철저히 경멸했다. 기껏해야, 「들지!」 아니면 「들어!」가 말 씀씀이의 다였다.

그는 술동무 하나라도 언제나 그 스스로가 선택했고, 그리하여 그의 평생 둘레에는 언제나 그에게 선택 당한 소수의 사람들만이 서성였다. 그야말로 철저한 프리랜서였다.

그의 자아가 그의 운명을 찾아가서 말하기를, '너 공주교대 교수 때려치워', 라고 말했을 때도 그는 망설이지 않고 자아의 제안을 받아들였다. 교수를 그만둘 만큼 대단한 사건은 아니라 볼 수도 있었지만 세속의 적당한 절충과 타협을 거부하고 그는 사표 한 장으로 교수를 내동댕이쳤다.

그후로부터 그는 세상에 대해 철저한 자기 소외의 실험을 시작했다.

셋방살이의 전전, 얼마든지 다가왔던 또 다른 대학교수 자리에 대한 거부, 술 한 잔 나눌만한 사람을 선택함에도 극도로 자기를 절제하며 판단하는 냉정함의 유지…….

그의 작품 「새벽기행」처럼 그는 자아탐색으로 그의 생을 일관했다.

얼마든지 그럴 수 있었으련만 평화롭고 평범한 소시민적 삶과 타협하길 끝내 마다한 채 베스트셀러 한 권 못 내고 (흥, 하고 비웃는 그의 코똥소리가 들려온다.) 궁핍에 쪼들리면서도 스스로 최고급 영혼으로 살기를 고집한 영원한 자유인. 그는 1930년대쯤의 소설쟁이 삶을 자초한, 완벽한 프리랜서였다.

프리랜서

세월이 가도 그리운 건
그대와 부딪힌 한 잔 술의 다홍빛

살짝이 내게로 오라

포르릉 날으다가 깃을 접는 해 저물녘
산그늘에 젖은 목소리 이제 쉬고 싶다

사월 금낭화처럼 매달려
꿈꾸는 눈빛으로 물들여다오
밤이 오면 프리랜서 자유의 새여

세월이 가도
악령의 늪을 건너는 껑청한 뒷모습
만은 술잔에 빠져 젖으리

악령과 맞서 「악령의 늪」을 건너간 싸울아비

최상규의 소설은 재미없어. 관념의 설계도야.
현학적인 수사학, 알 수 없는 내면의식의 천착, 도대체가 딱딱해.
골치가 지끈지끈 아파. 소설은 뭐니뭐니해도 재미가 생명인데.

누군가가 번들번들한 입술로 그의 소설을 칼질한다면 나는 잔잔한 분노로 그 말을 제압·질타하고 난 뒤에 저 최상규식의 기묘한 어조로 그의 어깨를 두드릴 것이다.

재미? 이보게 친구, 재미도 여러 가지가 있지.

최상규의 장편소설 「악령의 늪」은 눈에 힘 주어가며 읽어도 좋을 만큼 재미있는 작품으로서 최상규 소설의 진미를 극명하게 보여준 역작이다.

줄거리를 간추려 보자.

운동권 청년 장리백은 어딘가로 끌려가서 모진 고문으로 심신을 파괴당한다. 그것은 겁탈 당한 그의 영혼이 걸레조각처럼 너덜너덜해진 사건이었다.

실오라기 한 올 걸치지 않은 알몸으로 누인 채 온몸을 결박당하고, 얼굴엔 수건이 덮이고 그 위로 물이 부어지고. 아무리 들이마셔도 공기는 들어오질 않고, 빠개질 듯이 아픈 폐포 하나하나는 점점 쪼그라들고 오므라들면서 장리백의 생명을 압박하고 의식을 쥐어짠다. 그때 고문하던 그들 중의 하나가 악령처럼 씨부렁거린다.

"이 새끼 봐라. 이 와중에도 이게(좆)서 있네."

그 말 끝에, 장리백의 마지막 의식이 그의 육신과 유리되기 직전, 엄청난 타격이 그에게 왔다. 나중에서야 장리백은 단말마의 고통에 못 이겨 발기해 있던 그의 성기가 곤봉으로 사정없이 얻어맞았다는 것을 알게 된다.

풀려 나온 뒤로 장리백은 저 악령의 늪과도 같은 상황과 세계에서 벗어나기 위해 필사적인 몸부림을 친다. 의지와는 상관없이, 그저 살의 일부로 전락해서 쓸모없이 매달려 있는, 오줌이나 질질 싸고 흘리는 좆, 사랑하는 여자 월주의 벌거숭이를 안아도 품어도 서지 않는 좆, 게다가 실어증까지 겹쳐서 그의 생존은 하루하루가 만신창이일 수밖에 없다.

성님, 미안하우. 성님은 성기라구 표현했지만 나는 뭐랄까, 성님의 자존심을 위해서랄까, 그래서 굳이 좆이라구 해야겠수.

장리백의 좆 세우기

이 소설은 한 마디로 영혼과 육체를 갈기갈기 찢긴 장리백이란 청년이 고문으로 망가진 불능의 좆을 세우기 위해 온갖 수단을 동원해서 자신과 사투하는 과정을 그린 작품이다.

때때로, 갑자기 들려오는 비발디의 협주곡 …… 사랑하는 애인 월주와 입맞춤을 하는 순간에도 장리백의 귀에 들려오는 바흐의 파사칼리아 C단조. 그것은 느리고 집요한 저음부를 타고 비통하리만큼 화려하게 분산되는 고음부의 음편들이었다.

장리백은 좆을 세울 것인가? 못 세울 것인가?

좆을 세우기 위한 장리백의 처절한 자기 실험. 장리백은 마침내 좆을 세우는 데 성공한다.

그러나 좆을 세우는 과정의 이야기 전개가 손에 땀을 쥐게 하고 피를 마르게 하고 우리들의 영혼을 옥죈다. 도스토예프스키가 추구한 명제, 카프카의 사색이 최상규의 명상과 의식으로 되살아나고 깊어져서 읽는 이를 압도한다. 최상규의 자존심과 최상규의 지성과 최상규의 감성이 최상규의 문체와 한 덩어리가 되어 비적비적 땀을 내게 하고 우리들의 머리칼을 쥐어뜯게 만든다.

으흐흐흐. **악령의 늪**을 읽으며 나는 짐승처럼 울부짖는다.

전율적 재미, 영혼이 해체되는 고통(고통도 재미 아닌가)에 빠져 장리백처럼 실어증에 걸리고 만다.

장리백을 철저히 파괴한 존재, 그 장본인들은 말할 것도 없이 악령 그 자체이고 장리백을 짓누르는 이 세계의 체제와 질서, 혼돈이야말로 악령의 늪이다.

슬픈 얼굴을 보이지 말아라. 그보다는 차라리 분노한 얼굴을 보여라. 그것도 좋지 않다. 차라리 텅 빈 얼굴을 보여라. 텅 빈 얼굴로 자신과 싸워 악령의 늪 한가운데에서 장리백은 드디어 좆을 세운다.

소설의 마지막 장을 덮으며 나는 비명을 지른다. 최상규의 소설이 재미없다고 하는 사람이 있다면 그는 스스로 저능아라고 고백하는 것이리라.

최상규. 악령과 맞서 악령의 늪을 건너간 싸울아비, 이 시대의 고집.

성님, 저승에설랑 칼을 거두시고 제발 좀 쉬시구랴.

'악령의 늪'은 최상규의 내적 자전소설, 발가벗은 그의 몸뚱이, 그의 온 생애이다.

죽음을 예감한 그는 오디빛 깊은 밤에, 짐승처럼, 혼신의 기력을 마지막 한 방울까지 짜내가며 200자 원고지 300장이 넘는 '악령의 늪' 4부 '함몰하는 늪'을 완성했다.

그리고 그는 말없이 그것을 문학사상에 송고한 후 죽어갔다.

술은, 그의 가장 비참한 종교였다

최상규는 술병을 끌어당겼다. 그리고 언제나 옆에 놓여있는 맥주잔을 집어들었다.

그거라면 술 따르는 소리가 나리라. (최상규는 소리에 민감하고 음악에 조예가 깊다.)

최상규는 맥주잔을 방바닥에 세워놓고 거기에 맹물 같은 소주를 따랐다. 쫘르르 하는 물소리가 났고 병목에서는 약간의 탁류 소리가

났다. 최상규는 차가운 술병을 맥주잔 옆에 놓았다. 술잔 속에서는 미세한 기포들이 떠오르다가 멈췄다.

건강이 말이 아니다. 술을 마시면 안 된다. 최상규는 잠시 망설이다가 술잔을 들었다. 그리고 다시 병을 잔에다 대고 기울였다. 잔이 반쯤 차고 병은 비었다.

몇 시쯤 됐을까. 그러나 최상규는 시간을 짐작한다. 새벽 두 시는 되었으리라. 음주를 방해할 아무도 없다. 아니, 아내는 잠들었다. 훼방꾼은 없다. 오직 자유로운 어둠, 밤만이 최상규의 앞에 놓여있다.

미완성인 채로 남겨놓고 죽을 수는 없다. 그래서 '악령의 늪' 4부를 끝냈다.

완성했다. 어저께 문학사상사로 부쳤다. 늦어도 내일쯤이면 받아보겠지. 최상규 소설은 베스트셀러가 안 된다고 투덜대겠지. 제깐놈들도 별 수 없는 장사꾼이니까. 그러나 이 최상규의 소설을 책으로 안 내지야 못하겠지. 내가 누군가? 최상규다.

최상규! 너는 쓸 만한 작가인가? 시시한 작가는 아니지. 왜, 부인하고 싶어서 안달이 났냐? 그러나 네놈들이 아무리 부인하고 싶어도 사실은 사실일 뿐이다.

최상규는 새 술병 하나를 집어다 다시 마개를 땄다.

소주는 많다. 마누라 몰래 사다 놓은 것이. 돈도 있다.

일신출판사에서 '한밤의 목소리' 작품집 고료로 50만 원 준 게 있다.

어쩌면 이 돈이 내 최후의 고료일 것이다. 어떻든 소줏값으론 거액이다.

거액? 흥. 마시자. 진기란 진기를 다 짜내어 썼으니 내 체내엔 아무 것도 남아있지 않을 터, 그러니 소주라도 채워야 할 게 아닌가.

최상규는 먼저와 똑같은 식으로 그 맹물 같으면서도 음험한 액체를 급격하게 뱃속에 쏟아 부었다. 소주는 거침없이 뱃속으로 내려가 위벽에 펴져나갔다. 소주가 서서히 작용을 개시했다. 거기에 따라서 위벽의 감미로움이 차츰 더해가다가 드디어 그것은 몽롱한 혼미에 빠지며 이번에는 최상규의 머릿속에서 감미로움이 발생하기 시작한다. 최상규는 행복하기 시작했다.

그만 마셔. 그만. 누군가가 소리친다. 그것은 최상규 바로 자신의 목소리였다.

그러나 최상규는 그 소리에 상관없이 술잔에 입을 대고 이젠 정말로 맹물 같아진 액체를 마시기 시작했다. 그러나 미처 두 모금째를 마시기 전에 최상규는 잠시 동작을 멈췄다.

누구냐? 누가 나보고 술을 그만 마시라고 하는 거냐? 어느 놈이 되었건 어디 막을 테면 막아 봐.

최상규는 코웃음쳤다. 그리고 잠깐 입에서 떼었던 술잔을 다시 입으로 가져갔다. 최상규는 또 술병을 새로 땄다. 여섯 병째였다. 누가 뭐라고 하는지 귀를 기울이면서 그걸 입안에서 몇 모금으로 갈라 목구멍으로 삼켰다.

일곱 병. 술이, 술이 떨어졌구나. 더 사다 놓을 걸. 그러나 이거면 충분할 줄 알았지.

생각보단 내가 술이 세군.

일곱 병째의 마지막 한 모금을 넘기고 최상규는 그제서야 비스듬히 누웠다. 머릿속이 어르르해 왔다.

오랜만에 한 번 웃어볼까? 최상규는 어둠 속에서 하회탈처럼이라도 웃어보려고 입술을 실룩거렸다.

봄. 조금 있으면 봄이다. 봄이란 게 썩 마음에 내키지는 않지만, 여름을 위한 봄이니까 받아는 들여야지. 그래도 봄이 되면 울안의 살구꽃이 필 테니까, 그것만으로도 봄의 의미는 충분하다.

나 자신과 하던 싸움도 이제는 끝났다.

승자도 패자도 없는 싸움, 그러나 나는 끝까지 싸움을 해냈으니까 그것으로 그만이다. 싸움도 해보니까 시시하군.

잠을 자자, 꿈을 꾸자. 악령의 늪이 함몰하는 꿈을 꾸자.

그는, 최상규는 스르르 눈을 감았다.

계룡산 줄기, 화산이 바라다 보이는 유성구 학하동 허름한 슬라브집. 최상규는 그곳에서 생애의 마지막 7년을 살았다.

그는 꽃게찌개 꽃게장을 좋아하고 달래간장을 좋아한다.

살구꽃, 앵두꽃을 좋아한 작가 최상규.

집필 중에는 아내도 얼씬거리기조차 하질 못했다. 재떨이를 비우러 와도 핀잔맞기가 일쑤였다.

단편이든 중편이든 밤낮없이 써대어 마침표를 찍고 나서야 뭣좀 먹자 하며 비로소 식구들과 어울려 줄거리 얘기도 했던 최상규. 날밤을 새우며 사흘씩 꼬박 써대고는 꼭 그만큼 사흘씩 내리 잤던 최상규. 금주를 여러 차례 시도했다가도 괜찮다 싶은 원고를 쓴 뒤엔 그것을 계기로 끊은 날보다 마시는 날들이 더 길었던 최상규.

고료를 타면 책과 레코드판만을 한 아름씩 사왔던 최상규. 그의 집에는 레코드판 500장과 책만 있다. 그러나 그는 죽기 얼마 전 많은 책을 불태우고 없앴다. 죽음을 앞둔 사람의 정리벽으로 그는 모든 것을 칼칼히 마무리 지었다.

테니스도 수준급이었을 뿐 아니라 그림에도 뛰어난 재능을 보였던 최상규. 그는 글을 쓰다가 안 되면 그림을 그렸다. 50여점의 유화를 그려서 제자들이며 아는 이들에게도 나눠주었다. 그러다가 학하동에 와서 그림을 때려치웠다. 물감과 종이값이 없어서였다.

고향은 충남 보령군 천북면 낙동리.

증조부는 천북면 일대를 거의 다 소유했던(염전을 열어)만석꾼. 외아들이었던 아버지는 일흔이 안 되어 돌아가시고 만석지기의 재산도 화폐개혁 때 어찌어찌 날려버려 그가 홍성고를 다니던 육이오 무렵부터 그의 집안은 가세가 기운 듯하다. 홍성고 시절부터 연세대 영문과를 나오기까지 그는 줄창 혼자 떠돌이로 살았다. 딸 하나를 낳았던 첫 결혼은 파경으로 끝났고 곧이어 재혼, 그의 생애는 엉킨 실타래마냥 순조롭지가 않았다.

4남 3녀 7남매의 맏이로 남동생 하나도 목사이고 여동생 하나도 목사인데다가 막내여동생은 또 목사의 부인이어서 종교와 인연이 깊은 집안이기는 하지만 그는 생전에 종교 얘기라곤 별로 꺼내질 않았다. 슬하에 서울대 국문과를 나온 아들 종헌이와 충남대 독문과를 나온 딸 시내를 두었던 최상규.

술은 그의 가장 비참한 종교였다.

1993년 9월, 대전 을지병원에 간경화증세로 열흘 동안 입원했다가 퇴원한 뒤로 그는 신의 도움을 받기라도 한 것처럼 건강해 보였다. 그때 그는 10월, 11월, 12월(25일까지) 석 달 동안 술을 끊었는데, 그가 다시 을지병원에 입원한 것은 해가 바뀐 1월 10일이었고, 입원한 지 일 주일만인 1월 16일 새벽 네 시에 그는 세상을 떠났다.

그렇다면 93년 12월 26일부터 94년 1월 9일까지의 보름 동안 그는 무엇을 하며 지냈을까?

대답은 간단하다.

금주하던 10월, 11월, 12월에 그는 '악령의 늪'만 생각하며 마지막 4부를 탈고했고, 탈고하자마자 그는 또 소주를 마셔대기 시작했다. 특히 입원하기 전 일 주일동안 그는 거의 하루도 거르지 않고 마시고 또 마셨다. 두세 병은 예사였고 심한 날은 일곱 병씩이나 마셔대곤 했다.

오륙년 전부터 나빠지기 시작한 몸, 그는 서서히 무너져가는 자신의 소리를 들었음에 틀림없다. 탈고 뒤에 으레 마시는 버릇이 있기는 했지만 아무래도 마지막 날들의 음주행적은 심상치가 않았다.

그렇다, 그는 자살했다. 나는 그렇게 생각하지 않을 수 없다.

극도로 악화된 간경화증의 말기 환자, 그런 중증 환자의 소주 탐닉. 일주일에 걸친, 평소의 주량을 훨씬 넘는 소주행각, 그것은 무슨 뜻인가?

그를 모르는 사람들은 알콜중독 환자의 무절제라고 간단히 치부할지도 모른다. 그러나 모르는 말씀. 자기절제에 관한 한 그는 남모르는 치열함을 가지고 있었다. 그런 치열함은 언제나 작품과 맥락이 닿아 있었고 금주에서 음주로 파계도 수없이 저질렀지만 각품을 쓰기 위해서라면 다시 금주의 계율에 즐겁게 자신을 가두며 스스로 묶이던 냉혈한 열혈한이기도 했다.

최상규, 그는 죽음을 예감했다.

그는 폭음으로써 그 예감을 받아들일 의식儀式을 치러야겠다고 결심했다.

최상규의 가장 비참한 종교, 술로써 그는 찬란한 안녕을 맞이하고 싶었으리라.

속인 속세의 언어로 나는 그의 죽음을 자존적 자살이라고 말하고 싶다. 누가 그걸 엿볼 수 있었으랴.

그의 죽음은 자존적 자살. 술은 최상규의 가장 화려하고 비참한(?)종교였다.

인제 가면 언제 오나
짜르르르 짜르르르
소주 한 잔 따라먹고 북망산천 찾아가자
짜르르르 짜르르르

살구꽃 피어나면 눈에 어려 못가느니
짜르르르 짜르르르
소주 석 잔 따라먹고 머나먼 길 어서 가자
짜르르르 짜르르르

최상규는 ……. 그렇게 갔다.

날기를 꿈꾸면서도 그는 타조를 선택했다

그의 방 벽에는 그가 남긴 단 한 점의 그림이 걸려 있다. 암청색의 바다(인듯한) 위에 그보다 더 암울하게 드리운 하늘(?)을 그린 그림, 그 단순구도의 그림을 보노라면 세상을 바라보는 그의 어두운 시선이 느껴진다. 그의 중편 '타조의 꿈' 끝부분을 보자.

"그럼 네가 나와 대결하겠단 말이냐?"

"불가피하다면."

-중 략-

"무슨 방법으로 겨뤄볼까?"

신항섭이 독촉했다. 그는 잠깐 더 생각하다가 대답했다.

-중 략-

"어디, 칼을 꺼내봐."

신항섭의 얼굴은 잠깐 주저하는 빛을 보였으나 지지 않겠다는 듯이 칼을 꺼냈다.

"펴봐."

번쩍 하고 날카로운 칼날이 뻗쳐 나왔다.

"자. 내가 책상 위에 손을 이렇게 엎어놓고 있을 테니 그 칼로 내 손등을 찍어봐. 하나 둘 셋, 하고 말이야. 네가 찍었는데 내가 찍히지 않고 손을 빼버린다면 네가 독한 거고, 찍지 못한다면 네가 지는 거야. 그리고 네가 찍고 내가 그대로 찍힌다면 우리는 둘 다 독한 거야. 어때, 해볼 만하겠지?"

-중 략-

신항섭이 번쩍 고개를 들었다. 그리고 그의 얼굴을 정시했다.

"타조야. 네가 정말 내 손등을 찍을 수 있겠니? 이건 진흙으로 빚은 손이 아니라 살아있는 나, 신항섭의 손이야."

-중 략-

찍었다.

칼끝이 말랑말랑한 표면을 뚫었다. 살을 통과하고 뼈에 부딪쳤다. 그걸 비켜 손바닥을 뚫었다. 그리고 책상바닥의 표면에 부딪치며 나무 속으로 파고들어 거기 박혀버렸다.

눈 깜짝할 사이의 일이었다

이 소설은 이문열의 '우리들의 일그러진 영웅'과 여러 가지로 대비되는 작품이다.

'우리들의 일그러진 영웅'이 예컨데 3·4·5·6공화국에서(배경이야 설사 언제가 됐든) 살아남은 사람들의 생존사를 다루었다면 '타조의 꿈'은 살아남기를 거부하고 죽음을 선택한 사람들의 투쟁사를 그렸다고 할 수 있다.

타조라는 별명을 가진 대조가 일그러진 영웅 신항섭에게 도전장을 내서 마침내 그의 손등에 칼을 내리꽂는, 이 소름끼치는 장면이야말로 살아남기를 거부하고 결국엔 언제나 죽음을 선택하는 최상규의 철학이다. 이문열이 현실을 선택한다면 최상규는 이상을 선택한다. 그것이 타조의 꿈이다.

신항섭의 손등에 칼을 꽂음으로써 타조는 퇴학을 당할 것이고('타조의 꿈'에는 그런 뒷얘기가 나오지 않지만, '우리들의 일그러진 영웅'에는 현실과 악수하고 사는 한병태의 뒷얘기가 나온다.) 미대에 진학해서 화가가 되려던 그의 꿈은 아마도 산산조각이 되고 말리라. 그러나 그것을 예견하면서도 최상규의 타조는 신항섭의 손등에 칼을 꽂는 삶을 선택한다.

어느 것이 옳고 어느 것이 더 좋고의 문제가 아니다. 최상규는 그런 삶을 살았고 그런 작품을 쓴 작가였다.

그는 봉황도 될 수 있었고 구만 리 장공을 날 수도 있었건만 날을 수도 없는 타조를 선택했다. 스스로 타조를 선택한 뒤에도 그는 날기를 꿈꾸었고 날 수 있다는 자존심으로 끈질기게 버티다 갔다.

그는 바보였다.

덩치 큰 타조는 아니더라도 까치 정도만 되었더라도 하늘을 날을 수 있었으련만. 돈도 좀 만지고 대학교수 노릇도 하면서 더러더러 괜찮은 작품으로 명예도 누렸을 텐데, 뭐 하려고 그렇게 무참한 고집을 부렸는지 현실주의자들은 고개를 갸우뚱거리리라.

작가로선 우등생이었지만 생활인으로선 낙제생이었다고 매기지 말아라.

최상규는 최상규여야 무엇이든지 가장 타당하다

스무 자가 안 되는 묘비명

영동읍에서 김천 쪽으로 가는 길목의 순복음교회 묘지,

최상규는 그곳 햇볕 바른 산자락에 두 평쯤 차지하고 누웠다.

"김선생님, 돈 많이 안 들게, 글자 조금만 넣어서, 묘비명 하나 써줘요."

그의 아낙이 황급히 부탁했다.

돈 많이 안 들게. 스무 자 되지 않게.

돈 때문에 묘비명조차도 짧게라니 ……

그의 작품 하나하나가 별의 영혼처럼 빛나는데,

대작가 최상규의 묘비명이 스무 자 이내의 궁핍이라니.

그 말이 오래오래, 남을 것같다.

나는 부랴부랴 머리를 쥐어짰다.

최상규의 중편소설 '타조의 꿈'을 떠올렸고 장편소설 '새벽기행'을 떠올렸다.

그가 운명한 시간 새벽 네 시도 떠올렸다.

그리하여 그것들을 아우른 열여덟 자 묘비명이 태어났다.

「타조의 꿈을 꾸다가 떠나는 네 시의 새벽기행」

그러나 어쩐지 개운치가 않다.

그의 말투, 최상규식대로라면 차라리 이런 묘비명을 드렸어야 하지 않았을까?

「방구석보다는 낫군.」

데 4 장

골목이 내게 무슨 짓을 한 겨?

그대는 아는가 말 달리던 젊은 날
천 년 전 문장도 탄식한 불부반*

중세의 역사가 서린, 고색창연한 골목도 좋다.

사진으로 본 멕시코의 허름한 타스코 골목도 꽤 근사하다.

보헤미안 룩을 입은 노트르담의 집시처녀 에스메랄다가 어디선가 튀어나와 바람처럼 걸을 것 같은 자유의 골목. 새것보다 더 아름다운 헌것의 담박. 돌계단과 돌바닥이 있는 골목.

되먹지 않은 것도 마음대로 생각하는 낙서 같은 골목. 칙칙하지만 편안한 벽 색깔, 블록색깔은 한두 가지가 아니다.

처마 밑의 낡은 벽시계는 시간의 미라다.

지붕인지 대문인지 빗자루가 매달렸는데 누군가 쓰고 다니던 모자 하나를 턱하니 걸어놓았다. 마음에 들면 툭툭 털어 허락 받지 않

---

* 불부반(不復返); 다시는 돌아오지 못함

고 쓰고 가도 된다. 골목은 좁아도 괜찮다. 조금 넓어지면 맥주가게가 나타날 테고 그러면 잠시 쉬었다 갈 것이다.

교회 첨탑이 하느님 똥구멍 찌르겠다.

중세풍의 교회. 하얀 벽면과 연갈색 지붕은 서로 시샘하지 않는다.

기하학적 골목, 고딕양식의 가옥.

르네상스시대의 옷과 바로크시대의 악기에 18세기 가면무도회가 열리면 희랍인 조르바 안소니 퀸이 술에 취해 한바탕 춤추는 골목.

좌판을 벌여놓은 할머니가 예쁜 장신구를 파는 곳, 그녀의 행복한 주름살도 팔았으면 좋은 그런 골목.

밀감 색깔의 집들은 크레파스화 같다.

4층 5층의 꽤 높은 집들도 마주 보며 뻗더니만 풍경 드로잉처럼 골목들은 서둘러 모여들었다.

분홍색 창문엔 등불이 걸렸고 대문 앞에는 장독 같은 화분에 꽃을 심었는데 그건 집주인의 자작시나 마찬가지다.

황금빛 도시의 골목을 빠져 나오면 광장으로 나오는데 그림 그리는 화가들의 수염은 자화상에서보다 더 자랐다. 전통 옷과 청바지 그건 17세기와 21세기가 마구 섞인 문명의 짬뽕 같은 것이다.

나는 그런 골목을 꿈꾼다.

광장은 꼭 있어야 된다. 광장이 있어야 그 뒤편에 있는 골목이 저희들끼리 속삭일 것이다.

골목은 다른 골목의 손을 잡고 어디론가 자꾸만 끌고 간다.

가다가 꺾이고 다시 휘돌아 가고,. 가다보면 왼쪽 가다보면 다시 오른쪽으로 꺾이는 골목.

카페를 품은 골목은 청춘의 밀회가 그윽한 비밀 아지트다. 에스토니아의 탈린 카타리나 골목이 그렇던데 이 골목은 왜 중세의 시간이 멈춘 듯할까?

돌길과 돌길로 이어진 골목. 도자기와 타일을 빚는 공방, 유리공예품. 가죽제품, 모자를 파는 가게들, 미술품 갤러리 하나, 그런 골목은 누구의 전유물일까?

골목이란 문자표의 문자들과 기호들과 수많은 부호들의 나열처럼 얽히고설킨 것이다.

한번쯤은 그런 골목에서 살고 싶다.

무엇이든 쌀 수 있는 게 보자기다.

암탉 한 마리도 쌀 수 있고 작은 고추장 단지도 싸서 들고 다닐 수 있다.

청주 한 병과 쇠고기 두 근도 싸가지고 다닐 수 있다.

책과 필통도 보자기에 싸서 허리에 동여맬 수 있다.

15세기 리더십과 저질 언론도 보자기에 싸서 내다버릴 수 있다.

가방이 널리 퍼지기 전까지는 피난길의 보따리도 보자기가 도맡아 꾸렸다.

그러나 보자기의 숙명은 불편한 편리다.

내 인생의 보자기는 와인 컬러의 이태리제 보스턴 여행가방 같은 것이 아니다.

무엇이든 주섬주섬 넣어 쌀 수 있는 그저 범용한 보자기다.

보자기 속에 들어있는 것 또한 프랑스제 무슨 명품 같은 것이 아니다. 풀어 봤자 기껏 '바둑과 골목과 이언진과 쌀밥' 따위가 들어있거나 엉뚱한 도전과 평범한 노년의 갈구 같은 몇 가지가 버리지 못한 실뭉치처럼 처박혀 있을 것이다.

그것들은 보자기 속의 카페 한구석에서 가끔 지나간 내 시간들을 저희들끼리 주억거린다.

밥 먹고 차 마시고 잠자고 싸고, 우리네 인생살이에선 그게 다반사다.

그 다반사 속을 가만히 들여다보면 수많은 다茶와 반飯 하나하나가 서로서로 동심결 매듭처럼 엮였다. 묵상 명상이며 참선 수행도 다 그런 다반사에서 나온다 하지 않던가.

아침저녁 다반사를 무릎에 앉혀놓고 지난 시절을 헤집으니 50년대 60년대의 전쟁과 가난과 독재가 까마득하고 70년대 80년대의 독재와 또 독재도 아득하고 90년대의 한 줄기 암중모색도 희미하다.

❖김말론과 김바둑을 데리고 골목은 대체 어디로 간 거지?

혹시 '마음의 행로'라는 흑백영화를 본 적이 있습니까?

로날드 콜맨(♂)과 그리어 가슨(♀)이 주연으로 나오는 1942년 MGM사 작품이지만 내가 그걸 본 것은 1964년 대학 1학년 때였다. '애수'와 '쿼바디스'로 유명한 마빈 르로이 감독의 영화다. 원제는 'Random Harvest'. 일본에선 '心の旅路심の여로'라고 번역했고 우리나라에선 '여로'를 '행로'로 슬쩍 바꿔치기 했다. '마음의 여로'도 그저 그렇고 '마음의 행로'도 와 닿지 않기는 마찬가지다.

'Random되는 대로의, 생각나는 대로의'과 'Harvest수확, 추수, 채취'를 밤새도록 동침케 해도 그럴듯한 번역은 나올 것 같지 않다.

1차 대전이 끝나던, 안개 짙은 밤.

영국의 중부 외딴 지역에 있는 '멜브리지 수용소'에서 한 남자가 빠져나와 거리를 헤맨다. 그의 이름은 스미스. 스미스는 전투 중에 부상을 입고 기억상실증에 언어장애까지 겹친 환자였다.

우연히 만난 스미스(♂)와 폴라(♀). 그들이 사랑에 젖었던 시간은 3년.

교통사고로 말미암아 본래의 자신을 찾은 대신 3년의 시간을 다시 잊어버린 스미스의 역행성 기억상실증retrograde amnesia을 기둥 줄거리로 삼았다.

마침내 스미스가 기억의 여로에 올랐다.

스미스의 무의식이 말했다. 기억상실증 상태에서 나누었던 내 사랑을 찾게 해주오.

내가 사랑하던 작은 집 정원 초입엔 봄이면 하얗고 발그레한 복사꽃이 피어 있었다. 그곳에 들어설 때마다 머리에 닿는 꽃가지를 들어 올렸던 것 같다. 떠오르지 않는 어떤 그곳에 나를 데려가 주오.

이 주머니의 열쇠가 기억상실증 시절의 비밀을 푸는 바로 그 열쇠일까?

이 열쇠로 딸 수 있는 문, 망각의 시간이여, 그 앞에까지 나를 데려가 주오.

이곳은 초행길인데 왜 나는 '저쪽에 담배 가게가 있어'라고 말했을까?

…… 'Random Harvest'는 착한 사람의 눈물을 도둑질하는 멜로물이다.

내가 막다른 골목길의 끄트머리에서 산 지도 40년이 넘었다.

저녁을 먹고 난 해거름 녘이면 안 피우면 우연득병하여 3초즉사, 한다는 담바고 생각이 간절하다.

내 끽연의 홈그라운드 마당에 내려설 요량으로 현관문을 열면 하얀 고양이 암컷 하나가 기다렸다는 듯이 '냐옹', 야릇한 소프라노로 날 놀래킨다. 내 집을 제집마냥 들락거리는 길냥이의 '아는 체 인사'다.

내가 말한다. "오늘은 없어. 내일이나 모레쯤 와."

고등어나 가자미찜, 박대구이라도 먹을라치면 나는 부러 덜 발라 먹고는 마당 한 구석 고양이 밥통에 담아놓는다. 냐옹은 언제나 깨끗이 비운다.

몇 달 전, 내 동네 골목에서 냐옹의 새끼 세 마리가 독살 당했다.

냐옹은 지금 '참척慘慽의 슬픔' 속에서 살고 있다. 우리 동네 골목의 열정적인 캐츠맘 아낙의 대문 앞에 누군가가 택배처럼 상자 하나를 갖다 놓았는데 바로 그 상자 안에 죽은 새끼들이 들어 있었다.

나는 부랴부랴 집을 나서서 점심도 거른 채 두 시간 넘게 대흥동과 문창동 일대를 돌았다.

냐옹이를 독살하지 않는 골목이 어디 남아있을까 싶어 찾아 나섰다.

골목이 혹시나 옛 친구를 품고 있을까 의구심을 품으며 쌀밥과 바둑의 기억이 서린 골목을 찾아 돌고 돌았다. 두 바퀴가 끝나갈 때 시장기가 찾아왔다. 보문산 오거리에서 걸음을 멈추고 나는 빵집에 들어가 카스테라 한 조각을 먹었다.

나는, 갑자기, 왜, 예 살던 거리를 걷고 싶었을까?

아롱다롱 따스하던 옛 골목들.

설마 있겠지. 나는 소년 청년 시절에 살던 골목을 만나려고 헤맸다.

폴라를 찾아가는 길도 아니다. 허리춤 높이의 울타리문을 찾아가는 것도 아니다.

울타리문은 없다. 늘어진 복사꽃 가지도 없을 것이다. 머리를 들어 그 꽃가지를 피하려고 찾아가는 길도 아니다. 의문의 열쇠 따위도 없다.

그런데 왜, 예 살던 거리를 'Random Harvest'의 스미스처럼 찾고 싶은 것일까?

내 가슴엔 차가운 쌀밥과 따뜻한 쌀밥이 함께 살고 있다.

나는 쌀밥의 거리를 걷고 싶었다.

골목이 사라진, 전혀 시적이지 않은 대전에서 인간의 사막을 확인하고 싶었는지도 모른다.

골목은 사람의 말과 말이 스킨십하는 곳이다.

잘 살겠다는 이름으로 없어진 골목들에서 가난한 얼굴이라도 만나고 싶었던 것일까?

북한의 권력자와 같은 이름, 나는 그의 이름을 잊지 않고 있다.

내 가슴 속에서 그의 이름은 김말론 아니면 김찰턴이다.

1959년 김말론, 그가 딕슨과 함께 나에게 왔다.

딕슨은 영어 교재다. 그가 포켓판보다 조금 큰 듯한 책을 들고 말했다.

"이건 학원에서 배우는 영어교재야."

나는 그런 영어교재가 있는 줄도 몰랐고 대전극장 통에 있는 학원 근처에 가본 일도 없었다.

겨울이었으니까 중3 학기말 시험 직전이었던 것 같다.

이북에서 내려온 그의 과부 어머니는 양키시장 가게에서 미제 물건을 팔았다.

그는 나와 같은 학교 같은 반이었고 그의 집은 내 집에서 150미터 정도 떨어져 있었다.

같은 골목 끄트머리를 마악 돌아서서 꺾이는 곳.

어느 날 본체만체하던 그가 느닷없이 살갑게 나를 초대했다.

"어이, 오늘 우리집에서 시험공부 하지 않을래?"

NO, 라고 할까 망설이다가 나는 그의 호의가 받을 상처를 걱정했다.

그는 고집이 센 녀석 같기도 했고 거드름을 피우는 녀석 같기도 했다.

그가 나를 초대한, 그 느닷없는 섬광의 정체는 무엇이었을까? 알 수는 없었지만 나를 초대한 그날, 그는 그가 말론 브란도와 찰턴 헤스턴에 푹 빠졌다는 것을 증명했다. 강물에 투신이라도 할 것처럼, 무언가 결기를 보여주려고 작정한 사람처럼.

벽에도 거울에도, 말론 브란도의 찡그린 눈썹과 찰턴 헤스턴의 일그러진 입술 사진들이 마구 섞여 그의 방에 적어도 열댓 장은 붙어 있었던 것 같다.

그는 손짓 몸짓을 섞어 여러 가지 표정을 지어보였다. 그때까지만 해도 나는 그 두 사람의 영화를 본 적도 없었거니와 그놈이 그놈 같고 도대체 알 수가 없었다. 그는 딱하다는 듯이, 연민에 가득찬 말들을 내뱉었다.

"누가 말론 브란도인지 누가 찰턴 헤스턴인지, 맞춰봐."

나는 번번이 틀렸다. 그가 말했다.

"어째서 이걸 구분 못하지? 이게 말론이고 이건 찰턴이잖아."

삐죽한 코, 폭탄 떨어진 구덩이처럼 움푹 파인 눈, 그 입체적인, 그 생소한 서양 얼굴이 나에게는 그저 숲에서 만난 다람쥐 아니면 영화에서 본 원숭이처럼 한결같은 군집 중의 하나였다.

이윽고 체념했는가 보다.

그가 말했다. "나는 말론이 될 거다, 아니 찰턴이 될 거다."

거울 앞에서 그는 말론처럼 조폭적 표정을 지었고 찰턴처럼 분노의 표정을 연출했다.

소년과 청년 사이에 그 무슨 용어가 있었으면 좋겠다.

그는 열다섯 살 중3이었지만 소년이라고 하기에는 조숙한, 그렇다고 청년이라 하기엔 이차 성징의 완성도가 의심스러운, 그러니까 좀 모호한 정신적 경계에서 서성이는 것 같았다.

그제야 그가 나에게 접근한 까닭을 짐작했다.

오락시간에 내가 주니어미들급 동양 챔피언 강세철의 타이틀전 중계를 흉내 낸 일이 있었다. 네가 만약에 아나운서가 된다면, 난 배우가 될 것이므로 우린 끼리끼리 만난 거야.

검정개나 거먹돼지나, 나는 어림짐작으로 그가 나와 그를 거무튀튀한 한 통속 동류항으로 묶었다고 생각했다. 틀림없이, 그게 나에게 접근한 이유였을 것이다.

"우리 밥이나 지어 먹자."

공부는 뒷전, 그는 양은 냄비로 쌀밥을 지었다.

밥도 타고 냄비 바닥도 시커멓게 탔다.

밥을 먹고 난 뒤 이번엔 커피를 끓인다고 수선을 피웠다. 병 속에서 굳어버린 커피를 떼어내다가 다치기까지 해서 그는 피를 뚝뚝 흘렸다.

양키시장에서 돌아온 그의 어머니는 모든 상황을 한 눈에 간파하고 김말론을 몰아붙였다.

"아니, 이 귀한 쌀밥을 타 태워 어카갔니!"

'쌀밥과 여자는 밤에 봐야 곱다'는 속담이 있다.

태운 쌀밥은 시커멓고 그의 과부 어머니는 희지도 곱지도 않았다.

안방에서 김말론에게 쏘아대는 말이 다 들려왔다. 그건 나에게 들려도 상관없다는 투였다.

"와 남의 새낄 데려다가 쌀밥을 퍼 멕이는 기야."

시대와 역사가 만든, 고된 타향살이 과부의 앙칼스런 소리를 누가 탓하랴마는 나는 심한 모욕을 느꼈다. 나는 더 이상 그의 집에 가지 않았다. 김말론 어머니가 준 상처가 이유였지만 어차피 공부는 혼자 해야 하는 것이라고 스스로 둘러댔다. 공부한답시고 두세 명이 모여봤자 시간만 죽이기 일쑤라고 나를 달랬다.

그런 일이 있었는데도 그는 나에게 이상하리만치 미련을 두었다.

기념우표 발매가 있는 날이면 나는 그의 끈질긴 부탁을 거절하지 못하고 시종무사처럼, 초보 우표수집광이었던 그를 따라가 줄을 섰다. 우표와 시트의 판매허용량이 한정적이었기 때문이었다. 시트라는 걸 안 것도 그때였다. 하여간 그는 뭐든지 색다른 것엔 일찍 눈뜨는 체질 같았다.

마침내, 김말론이 가출했다.

고등학교 2학년이 되자 그는 배우의 꿈을 품고 그예 서울로 날라버렸다.

쌍꺼풀에 '볼우물'까지 패었던, 예쁘장한 또 한 마리 장아무개는 제 비주얼만 믿고 김말론의 변설에 넘어가 덩달아 함께 줄행랑을 쳤다.

김말론의 단추처럼 붙어갔던 '볼우물'은 일주일도 못가 뒷덜미를 잡혀 귀향했지만 집념의 김말론은 끝내 대전에 돌아오지 않았다.

내가 김말론을 마지막으로 본 것은 불혹을 넘긴 80년대였다.

김말론의 꿈은 배우에서 감독으로 바뀌어 있었다.

그와 나는 소주를 마셨다.

"네 작품을 영화로 만들 거다. 좋은 소설 하나 준비해 둬라."

호기롭게 외치는 그를 보며 나는 그가 무언가를 이룰지도 모른다고 생각했다.

얼마 뒤에 그가 조감독이 되었다는 토픽뉴스가 들려왔다.

오, 하고 탄성을 올리던 차 그 소식에 뒤이어 또 다른 소식 하나가 매달려 왔다.

김말론, 걔가 죽었다!

그렇게 허망하게? 그러나 그의 죽음은 사실이었다.

그는 최상규의 중편소설 '타조의 꿈'처럼 날고 싶어 날갯짓을 하다가 생을 마감했다.

차디찬 자취방에서 소주를 마셨고 그 시간의 끝에 비스듬히 기대어 앉은 채 죽었다.

사인이 무엇이었을까? 어둠과 공포의 80년대였으니 아마도 '질식사'였을까?

'현대무용의 어머니'라고 하는 이사도라 던컨의 죽음은 소름이 끼칠 만큼 극적이다.

1927년 9월 14일. 이사도라는 그녀의 춤을 영화로 촬영하는 문제에 대해 친구 메리, 이반 니콜렌코와 이야기를 나누고 있었다. 이야기가 끝나자 그녀는 2미터가 넘는 붉은 색 스카프를 목에 두르고 남자 친구의 스포츠카에 올라탔다. 차에 올라탄 이사도라가 작별을 고했다.

"안녕, 친구들. 나는 영광을 위해 간다!"

차가 출발할 때 이사도라의 긴 스카프 끝자락은 뒷바퀴에 끼어 있었다. 그것을 발견한 메리가 외마디 소리를 지르는 순간 스포츠카 아밀카르는 힘차게 앞으로 내달렸다. 붉은 스카프가 바퀴에 감기면서 이사도라는 목이 부러져 그 자리에서 죽었다.

김말론도 이사도라 던컨처럼 죽고 싶었을까?

그가 죽은 다음다음 날(?) 그가 응모했던 시나리오의 가작 당선 통지서가 드라마의 반전처럼 날아왔다. 그러나 위대한 무용가 이사도라의 죽음은 극적이 될 수 있어도 '한국 영화의 삼촌' 정도도 못된 그의 죽음은 극적이 될 수 없었다. 중졸 고퇴의 학력으로 따낸 조감독 타이틀은 집념의 승리이긴 했지만 30년 전의 한국에선 극적일 수 없었다. 그의 죽음은 '세일즈맨의 죽음'만도 못한, 그냥 슬픈, 쓸쓸한 비극적 최후였다.

저승에서 그는 영화감독이 되어 메가폰을 잡고 외치고 있을까?
"어이. 말론 브란도의 표정을 떠올려 봐."
그가 살던 골목이 남아 있었더라면 나에게 속삭였을 것이다.
"임마, 삶이란 건 그 자체가 죽음을 찾아가는 영화인 거야."

2016년, 원숭이해가 밝자 나라꼴이란 게 미친 년 상추 뜯듯 해괴하게 돌아간다.

판국이 어지러우니 노년의 심골心骨도 뒤틀리고 글 쓸 신명이 날 것 같지도 않다.

글을 쓰려는 생각도 시들하고 창작행위 자체가 영혼 없는 글놀이 같아서 피로감만 든다. 솔가지 찢어 꺾어서 먹물이든 황토흙물이든 무엇에 사무친 핏물이든 푹 찍어 막종이에 일진광풍 내려앉듯 악필握筆 한 줄 쓰면 팔뚝에 핏줄 불끈 돋을 터인즉 그게 되려 싱싱한 생명 표출일 것이다.

그래도 쓰자. 글쟁이 늙마에 내가 할 일은 별로 없다.

읽고 쓰고, 커피 마시고 술생각하고, 이따금 백화점 CGV관에 가서 괜찮은 영화 보고, 일주일에 두세 번 탁구치고, 메이저리그와 프리미어리그에 빠지고, 그렇게 하루살이 프로그램이 짜였다. 요즘엔 피 튀기며 싸우는 UFC 격투기까지 시청의 범위에 넣었다.

그러다가 따분하다 싶으면 바둑사이트 타이젬에 들어가 아마 2단 3단 오가는 기력으로 일면식도 없는 사람과 바둑 두어 판을 둔다. 컴퓨터바둑은 상대가 있어도 상면하지 않고, 침묵만으로 나누는 셀프위안 게임이다.

바둑을 몰랐다면 이 심심함을 무엇으로 파적破寂)했으랴. 강호의 무림고수를 만나 소림사 권법이라도 한 수 배운 것처럼 바둑의 도를 알았으니 그것은 내 인생 퍼즐의 한 조각이었다.

삼국지연의를 보면 이런 대목이 나온다.

오른쪽 어깨에 독화살 맞은 관운장. 당대의 명의 화타가 수술 전에 몸부림을 제어하기 위하여 관운장을 기둥에 묶으려 하자 운장이 웃으며 말했다.

"내 어찌 이만한 일에 묶이리오."

칼로 살을 찢고 독기가 배어든 뼈를 긁어내는 동안 운장은 바둑을 두며 앉은 채로 태연히 수술을 받았다.

나는 운장의 사내다움에 흠뻑 빠졌다. 빠졌으므로 그의 청룡언월도를 휘두르며 짬만 나면 상상의 적토마를 달렸다. 나도 광야를 달리리라.

그런데 달리는 적토마에 올라앉은 건 병아리 한 마리다. 바람처럼 빠른 속력에 하마 떨어질 듯, 안장 위에 올라탄 병아리. 그 우스꽝스런 희화戱畵. 하필이면 병아리를 떠올렸을까.

내 상상은 뭔가 병적이다. 그러면 어떠냐. 관운장의 적토마든 항우의 오추마든 저 깊은 내 열망은 무언가 타고 싶었던 것이려니.

나는 운장의 영웅적 풍모에 뿅, 갔지만 '바둑을 두며'에도 마음을 뺏겼다.

그래서였을까. 농구를 하다가 왼쪽 눈썹 옆이 찢어져 세 바늘을 꿰맬 때도, 왼쪽 엄지손가락 네 바늘을 꿰맬 때도 나는 비非마취로 버텼다.

피를 뽑을 때 주사기로 뽑혀 나오는 내 붉은 피를 응시하는 것도 운장의 담대함에서 비롯된 것이고 마음 속 깊이 바둑에 점을 찍은 까닭도 운장의 '바둑을 두며'에 느낌표가 생긴 때문이다. 그리고 마침내 그 기회가 뜻밖에도 나에게 왔다.

나에게 바둑을 최초로 알려준 김바둑(물론 실명이 아니다)은 나하고만 가까웠을 만큼 비사교적인 친구였다. 온종일 같이 있어도 늘 묵묵묵黙黙黙하던 김바둑. 나 역시 고작 묵묵언黙黙言 일색. 누가 지켜봤다면 우리가 팬터마임이라도 하는 줄 알았을 게다.

김바둑과 나는 중학교 동창이었지만 그는 공고에 진학했고 나는 인문계를 선택했다.

우리는 1961년부터 3년에 걸쳐 자주 만났는데 특히나 내가 고등학교를 졸업한 뒤 1년 노는 동안에는 거의 매일처럼 뻔질나게 만났다. 그 무렵의 그와 나는 한 벌의 젓가락처럼 붙어 지냈다.

나는 무시로 그의 집에 갔다.

그는 삼국지 5호대장의 하나였던 마초처럼 허리와 발목이 잘룩했고 몸놀림이 날랬다. 만약에 내 제자리멀리뛰기가 2m 40센티쯤이라면 그는 메뚜기처럼 날아올라 2m 80센티도 훌쩍 넘는 도약력이 있었다. 아마추어로서 그는 뛰어난 스포츠맨이었다.

나는 그에게서 스케이팅도 배웠고 수영과 농구도 배웠다.

그의 아름답고 독특한 드라이브 인 슛을 익히려고 나 혼자 비밀히 연습한 적도 있었다. 라디오도 듣기 힘들었던 시절에 그는 이미 프로복싱 세계 헤비급에 빠져 있었다.

"오늘, 플로이드 패터슨이 소니 리스튼에게 케이오 당했어. 리스튼의 주먹은 정말 대단해. 한참 동안은 무적일 거야."

리스튼의 몰락을 가르쳐 준 것도 역시 그였다.

"캐시어스 클레이란 녀석이 나타났어. 소니 리스튼이 7회에 TKO로 나가 떨어졌다니까!"

그러다가 언젠가 또 말했다.

"무하마드 알리는 말야 …… "

"무하마드 알리가 누구지?"

"캐시어스 클레이가 이름을 바꿨어, 무하마드 알리로."

무하마드 알리의 이야기를 하기 위해 비로소 그는 필요한 만큼만 묵묵언默默言, 입을 열었다. 그게 끝나면 입 지퍼를 닫고 다시 묵묵묵, 하여간 지독히 과묵한 친구였다.

그가 어느 날 접는 바둑판을 사가지고 와서 뜻밖에도 나에게 바둑의 걸음마를 전수하기 시작했다.

그에게 게임을 즐기는 면도 있을 줄이야.

e-스포츠가 없었던 시절이긴 하지만 프로게이머 게임은 내 식성에 맞지 않을 것 같다.

그러나 바둑이라면 문제가 다르다. 내 편견이지만 장기는 마치 시장 바닥의 사술詐術같다. 장기가 획득한 대중성보다는 탈세속적 일탈 같은 신선놀음, 나는 관운장이 심취한 바둑의 그 신비와 비밀을 캐고 싶다는 열망이 있던 터에 그의 제안을 듣자 들뜬 나머지 그가 알아들을 수도 없는 무슨 소린가를 중얼거리며 화답했다.

"으음, 그건 …… 음, 그러지 뭐 ……."

그날부터 나는 그와 함께 바둑의 361로路로 떠났다.

1963년 2월부터 그 해가 끝날 때까지 우리는 알 수 없는 청년기의 미래를 포석하듯 무작정 바둑을 두었다. 아마 100판 이상 두었을 것이다. 그 해가 다 저물 때까지 우리의 기력은 13급이 채 안 되었다.

8급 기력에 도달한 것은 대학 1학년 말쯤이었다. 일본 기사 사까다 에이오의 책을 사서 공격과 포석과 행마의 묘를 죽어라 파고 든 끝에 얻은 성적표였다.

왜 그렇게 목숨이라도 건 것처럼 바둑에 탐닉했을까?

술도 없었고 여자도 없었다.

흘러가는 시간은 다정한 연분홍빛 미래도 제시하지 않았다.

그 무렵에 만난 바둑은 무의미한 시간을 유의미한 것처럼 포장하는 제임스 딘의 치킨게임 흉내였을지도 모른다. 그것도 아니다. 대학에 가지 않겠다고 선언한 그와, 가고 싶어도 갈 수 없었던 나는 잭 케루악의 소설 'on the road(노상에서)'의 딘 모리아티를 제대로 이해하지도 못하면서 동경하는 청춘이었는지도 모른다. 아니 묵묵묵, 하는 가운데 서로를 인정하던 그 시절의 상황이 우리를 바둑판 앞에 앉게 한 까닭이었을 것이다.

그에게서 바둑을 배운 지가 벌써 50년이 훌쩍 넘었다.

현재 내 기력은 아마 2단 아니면 3단. 이 3단의 시원始原이 바로 그였으니 어찌 그립지 않겠는가.

그런데 우린 왜 헤어졌을까? 우선 그가 술을 먹지 않았다는 게 생각난다.

대학에 들어가면서부터 나는 음주허가증을 획득한 사람처럼 틈만 나면 술친구를 찾았다.

술은 창백했던 내 청춘을 붉게 만드는 가나안의 기적이었다.

우울한 청년의 숲을 가로질러 빠져나가고 싶었던 나에게 술은 '붉은 구세주'였다.

마셔라. 인생은 스스로 생각하는 것처럼 기쁜 것도, 슬픈 것만도 아니다.

나는 마셨다. 그러나 그는 마시지 않았다.

내가 대학에 진학했을 때 그는 공군에 입대했다.

그가 제대했을 때 이번엔 대학을 마친 내가 입대했다.

제대하자마자 그는 결혼과 함께 운수업을 이어받은 가장이 되었다.

제대하자마자 나는 선생이 되고 글을 썼다.

스무 살이 넘으면서부터 우리는 하나씩 둘씩 우리의 공유를 잃고 말았다.

우리가 헤어진 까닭은 무엇이었을까?

포석도 모른 채 포석했던 우리들의 청춘, 결국은 생의 행마가 서로 달랐던 때문이었을까?

이세돌. 李世乭. 乭(이름 돌)이나 畓(논 답)은 중국에는 없는 한자다. 말하자면 우리나라에서 만든 토종 브랜드 한자다.

李世乭. 이세돌의 일생을 프로그래밍한 작명일까?

世乭은 세상의 돌이다. 바둑은 돌의 게임이 아닌가.

이세돌의 이름을 처음 보았을 때 나는 그 이름이 주는 기이한 오묘에 탄복했다.

나는 이세돌을 좋아한다. 그러나 내 사랑은 죽을 때까지 돌부처 이창호다.

이창호는 묵묵묵默默默 기사다.

이창호의 개인사가 걸어온 신비주의(?)의 요체도 묵묵묵默默默에서 비롯한 것이다.

이창호는 13억 중국인의 가슴에 별이 된 돌부처다.

이창호가 한중일 바둑 삼국지에서 필마단기로 중국과 일본의 오장五將을 무찌르던 느림과 끝내기의 미학은 아직도 선연하다. 그 사건을 코리아의 바둑사에서는 '상하이 대첩'이라고 부른다.

2005년, 제6회 농심신라면배.

한중일 대표 기사 5명씩이 출전한 이 대회에서 한국은 초반에 줄줄이 패했다.

한종진, 안달훈, 유창혁은 1승씩도 거두지 못했고 최철한도 1승을 거두고 패퇴했다.

일본은 장쉬 9단과 왕밍완 9단이 살아남았고 중국은 러쉬허 9단과 왕레이 8단, 왕시 5단 셋이 살아남은 상황이었다. 한국은 오직 이창호 9단만 외홀로 남았다.

드디어 이창호의 마지막라운드. 한국이 우승하려면 이창호 9단이 일본 2명, 중국 3명을 차례로 연파해야만 했다. 1:1의 승부도 버거운, 상대는 모두 절정의 고수들이다.

245수만에 이창호가 첫 판에서 흑 불계승, 장쉬를 꺾었다.

다음 상대 왕레이 8단도 제쳤다.

왕밍완 9단은 대세력 작전으로 나왔다.

이런 경우에 바둑 교과서는 실리확보에 이은 삭감을 정답으로 삼는다. 그런데 이창호는 더 웅장한 세력으로 맞불작전을 택했고 왕밍완은 스스로 무너졌다.

최후의 관문 왕시 5단. 최종국은 이창호의 흑번으로 시작되었다.

26억 개의 중국 눈이 지켜보고 있는 가운데 믿을 수 없을 만큼 빠른 포석이 진행되었다.

실리는 현찰이고 세력은 어음이라는데 이창호는 상대방 백에게 헤프게 실리를 허용하는 듯했다.

그러나 전투가 벌어지자 피눈물 나게 참은 왕시의 인내는 참담했다.

이창호의 흑집은 중앙에서 갤러리아포레 아파트의 거실만큼이나 넓었다.

257수 흑 불계승, 영웅은 난세에 태어난다.

1:5의 상황은 영웅 탄생을 축하하는 신화 창조의 불꽃놀이였다.

2016년 3월 10일. 인공지능 알파고와 이세돌의 다섯 판 중 제2국이 있었다.

이세돌 9단이 2국을 또 졌다. 제1국은 알파고의 지능을 시험하기 위해 이9단이 실험에 가까운 수를 두어 타진한 측면도 있다고 생각했다. 그러나 오늘은 사력을 다해 두는 것이 역력했는데도 또 졌다.

그것은 경악이었고 내게 다가온 것은 공포감이었다.

온몸에 소름이 돋았다.

이런 추세라면 인공지능이 시도 쓰고 인공지능이 노벨문학상도 수상할 것 같다.

알파고는 인류에게 주는 신의 은총인가, 저주인가?

아직 3국 4국 5국을 두지 않았지만 나는 이9단이 한 판이라도 승리하길 빌었다.

3월 10일은 인간 종말의 경고를 받은 날이다. 자본주의에 중독된 인간들은 결코 인공지능을 아름답게만 쓰지 않을 것이다.

바둑 …… 갈등의 물결이 일렁인다. 나는 넋이 나갔다.

로빈 윌리엄스 주연의 영화 '바이센테니얼 맨'이 떠오른다.

가사로봇 NDR-114 앤드류는 기술적 진화를 거듭하여 음식도 먹고 방귀도 뀌고 자유의지와 감각도 갖는다. 마침내 200살이 넘어 사랑하는 포샤와 결혼하려고 법원에 청원한 앤드류.

그러나 인간 유전자가 없고 생명 탄생 원리에도 어긋나며 불멸의 로봇은 인정하더라도 불멸의 인간은 인정할 수 없다는 법원 …….

로봇 기술이 더욱 발전하여 앤드류는 인간처럼 늙는다.

세월이 흘러 법정에 다시 선 할아버지 앤드류가 말한다.

"영원히 기계로 사느니 인간으로 죽고 싶다."

법원의 최종 판결을 기다리며 누워있는 늙은 포샤와 앤드류.

포샤의 손을 꼭 잡은 앤드류는 마지막 선고를 듣지 못하고 죽는다.

법원의 마지막 선고는 그를 인간이라고 선언하면서 결혼을 승인한다는 것이었는데 ……

포샤는 간호사에게 생명유지 장치를 꺼달라고 하며 앤드류를 따라 죽는다.

알파고는 인간의 노예가 아니다. 알파고는 프로메테우스의 불도 아니다.

알파고는 인간이 되기를 소망한 NDR-114 앤드류의 최후를 새겨야 한다.

그렇지 않으면 저주받은 21세기의 바벨탑으로 전락할 것이다.

3월 12일의 제4국, 드디어 이세돌이 알파고를 이겼다.

울지 말아라 이세돌, 그대는 인간으로 프로그래밍한 '세상의 돌'이다.

이창호는 다섯 명을 이기고 '영웅'이 되었지만 그대는 한 판을 이겨서 세상의 '감동'이 되었다.

'감동'을 창조하는 길은 각각 다르다.

알파고와 마지막 5국을 끝내는 날, 머리카락 이마에 늘어뜨리고 어묵꼬치 하나 들고, 광화문의 어디든 비금도의 어디든, 마른 몸매 바람에 나부끼듯 흐느적흐느적 걸어가라.

그대는 기계가 아닌, 아름다운 사람이다.

그래, 이창호의 상하이 대첩 2005년도 흐릿하고 이세돌의 알파고 대결도 이미 과거다.

바둑을 가르쳐준 준 친구가 문득 생각나서 그리워하지만 그 그리움도 머지않아 멈출 것이다.

삶이란 결국 찰나 찰나, 순간 순간의 흐름인 것이다.

술은 사람 맛이다. 바둑도 사람 맛이다.

나는 어설픈 호주가지만 술이 좋아도 사람을 가려 마시고 바둑이 좋아도 사람을 가려 둔다.

한 판 두고 싶은데 이젠 김바둑도 늙었겠지.

기력은 지금쯤 얼마나 될까? 아마 2단은 되어야 나와 호선으로 둘 텐데.

그의 묵묵묵默默默이 그립다.

내가 언언언言言言 떠들어도 그는 여전히 묵묵묵默默默으로 받아줄 것이다.

못 본 동안에 그가 술도 두어 잔 배웠다면, 아, 무얼 더 바라랴. '운동화 끈이 풀린 채 아이스바 하나 물고 길을 걸었다는 소년 돌부처'처럼 나도 단팥 아이스바 하나 들고, 캐주얼 운동화 차림으로, 목척교 어디쯤을, 김바둑과 걷고 싶다.

대흥동 로터리를 지나 충무체육관 쪽으로 향했다.

로터리에서 나는 잠깐 걸음을 멈추고 오른쪽으로 고개를 돌렸다. 오십 년 전 그곳에 있었던 '자유극장'은 물론 없었다. 극장 옆 골목에 있었던 김바둑의 집이 행여 있을까 싶어 찾았다.

"수냄아, 밥 먹고 가렴아"

고등학교를 졸업하고, 영장이 나오길 기다리던 때, 터널의 끝이 보이지 않던 그 무렵, 절망과 고통을 감추고 싶었던 때, 그때 나는 김바둑의 집을 하루가 멀다 하고 들락거렸다.

끼니때가 되어 내가 일어서려고 하면 조실모早失母한 나를 긍휼히 여긴 그의 어머니는 언제나 지극정성으로 나를 붙잡았다. 그녀의 이북 억양은 나에겐 따스하고 정겨웠다.

그의 동생들도 언제나 내 소매를 뚝뚝 살갑게 붙잡았다.

집에 가야 고슬고슬한 쌀밥과 뜨거운 국 따위가 있을 리 없었다.

얼굴이 활활 달아오르면서도 나는 쌀밥의 유혹을 받아들이곤 했다.

대체 그의 집에서 몇 끼나 먹었을까?

쌀밥 앞에서 나는 어색해 했고 쌀밥은 나를 만나면 언제나 창백해졌다.

하이얀 쌀밥을 참 많이도 얻어먹었다. 만둣국도 먹었고 절편도 먹었다.

내가 친구의 쌍둥이 동생을 서너 달 가르쳐 근사한 중학교에 합격시킨 사건도 딴에는 '어색했던 쌀밥'을 갚아야겠다는 자의식 때문이었을 것이다.

김바둑은 어디로 갔을까? 왕래 없이 보낸 무심한 세월이 벌써 50년이 넘다니.

나는 쌀밥과 그와 술을 생각하며 대흥동 일대를 걸었다.

내가 살던 집은 자취도 없이 사라져 버리고 낯선 건물들만 우뚝우뚝 서있는 거리는 더 이상 과거를 품고 있지 않았다. 거리는 흑백의 기억조차 남기지 않고 무의미한 개발의 보고서처럼 아파트 아니면 키 큰 빌딩 일색이었다.

깡그리 사라진 골목. 그 많던 골목이 다 어디로 갔단 말인가?

한때 내가 살던 집과 김바둑의 집을 찾으려고 빙빙 돌았지만 골목은 없었다.

아니 골목 하나를 발견하기는 했다. 기와집 한 채가 폐가처럼 숨듯이 웅크리고 있었다.

골목은 골목을 끌고 또 어디론가 뻗어가야 하는데 짧은 골목의 끝은 바로 대로였다.

어디서 나타났는지 길고양이 한 마리가 내 앞을 지나 사라졌다.

대전은 있던 골목도 지도에서 지워버렸다.

햇살이 내리고 마악 들어서자 창문 하나가 드르륵 열리더니 고개 하나가 불쑥 튀어나오며 목소리가 날아온다.

"어디 갔다 와?"

그런 골목이 사라졌다.

골목은 도시의 실핏줄이다. 실핏줄이 없는 도시는 병자다.

겨우 남은 골목도 옛날의 그 골목이 아니다. 독살당한 길냥이 새끼가 상자에 담겨오는 골목이다.

시적이지가 않다. 생활적이지도 않으므로 플라타너스 가지에는 2016년의 분노와 좌절과 포기와 전쟁의 피비린내 같은 황량한 바람이 매달려 있다.

김바둑의 골목은 없었다. 김말론의 골목도 없었다.

물론 나의 골목도 없었다.

그와 나 사이에 있었던 150미터도 어디론가 사라지고 없었다, 병원과 빌딩이 들어섰고 벽과 벽이 말없이 서 있을 따름이었다.

❖골목에서 이언진 바이러스에 감염되다

나는 인구 20만쯤의 작은 도시를 좋아한다.

도랑이며 개울을 복개하지 않은 녹색도시가 있다면 그런 곳에서 살고 싶다.

능률적인 도시보다는 삶이 기름진 도시, 걷는 것이 행복한 도시가 좋다.

예술과 골목과 광장이 삼중주처럼 어울린 도시. 나는 그런 도시를 꿈꾼다.

책상머리 서생처럼 나는 비현실적인 공상을 하면서 걷는다.

산수유에 앉았던 봄바람이 흘러가다가 어깨 위에 살포시 내려앉는 그런 도시, 어디 없을까?

자정이 넘었다. 가난한 이들의 동네에서는 책 읽는 불빛이 흘러나오고 소줏잔을 기울이는 사람들 틈에서 야윈 가을이 기웃거린다. 그런 도시에서 비로소 살맛이 흘러나올 것이다.

골목을 좋아한 시인이 있었다. 얼마나 좋아했는지 호가 숫제 '골목길(호동衚衕)'이다.

세상에! 호가 '골목길'이라니 이 유별난 캐릭터에서 무언가가 확 땡긴다.

조선의 시인 이언진(1740~1766)이 바로 그 주인공이다.

2012년 1월 20일, 박희병의 평설 '저항과 아만'에서 나는 시인 이언진을 만났다.

책을 사서 50쪽 가량 읽은 뒤 궁금증을 이기지 못하고 나는 수록된 시들을 우선 주욱 훑기 시작했다. 그러다가 책장을 덮고 숨을 골랐다. 이것은 허투루 일별할 시들이 아니었다.

전율이 왔다. 시심과 호기심이 한껏 꼴렸다.

'호동거실'에 실린 170수의 시를 마치 입던 옷처럼 벗어놓고 간 이언진.

> 「이언진은 미천한 집안 출신의 역관이었던 조선조 시인이다. '호동거실衚衕居室'은 그의 대표작이다, 호동衚衕은 서민들의 집이 다닥다닥 붙어있는 '골목길'을 뜻하는 말로 여항閭巷, 시정市井과 같다. 호동

거실衚衕居室은 '골목길이 내 집'이라는 뜻이다. 자신의 자호自號를 '호동(골목길)'이라 지었다. 골목길을 자아로 등치한 셈이다. 조선의 정신 '유교'에 딴지를 걸고, 유교적 이념을 국가 경영의 틀로 삼은 조선 왕조의 질서에 정면으로 도전하는 글을 썼다. 혁명적 저항인이자 화제인이다. 5언과 7언의 형식에서 일탈하여 6언의 시체를 썼다. 시학적, 미학적 형식을 파괴했다. 한시에서 쓰지 않았던 백화어(구어체)를 즐겨 썼다. '과거체'로 불릴 정도로 치졸한 공부를 신랄하게 비판했다. 조선의 지적 패러다임에 도전했던 불온시인이다. 조선문학사 유일의 괴물이다.

一虞裳一蟹湯 我友我不友人	일우상일해탕 아우아불우인
詞客供奉同姓 畫師摩詰後身	사객공봉동성 화사마힐후신

하나는 우상, 하나는 해탕
나는 나를 벗하지 남을 벗하지 않는다
시인으론 이백과 동성
그림으론 왕유의 후신

우상虞裳은 그의 자字고 해탕蟹湯은 그의 별호다.

우상은 순임금의 치마라는 뜻. 순임금이 백성을 잘 다스려, 별로 하는 일 없이 치마를 드리우고 자리에 가만히 앉아 있기만 해도 세상이 태평했다는 고사에서 취한 말이다. 이언진의 자字자에는 어진 임금을 도와 태평성세를 이루었으면 하는 염원이 담겨있다고 여겨진다. 해탕은 해안탕을 뜻한다. 해안탕이란 찻물을 끓일 때 보글보글 처음 끓는 물. 찻물이 처음 끓을 때 보글보글 올라오는 거품이 게눈蟹眼을 닮았다고 해서 해안탕이라고 한다. 차와 관련된 이 '해탕'이란 호에선 아취가 느껴지기도 하지만 다른 한편으로는 존재의 무상감이랄까 덧없음 같은 것이 느껴지기도 한다 …… 중략 …… 공봉供奉은 당나라 시인 이백을 가리키는 말이다. 이백은 공봉한림이라는 벼슬을 지낸 적이 있어 그렇게 불렀다. 왕유는 당나라 시인이자 문인화가. 마힐은 왕유의 자字. 왕유 운운한 것은 그림에 대한 시인의 자부를 표현한 것」 (박희병, '저항과 아만'에서)

우상도 나, 해탕도 나 …… 라고 제시한 다음 '나는 나를 벗하지 남을 벗하지 않는다'고 말한다. 그런 뒤에 넌지시 시인 이백과 나는 동성同姓이고, 그림으로 말하면 나는 왕유의 후신後身이다, 라고 덧붙인다.

이쯤 되면 이언진의 교오(교만&오만)는 하늘을 찌를 정도다. 하지만 어떠랴.

그가 남긴 170수의 시에는 천재의 기개가 약여하다.

"나처럼 미천한 사람의 글을 후세에 누가 알아주겠는가" 라면서 이언진은 죽기 전에 자신이 쓴 글을 태워버렸다. 그가 태우던 것을 어찌어찌 겨우 건진 것이 지금 전하는 170수다.

자신의 존재까지도 소멸시키려는 자부심, 이것이야말로 처절한 저항이 아니고 무엇이겠는가.

1789년의 프랑스 혁명보다 20여 년 전에 살았으면서도 더 혁명적이었던 시인이 조선조에 있었다니! 불 질러 사라질 뻔했던 그의 시를 일부나마 보게 되다니!

그의 불온不穩에 애가 탄다. 그러나 통쾌무비하다.

그와 골목에 앉아 권커니 잣거니 어지러이 취하고 싶다.

21세기 코리아의 밤은 깊어가고. 술이 불콰해지면 1766년의 이언진이 2016년의 대한민국을 조롱할 것 같다. "277년이 지났는데도 여전하구나."

골목이 많은 도시를 갈망하는 내 몽상도 머지않아 끝날 것인데 머언 먼 이국땅 패키지투어보다 낯선 도시의 뒷골목을 기웃거리는 여행. 그런 꿈만 꾸다가 늙어버렸다. 그래도 다행이다. '골목길' 이언진을 알고 가는 내 인생이 조금은 덜 시시해졌다.

내 식견으로 고른 이언진의 시 몇 편을 소개하겠다.

한문 원시는 생략하고 번역은 박희병의 평설에 나온 그대로다.

1.
바보도 썩고 수재도 썩지
흙은 아무개 아무개 아무개를 안 가리니까
나의 책 몇 권은
내가 나를 천 년 후에 증명하는 것.

천재의 교오(교만과 오만)는 하늘이 허용한 권리다. 이언진, 난 당신의 광팬이다!

2.
바보가 좋지 바보가 좋아
아이 안고 아침마다 축원한다네
"배고프면 먹고 배부르면 기뻐하는
동쪽 이웃 아무개처럼 되어라."

바보를 예찬하는 사람은 이미 성자聖者다.

3.
이상하고 못생긴 저 세 사람
하나는 털보 하나는 곰보 하나는 혹부리

지나간 후 늘 눈에 삼삼하여라
평소에는 조금도 아는 체 않건만

약자에 대한 연민은 인간의 시작이다.

4.
갑자기 이런 생각 떠오르누나
내 눈을 남에게 줘 버렸다는.
눈에 정신이 있다면 이리 하소연하리
"내 눈 찾아 내 몸에 되돌려주오."

참다운 자아를 찾고자 지식인은 고뇌한다.

5
"추한 종놈 온다! 추한 종놈 온다!"
아이들 짱돌 줍고 흙을 던지네.
내 들으니 괴이한 일도 있지
길에 떨어진 칼을 주인에게 돌려주다니.

칼을 돌려주지 말라. 노예들의 굴종의식을 질타한다. 칼을 돌려주면 절대로 개혁이 안 된다.

6.
한 그릇 밥을 두 사람이 같이 먹어도
똑같이 배부르진 않은 법인데
저자에서 다투는 건 당연한 이치
반 푼 돈을 천만인이 가지려드니.

천민자본주의의 속성을 꿰뚫고 있다.

7.
가난한 집 식탁 썰렁하여서
반찬이란 꼴랑 된장뿐이네
오늘 아침은 처자가 호강하누나
제사 지낸 서쪽 이웃 쇠고기 보내 줘.

골목사람들은 따뜻하다. 나누며 산다.

8.
이따거의 쌍도끼를
빌려와 확 부숴버렸으면
손에 칼을 잡고
강호의 쾌남들과 결교했으면.

이따거는 수호지에 나오는 흑선풍 이규다. 조선왕조에 대한 적개심을 드러낸 이 시가 일찍이 발각되었다면 이언진은 27세도 못 살고 처형되었을 게다

8수의 시만 예시했지만 170수의 어느 하나도 평범한 것이 없다.
조선조를 살다간 18세기의 의식이 아니다. 2017년 현재의 진보적 지식인과 견주어도 진취적이다.
지적 욕구가 왕성한 분들에게 '저항과 아만'의 일독을 권한다.

도처에 혁명적인 시들이 꿈틀거린다. 조선시대에, 이런 시인이 살

았다니.

놀라서 벌어진 입이 닫히질 않는다.

204년 늦게 태어난 이 나라 글쟁이로서 그를 모른 채 죽어 행여 저승에서 만난다면 그 무지의 참괴를 어찌 감당할 것인가.

그의 저항과 아만 바이러스에 감염되어 나는 결심했다. 적어도 사흘 낮과 사흘밤을 몸져 누우리라.

나도 이번에 알았지만 아만我慢은 불교용어다. 자기를 믿으며 스스로 높은 양하는 교만이다.

나는, '저항과 아만'을 읽기 전의 나와, 읽은 뒤의 나를 따로따로 규정한다.

골목은, 흘러간 시간과 새로운 시간이 만나 망각과 기억을 섞는 인간의 리얼리티다.

데 5 장

나는 아직도 황홀경의 마니아다

한 번은 '황당'했고 한 번은 '참담'했다.

외출해서 한 10분쯤 걷다가 얼핏 수상한 느낌이 들어 배꼽 근처 바지를 남몰래 더듬었더니 아뿔사, 지퍼가 열려 있었다. 그러고 보니 내 옆을 스쳐 지나간 아주머니들의 얼굴빛이 스테인드글라스처럼 오묘했던 것 같기도 했고 또 얼핏 지나간 청춘 남녀 한 쌍이 "우리도 늙으면 저럴까?"하며 귀엣말을 나눈 것 같기도 했다.

적당한 날들이 흘러 '지퍼 황당'의 기억이 가물가물하려는 차였는데 이번엔 버스 안에서 다시 지퍼의 '참담'을 만났다. 또 열려 있었다. 부랴부랴 서둘러, 누가 눈치 챌세라, 재빨리 지퍼를 올려 수습했지만 버스 안이었다는 걸 생각하면 그야말로 모골이 송연했다.

때는 바야흐로 뭇 버스 승객들의 눈길이 cctv 카메라처럼 번득이는 시대다. 자칫하면 여고 앞에서 어슬렁거리는 바바리맨처럼 변태로 몰릴 수도 있었다. 단순한 부주의였을까 아니면 노인성 건망증의 시작이었을까.

술자리에서 건망증을 화제로 삼은 적이 있었다.

나보다 열 살쯤 더 먹은 선생 한 분이 인생 황혼의 풍경을 한숨처럼 실토했다.

자신은 바지 안에 잠옷을 입고 출근한 날도 있었단다.

양복 윗도리도 안 입은 채 코트만 걸치고 출근하기도 했다.

점심을 먹은 줄 알았는데 퇴근해서 보니 도시락은 그냥 그대로였고, 챙겨서 가지고 나온 것은 자동차 키가 아니라 발톱 깎던 손톱깎이였다.

그때, 난 그에게 치유 위로용으로 농담을 건넸다.

전, 오줌을 누려고 화장실에 갔다가 '볼일'은 잊어버리고 손만 씻고 나온 적이 있었습니다.

또 한 번은 목척교에서 여자 셋을 만났지요. 그런데 그 중의 하나가 저를 향해 오면서 생글생글 웃는 거에요. 누구더라? 열 걸음쯤 지나쳐서야 비로소 나는 그 여자가 아내란 걸 알았어요.

모두들 껄껄껄 파안대소했다.

화장실 '볼일'이야기는 즉흥적 창작이었고 아내 이야기는 실화였다.

그럭저럭 20년 전에 있었던 파노라마다.

그랬는데 지퍼 개문開門의 실수를 두 번씩이나 저지르다니. 추접스러운 '황혼증' 일까?

도연명의 시구詩句처럼 갸우뚱, 나 자신을 점검해보고 싶었다.

당부여차불當復如此不 마땅히 다시 이런 일이 있을까, 없을까?

자나 깨나 지퍼 조심. 문밖을 나서기 전에 반드시 당신의 지퍼를 쓰다듬으십시오.

팔짝팔짝 뛰던 소년 시절, 펄펄 뛰던 청년의 에너지는 흘러흘러 어디론가 가버리고 남은 건 총기상실증이다.

거일고다去日苦多, 지나간 날들이 훨씬 많다.

그러니 무얼 어쩌랴. 건망증 깊기 전에, 잊기 전에 곱씹자. 쯧쯧,

스포츠는 산을 넘고 물을 건너고, 달리고 뛰고, 던지고 찌르고 휘두르며 사냥하던 원시 에너지가 적당한 룰rule로 포장되고 디자인된 놀이다.

내가 황홀경의 마니아라고 한 것은 스포츠 마니아의 변형 표현이다.

어려서부터 그랬다. 스포츠는 보고만 있어도 붉은 피가 끓어오른다. 그 다음에 황홀한 경지가 온다.

나는 동네 스포츠계를 광적으로 주유천하周遊天下하며 두루두루, 온갖 종목을 한때 어쭙잖게 섭렵한 소년이었고 청년이었다. 하지만 그 무렵의 에너지란 결국 화산의 용암처럼 흐르다가 만 년의 시간이 지난 뒤 굳어버린 화성암 동굴에 지나지 않는다.

화성암 동굴에 머무는 관광객의 시간은 고작 반나절도 못 될 것이다.

모든 에너지의 본질은 소멸이다.

소멸의 외나무다리를 건너는 나는, 노년은, '살아가는'게 아니라 '죽어가는' 존재다.

죽어가면서 유년 시절과 젊은 날들의 에너지를 그리워한다.

죽어가면서 나는, 걸출한 코리언 스포츠 스타에 빠져서 안복眼福을 즐기고 있다.

팔짝팔짝 대신에, 펄펄 대신에, 하릴없이 안광眼光으로 티브이를 쏘아보는 마니아로 전락했다.

내 노년 현재의 디세뇨(디자인의 이탈리아말)는 정적인 풍경 일색이다.

무릇 기하幾何이던가, 프리미어리그와 월드컵의 '발길질'에 일희일비하면서 밤을 지새운 날들이.

무릇 기하幾何이던가, 아메리칸리그 내셔날리그, 리그 리그와 월드시리즈에 순정을 바친 밤들이.

쬐그만 꼬맹이 때부터 눈앞에 도랑만 나타나면 나는 긴 막대를 구해서 뛰어넘었다. 그건 날고 싶은 높이뛰기였고 어디론가로 가고 싶은 멀리뛰기였다. 고금동서를 막론하고 소년들의 에너지는 대체로 팔짝팔짝의 형태로 나타난다.

자치기는 제법 재미있었다. 동무보다 몇 자를 더 내려고 기를 썼다.

자치기에는 긴 '어미자'와 짧은 '새끼자'가 있어야 한다. 어미자가 골프채라면 새끼자는 골프공이다.

어미자와 새끼자는 소나무, 상수리나무, 물푸레나무 따위로 만든다.

골프 치는 사람들은 미즈노 골프채나 야마하를 구하려고 현해탄 쪽이라도 기웃거리겠지만 자치기의 자는 참나무 밤나무 아무거나 다 좋다.

자치기는 두 명 이상 여러 명이 할 수 있다. 우리는 구멍 자치기라는 걸 많이 했다. 골프나 자치기나 결국은 구멍놀이다.

타이거 우즈와 최경주에게 자치기를 시켜놓고 조금만 설명해보자.

어미자 길이만큼 길죽한 구멍을 5cm 정도 깊이로 판다.

우즈가 먼저 공격자다. 우즈는 구멍에 새끼자를 걸쳐놓고 어미자로 걸어 멀리 보낸다.

최경주는 수비자다. 우즈가 멀리 보낸 새끼자를 최경주가 받으면 우즈는 죽는다.

새끼자를 받지 못하면 최경주는 구멍에 걸쳐놓은 어미자를 향해 새끼자를 던진다.

새끼자가 구멍에 들어가거나 어미자를 맞히거나, 구멍으로부터 한 자 이내에 도달하면 우즈는 죽는다.

죽지 않으면 우즈는 구멍에 새끼자를 비스듬하게 세워놓고 어미자로 쳐 올린 다음 쳐서 멀리 보낸다. 최경주는 새끼자를 받을 수도 있고 발로 차서 안쪽으로 보낼 수도 있다. 우즈는 최경주가 던지는 새끼자를 어미자로 힘껏 쳐 멀리 보내야 한다.

이런 과정을 거쳐 새끼자가 멈춘 곳에서부터 어미자로 잰다.

이렇게 해서 100자 내기도 하고 200자 내기도 한다.

최경주가 우즈의 구멍에 새끼자를 던져 넣는 것이 바로 퍼팅이다.

먼 곳에서 새끼자를 던져서 구멍에 들어가면 그건 홀인원이다.

100자 내기 200자 내기는 이븐 파나 언더 파 따지는 거나 같다.

성공과 실패에 따라서 겨끔내기로 공격과 수비를 하는 규칙도 골프나 마찬가지다. 어미자나 새끼자는 골프채와 골프공이다.

우리들의 자치기는 'PGA 챔피언십 투어'도 아니고 'US 오픈 투어'도 아니었지만 때때로 우리들의 자치기 투어를 구경하는 계집애들도 있었으니 고것들이 바로 갤러리가 아니고 무엇이겠는가.

날이면 날마다 나는 자치기로 시간을 죽였고 아니면 깡통차기로 배불리 먹지도 못한 밥알을 삭히기 일쑤였다.

딱지치기나 구슬치기도 그렇지만 제기차기도 어린애들의 게임으론 미상불 재미있는 놀이였다.

형은 한때 동네 훈장에게 천자문을 배우러 다녔다.

나는 형의 천자문 한지를 몰래 뜯어내 상평통보 엽전으로 제기를 만들었다.

상평통보는 멸망 정부 조선의 화폐답게(?) 집안 구석을 뒤지면 어디에선가 천덕꾸러기처럼 처박혀 있었다.

형은 천자문을 다 못뗄 것이다. 내가 찢어낸 페이지에 있었을 한자를 제대로 익혔을 리가 없다.

중학교 들어가서 한자를 배울 때 내 발에 어떤 감동이 왔다면 그건 제기를 쌌던 천자문의 글자가 내게 화답하는 것이었으리라. 그러나 그런 화답은 없었다.

막대기를 걸쳐놓거나 고무줄을 쳐놓고 하는 높이뛰기도 누가 재미없다고 하랴.

다리근력이 뛰어나지도 못했고 대퇴부 이두근력이 발달하지도 않았던 내 높이뛰기는 그저 그랬다.

배면뛰기는 구경도 못한 시절에 도움닫기 끝에 기껏 가위뛰기로 뛰면 언제나 탄력의 부족을 통감해야 했다.

우선은 힘이 있어야 장땡, 씨름도 내 종목은 아니었다.

초등학교 4학년이던 1954년 어느 초여름 날, 또래들의 동네 씨름판이 벌어졌다.

나는 덩치 큰 녀석과 한 판 붙었다가 녀석의 밭다리걸이에 오지게 넘어졌다.

내 몸피는 잔치국수 가락처럼 가냘프고 키까지 작았으니 가래떡 같은 녀석의 덩치와는 애시당초 맞상대 감이 아니었다.

체급 차이가 완연해서 어차피 하나마나한 게임이었는데 왜 그 녀석과 붙었는지 모르겠다.

"걘, 하나마나야."

나를 가리키면서 껍적대고 으스대는 녀석의 한마디에 그만 결기가 치솟았던 것 같다.

애고고, 참을 일이지. 시작하자마자 맨바닥에 나가떨어진 나는 그만 기절하고 말았다.

일어나보니 그새 시간이 얼마나 지났는지 씨름판은 이미 막을 내린 터였다.

나는 비몽사몽에 몽롱했고 기절 뒤의 여파로 마치 구름 위를 걷는 것처럼 허둥거렸다.

아이들은 피라미처럼 몰려다니며 주먹만 한 고무공으로 좋아라, 축구를 하고 있었다.

그러나 복수의 일념으로 배지기나 호미걸이를 익힐 처지는 아니었다. 수호지의 흑선풍 이규도 아니고 호랑이 때려잡은 무송도 아닌 터라 나는 일찌감치 씨름계를 떠나기로 마음먹었다.

꽃잎나비 연아 때문에 나는 피겨의 예술적 황홀경을 만났다.

연아 때문에 비로소 심봉사 눈 뜨듯 피겨의 눈을 쩌억 떴다.

피겨의 세계, 피겨의 미학은 내 노년의 무료無聊를 지우는 주요 종목이었는데 앞으로는 글쎄, 다.

소치의 불상사도 혐오스럽거니와 연아 같은 탤런트는 더 이상 한국 땅에 강림하지 않을 것 같아서다. 그냥 연아만 사랑하다가 저승으로 가야겠다.

초등학교 4학년 무렵에 우리 꼬맹이들은 대전천에서 수제手製 외발 스케이트(?)를 탔다.

우리는 나무뭉치를 깎아 밑바닥에 굵은 외줄 철사를 수단껏 박아 넣었다. 양 옆에는 여러 개의 못을 박았다. 못에다 걸어놓은 고무줄로 오른발을 칭칭 얽어맨 다음 왼발로 도움닫기를 하다가 얼음판을 탄다. 그게 아이들의 외발 스케이팅이었다.

가죽구두에 달린 진짜배기 스피드스케이트를 본 것은 고3 겨울이었다.

1962년 겨울, 대전시는 중교와 목척교 사이의 대전천을 막아 얼린 다음 옥외 스케이팅장 두어 군데를 만들었다.

그 무렵, 친했던 내 친구 5남매는 근사한 '세이버 스케이트'를 탔다.

세이버표 가죽구두 스피드스케이트를 둘러맨 5남매의 어깨에는 언제나 사람들의 시선이 모여들었다.

5남매 중의 둘은 사내 쌍둥이였는데 63년 늦가을, 친구아버지가 제의했다.

"수남아 우리 쌍둥이 좀 가르쳐 주렴아."

쌍둥이는 그때 초등학교 6학년이었다.

한 석 달 가량 가르쳤을까?

운 좋게 애들은 으스댈만한 중학교에 들어갔고 친구아버지가 나에게 스케이트를 살 만큼의 돈을 주었다. 돈이 생겼으니 안 살 내가 아니다. 어쩌다 친구 스케이트를 빌려 타려면 감질도 나고 눈치도 보이던 참이 아니던가.

내가 산 것은 세이버가 아니라 '펭귄'표 스케이트였다. 아마도 돈이 모자랐을 것이다.

세이버는 펭귄보다 가볍고 늘씬한, 더 값나가는 고급 스케이트였다. 왜 안 그렇겠는가. 펭귄이 뒤뚱뒤뚱 걷는다면 세이버는 하늘을 나는 미제 전투기가 아니었던가.

'펭귄'도 황감하다.

생각난다. 뚜우, 하고 새벽 네 시의 통금해제 사이렌이 울리면 애완 '펭귄'을 둘러메고 대전천 가로등 밑에서 타던 스피드스케이팅.

생각난다. 스피드스케이팅의 코너웍을 익히려고 찾아 헤매던 보문산의 '그곳'과 안영리의 '그곳'.

'그곳'에는 2월 말, 3월초에도 얼음이 있었다.

그곳은 나만의 남극이자 북극, 나만의 비트(비밀 아지트)였다.

1971년 3월, 제대하고 나서 나는 스케이트를 불같이 타고 싶었다.

그렇지만 얼음판이 없었다. 겨울은 영원히 오지 않을 것 같았다.

어떻게 그런 생각이 났는지 나는 기차를 타고 상경하여 서울 동대문구장 앞으로 갔다.

수소문 끝에 그 방면의 장인인 듯한 사람에게 나는 스케이트날 대신 바퀴가 달린, 스케이트 선수들의 '비非겨울' 연습용 스케이트를 제작 의뢰했다. 그 무렵엔 그런 용어조차 없었는데 내가 의뢰한 형태는 요즘말로 인라이트 스케이트였다.

요즘의 인라이트스케이트는 바퀴가 네 개 아니면 여덟 개(?)쯤이고 두 줄로 달린 형태가 많다.

내가 주문한 것은 바퀴 두 개가 외줄 형태로 달린 것이었다.

성능은 스피드스케이트와 비슷하고 쾌감도 흡사했다.

나는 여름에도 가을에도 인라이트스케이트를 타면서 스피드스케이팅을 향한 갈증을 달랬다.

제작비는 그 당시 내 월급의 30%도 넘었던 거금 몇천 원(?)이었으니 내 정신이 온전하지 않았던 게 분명하다.

펭귄은 내 첫사랑, 그러나 세이버를 본 뒤로 나는 언제나 변심을 꿈꾸는 카사노바였다.

세이버는 자나 깨나 삼삼했다.

제대했던 1971년 12월, 나는 펭귄과 결별하고 마침내 오랫동안 연모하던 세이버를 샀다.

펭귄을 만나 스킨십을 나눈 지 어언 9년만이었다,

60년대에도 피겨를 타는 사람들이 있긴 있었다.

그러나 나는 피겨스케이팅엔 관심이 없었다. 그건 그냥 얼음판을 희롱하는 가벼운 유희가 아닌가. 사실상 그런 수준이었다.

연아는 50년 이상의 세월이 지나서 나에게 피겨에 대한 인식을 새로 가르쳐 준 스포츠 가이드다.

연아는 나에게 이렇게 말할지도 모른다.

"도약, 클래식 발레, 연극적 표현 등등 니진스키가 춤의 신이었던 것처럼 저는 은반 위에서 수를 놓는 별들의 전설이 되고 싶었습니다. 피겨는 예술 스포츠의 미학입니다."

나는 고백한다, 천박한 무지랭이의 안목을.

연아가 벤쿠버에서 금메달을 확정짓던 프리프로그램 시간, 그 조마조마하던 찰나들, 그리하여 금메달이 확정된 뒤, 느긋이 커피를 마시며 연아의 몸짓을 음미하던 행복감, 그 짝사랑 같은 비밀의 설렘을 오래오래 잊을 수 없으리라.

나는 벤쿠버의 피겨와 연아에 대하여 쓰기로 작정했고 열심히 감동과 영감을 메모하고 자료를 모았다. 그러다가 그만 저장했던, 그 방대한(?) 메모들을 순간의 실수로 날려보냈다. 그때의 허탈감 또한 말해 무엇하랴.

나는 잃어버린 내 역동적 감정을 되살려내지 못했다. 결국 처절한 심정으로 집필을 포기할 수밖에 없었다. 미련이 남아 일부는 복원했지만 그것이 부질없다는 것을 안다. 싱싱한 감동의 찰나를 잃어버리면 제대로 쓸 수 없다. 써봤자 죽은 글이고 쓰고 싶을 때 쓰지 못하면 쓸 수 없다. 그게 내 글 체질이다.

연아 아기씨의 트리플 러츠 토룹은 밴쿠버 올림픽의 꽃이다.

가장 먼저 봄에 피는 영춘화는 쇼트를 시작하려는 연아 아기씨의 표정이다.

연아 아기씨는 빙판에 '화접도花蝶圖'를 그리는 화가다.

수수꽃다리(라일락)가 바람에 향을 실어 뜨락을 가득 채우는 것처럼 연아 아가씨의 스파이럴 시퀀스는 향그러운 리듬이다.

햇살이 며칠 이곳저곳을 데웠다. 진달래가 마침내 핏덩이처럼 송이송이 맺혔다.

산당화 꽃방울이 발갛게 앵돌아져 입술을 열려고 방싯방싯 한다.

앵초도 질세라 보랏빛 숨긴 꽃대궁을 내밀었다.

이 모두가 연아를 향한 그리움 때문이다.

'록산느의 탱고', 연아의 점프가 떠오른다.

'종달새의 비상', 연아의 트리플 루프가 떠오른다.

5월의 종달새 노고지리는 보리밭에서 갑자기 공중으로 솟구쳐 올라 '노골노골 지리지리' 우는 새다.

연아도 노고지리처럼 솟구쳐 점프한다.

솟구친 연아는 노랑무늬흰붓꽃처럼 허공에 피었다가 미끄러지듯 착지한다.

얼음판의 한 지점에서 외발로 몸을 회전시키는 연아의 스핀spin, 스핀하는 연아의 얼굴은 루비처럼 고고하다.

'박쥐 서곡'은 깜찍발랄하다.

'미스 사이공'은 애절하다.

본드걸로 변신한 연아를 보라.

'제임스 본드 메들리'가 빙판에 흐른다.

연아퀸은 어느새 섹시모드mode로 탈바꿈하여 그 자신을 성숙시킨다.

연아는 섬세한가? 안무는 창의적인가?

그렇다. 벤쿠버 동계올림픽에서 연아가 소트 78.50 프리 150.06 총합 228.56으로 기록을 갱신하자 세계 언론은 감동적인 비유로

영롱한 찬사를 쏟아냈다

한국서 온, 살아 숨 쉬는 예술품.

눈 달린 생명체라면 시선을 거둘 수 없는 장면.

100m를 8초에 달린 듯 …… 마법에 홀린 것처럼. 감히 범접하지 못할, 단 하나의 흠결도 없는, 상상할 수 있는 그 이상.

이 얼마나 아름다운 스피드입니까!

여왕 폐하 만세.

스케이팅은 바람처럼 빨랐고, 착지는 깃털처럼 부드러웠다.

이 모두가 영롱한 비유였다.

연아가 전설로 가는 마지막 길을 걷고 있다.

연아는 은퇴 이벤트 아이스쇼에서 푸치니의 오페라 '투란도트' 중 '공주는 잠 못 이루고'로 영원히 떠났다.

떠나는 연아의 마지막 곡목이 '공주는 잠 못 이루고'라니. 그 의미가 심장하기 그지없어 마냥 슬프다.

꽃잎나비 연아아가씨가 갔다.

2014년 5월 4일 아이스쇼를 마지막으로 트리플 살코도 얼음무대에 내려놓고 갔다.

그 점프의 비飛거리도 허공에 걸어놓고 갔다.

'아디오스, 연아, 그라시아스 (안녕, 연아, 고마워)'

어쩌랴, 회자정리會者定離, 만나는 자 이별이 이미 정해져 있는 것을.

연아가 갔다고 내가 면벽 10년으로 소일할 수는 없다.

서울운동장을 준마처럼 내닫던 차범근의 질주가 떠오른다.
그 질주의 허벅지와 종아리 근육에는 때를 만난 종마의 쾌속이 있었다.

자정도 넘은 시간, 메르데카배 축구.
참호 속에서 보초를 서며 들킬세라 숨죽여 듣던 60년대 중계방송도 들려온다.

1960년대를 지나 50년이 훌쩍 넘은 지금 내 순정이 가여웠는지 홀연 나타난 손세이셔날 날두 홍민. 나는 즐겁게 두근거린다. 그 뿐만이 아니다. 프리메라리가에는 이승우, 백승호, 이강인, 김영규 등등 10대 유망주가 즐비하다. 간간이 들려오는 그들의 소식에 귀를 쫑긋하는 일도 스포츠 세월을 낚는 노년의 묘미다.
늙은이가 두근거리는 일은 아무래도 심상찮다.

서울 운동장에 차범근과 이회택이 있었던 것처럼 장충체육관에 가면 박신자의 터닝슛과 김추자의 드리블이 있었다.
장충체육관에 가면 WBC 슈퍼밴텀급 챔피언 염동균의 경쾌한 스탭이 있었다.
세월이 가고 박신자도 가고 김추자도 가면서 서울운동장 장충체육관의 관중석 대신에 나는 티브이를 마주한 중년의 시청자가 되어 있었다.
월부로 흑백 티브이를 부랴부랴 산 것도 토요일밤(?)의 권투 때문이었던가?

생각나는 것이 자꾸 생각난다.

문리대 체육대회였을 것이다. 어느 과와 붙었던 시합이었더라?

하여간 나와 이아무개는, 이름 두 자만 말하면 아, 할 사람, 그와 나는 당연히 같은 국문과 팀이었다.

이아무개가 드리블하며 질주하더니 왼쪽 코너모서리에서 완벽한 크로스를 올렸다. 그 순간 골문을 향해 달려들어 다이빙 헤딩슛, 골인 시킨 쾌감과 감격은 50년이 지났어도 생각나는 내 스포츠사의 한 장면이다. 아마추어 축구에서 그런 크로스와 그런 헤딩슛 골인의 확률은 평생에 한 번 있을까 말까다. 물론 그것은 나에게 두 번 다시 찾아오지 않았다.

내가 축구를 그만둔 것은 서른여덟(?)의 축구 시합에서 기어이 힘줄이 끊어졌기 때문이었다.

사나이라면 몇 년 정도는 축구계에 발을 디뎌야 한다.

주먹만 한 고무공으로 축구하던 소년 마니아는 손으로라도 자판을 두드려 공을 차고 싶었다.

늙었으니 어쩌란 말이냐. 가슴으로라도 축구 야구 농구는 해야 할 것 아니냐.

그래서 가슴으로 축구했다. '유월이 타고 남은 것'은 2002년 월드컵 4강을 쓴 내 축구소설이다.

내가 가장 싫어하는 낱말은 '문약文弱'이다. 어깨는 조붓하고 팔자걸음을 걸으며 풍월을 읊으면서 문자를 희롱하는, 조선조 선비 샌님

스타일, 이거야말로 혐오의 대상이다. 김홍도의 씨름에 나오는 '불끈 용력'은 없어도 용납할 수 있지만 기개 없는 유약은 죽어라 비호감이다.

모든 스포츠 종목은 저마다 특이한 기술적 폼이 있다.

축구의 슛 동작이 아름다우면 공도 아름다운 궤적을 그리며 골문을 향한다.

농구의 드리블 슛도 마찬가지다.

세이버 스케이트를 타던 내 친구는 농구에 축구에 육상에 못하는 게 없었다. 그중에서도 그만이 구사하는 아름다운 드리블 슛, 그 폼에 푹 빠져 그 친구의 그것을 몰래 익히느라고 보름도 넘게 농구장에서 살았던 시간이 그립다.

어쩌다 문리대 농구대표로 뽑혀 농대와 붙었다.

우리팀의 누군가가 자유투를 얻었다.

177센티, 178센티라면 60년대 키로는 엄청난 장신이다. 나보다는 적어도 10센티 이상 크다.

농대에 그런 장신이 세 명(?)이나 있었다. 우리팀의 자유투가 링을 맞고 튕겨져 나왔다. 프리드로 라인 뒤에서 서너 걸음 떨어져 있던 나는 달려들어가는 속력과 탄력으로 솟구쳐 장신들을 제치고 공을 잡았다. 내 앞을 가로막은 장신 수비수들의 숲, 나는 '페인트 모션'으로 그들을 속이며 링을 향해 공을 던졌다. 골인. 이 장면은 아무래도 유언으로 남겨야겠다.

젊은 날의 축구 농구를 생각하면 그런 류의 동영상(?)이 떠오른다.

동영상은 내 늙은 피를 펄펄 끓게 한다.

청년시절의 그런 쾌감은 늙은이를 몇 해 더 살게 하는 에너지다.

누가 야구를 따분하다 하랴.

유년 시절, 나는 열심히 각목을 구하러 다녔고 부엌칼로 다듬어 어설픈 수제手製 야구방망이를 만들었다. 그러다보면 키친kitchen에서 가장 요긴한 부엌칼의 이빨이 두어 개 빠지는 건 당연지사였고 부엌칼 보기를 황금처럼 여기는 쉐프 엄니가 나를 그냥 둘 리가 없었다. 일껏 깎아놓은 야구방망이는 내가 만든 아픔이었다. 엄니는 그것으로 나를 응징했다.

어쩌다 연식정구공 하나가 생기면 배꼽을 뚫고 솜을 넣어 야구공으로 대신했지만 방망이로 몇 번만 맞으면 정구공은 찢어지고 만다. 대한체육회의 지원도 받지 못하는 열악한 동네 야구단의 따라지신세는 속만 상할 뿐이다. 글러브는 언감생심 생각도 못했고 방망이도 그렇고 공도 그렇고 아무래도 '야구'는 눈물을 머금고 이별해야 했다.

야구계에 우연히 잠시 복귀한 적이 있다.

그때는 내 시력이 많이 떨어져 있던 무렵이었다. 대학 교양과목 체육 시간에 사학과의 동기생 왼손잡이가 던진 광속구를 포구하려다가 이마에 맞아 운명할(?) 뻔한 참사가 있었다.

지금 메이저리그의 투수들은 웬만하면 150km대의 속구를 던진다. 나에게 던진 녀석의 속구는 어림짐작으로 80km대(?)였던 것 같았는데 아마추어의 투구로는 왜 광속이 아니랴. 두 번 죽을 일 있다더냐. 우연찮은 복귀무대는 그걸로 끝, 이었다.

나는 가끔, 조카가 얻어다 준 야구공 두 개와 방망이 하나를 꺼내 쓰다듬곤 한다.

하나는 한화 시절의 류뚱 사인 공이고 다른 하나는 김태균의 사인이 있는 공이다.

방망이는 장종훈 사인 배트다.

공의 실밥을 어루만지며 직구 흉내도 내고 슬라이더를 던지는 척도 하면 유년시절이 다가와 아는 척한다. 방망이를 들고 휘두르면 젊은 날의 어깨가 다가와 말을 건다. 나는 금세 싱싱해진 것처럼 으쓱거린다.

색색가지 헝겊이 든 보퉁이를 들고 돌아다니던 육이오 직후의 슬픈 '미친년'들이 생각난다. 몬스터 류뚱 현진이 나오는 날이면 내 영혼도 보퉁이 하나 들고 메이저리그 스타디움을 돌아다니는 미친놈으로 변신한다.

추추트레인 신수가 나오는 날에도 나는 다시 보퉁이를 들고 돌아다녀야 한다.

생면부지의 커쇼와 푸이그에 빠져 손뼉을 치는 것도 다 류뚱 때문이 아닌가.

2013년 10월 15일. 월드시리즈로 가는 길목, 챔피언십 시리즈에서 엘에이 다저스는 세인트루이스와 7전 4선승제를 치러야 했는데 다저스의 좌완 에이스 커쇼도 졌고 우완 에이스 그레인 키도 졌다. 3차전에서도 진다면 만사휴의였다. 3패 뒤에 내리 4승을 한다는 건 현실적으로 불가능한 드라마였다. 그러나 반전의 스토리를 쓰려면 반드시 3차전의 승리가 절실했다.

이 절체절명의 3차전 마운드에 오른 다저스 투수가 류뚱이었다.

상대투수는 사이영상 후보에까지 오른 웨인라이트.

류뚱은 1회부터 혼신의 힘을 다해 던졌다. 한 회, 한 회, 또 한 회.

다행히 다저스의 타선이 터져 2:0으로 앞선 상황에서 류뚱은 드디어 7회 투 아웃에 이르렀다. 세인트루이스 주자 한 명이 1루에 있는 상황. 그리고 그때, 세인트루이스의 강타자 맷 애덤스가 들어섰다. 애덤스에게 홈런이라도 한 방 맞는다면 동점이 될 판이었다.

포커페이스 류뚱의 얼굴에도 지친 기색이 역력했다.

감독 돈 매팅리가 마운드로 올라갔다.

주자가 있는 상황에서 위험한 강타자가 등장했으니 매팅리는 교체하고 싶었으리라. 그러나 류뚱은 던지겠다고 하는 뜻을 보였다. 당신이 감독이라도 그 순간엔 투수의 뜻을 존중할 수밖에 없었을 것이다.

류뚱은 던졌다. 온몸으로 온 생애를 던지는 것처럼 보였다. 한화를 떠나는 마지막 경기에서 10승을 올리기 위해 연장 11회(?)까지 던지던 그때의 그 간절한 집념이 서린 표정이었다. 아니다. 그 이상의 무언이었다.

마침내, 류뚱은, 맷 아담스를 삼진 아웃시키고 7회를 마쳤다.

7회까지 안타 3개와 볼넷 하나만 허용한 필사적인 역투였다.

류뚱의 심폐소생술이 다저스를 기사회생시킨 것이다.

내가 어찌 류뚱에게 내 노년을 맡기지 않을 수 있으랴.

류뚱, 내 노년을 책임져라. 나는 내 노년을 정부에 맡길 수 없다.

추신수가 1억 3천만 달러에 텍사스로 이적했다.

홈 개막전을 치른 텍사스는 필라델피아 필리스와 개막 3연전을 가졌다.

결과는 2승 1패 위닝 시리즈.

1차전은 양 팀 모두 화끈한 타격 쇼를 펼친 끝에 필라델피아가 승리를 가져갔고, 2차전과 3차전은 '텍사스'가 역전 끝내기 승리를 거뒀다.

이 3연전에서 추신수는 2번의 끝내기에 모두 관여했다.

2차전에서 추신수는 3타수 2안타 2사사구로 5번 가운데 4번 출루하는 활약을 펼쳤는데, 7회에는 안타로 출루해 동점 득점을 올렸고 9회에는 볼넷으로 걸어 나가 벨트레의 끝내기안타 때 결승득점을 올렸다.

2014년 4월 3일 3차전.

전날에도 9회에 출루하여 끝내기 득점의 주인공이 됐던 추신수는 이날 3-3으로 맞선 9회 1사 만루에서 타석에 나섰다.

경기를 끝내기 위해 등판한 상대는 통산 286세이브의 투수 조나단 파벨본이었다.

경험이 풍부한 파벨본도 적잖이 흔들리고 있었다.

추신수는 경이로운 인내심을 발휘했다.

1구에 헛 스윙한 추신수는 2구 볼을 골랐다. 3구는 파울.

볼 카운트가 몰렸지만 추신수는 냉정과 열정 사이를 오가며 섬뜩할 만큼 공을 골랐다. 떨어지는 변화구에도 속지 않았다. 파벨본은 궁지에 몰렸다.

마침내 풀카운트. 286세이브의 파벨본도 '끝내기'의 공포를 느꼈을 것이다.

파벨본은 최후의 6구를 던졌다. 추신수는 바깥으로 빠지는 빠른 직구에 미동도 하지 않고 밀어내기 볼넷을 골라냈다. 3루의 주자는 환호하며 홈베이스를 밟았다.

ESPN이 말했다. 텍사스 역사상, 1999년 이후 15년 만에 나온 '끝내기 밀어내기'였다, 고.

파벨본은 생똥을 싸지 않았을까? 추신수도 오줌을 지리지 않았을까?

싸지도, 지리지도 않았다면 둘 다 담대한 영웅이다. 나 같으면 공포를 못 이겨 싸고 지렸을 것 같다.

그것은, 전율이 느껴지는 '끝내기 밀어내기'였다.

나는 남몰래 야구에 미친 충청도 하루방이다!

그렇게 내 노년은 아롱아롱 흘러가고 있다.

내 어깨는 강했다. 1963년 1월, 대학입학시험, 던지기 측정에서 내가 던진 공은 1급 합격 거리를 벗어나 까마득히 날아갔다. 측정관의 놀란 탄성이 쟁쟁하다.

"쬐그만 놈이 멀리도 던지네."

50견은 치유했지만 그 후유증인지 이제 내 어깨는 머리칼을 잃은 삼손이다. 물론 멀리 던질 일도 없다. 류뚱의 사인볼을 만지작거리며 늙은이 어깨로 살면 누가 무어라 하리. 그러나 조금은 설핏 쓸쓸하다.

내 100m 기록은 14초 6(?)이다.

1963년 1월, 대학입학시험에서 죽기 살기로 세운 기록이다.

체육복도 없던 시절, 한겨울 추위에 기록을 내려고 얼굴에 철판 깔고 속옷 빤쓰 바람으로 내달려 얻은 100m A등급 기록이다.

스피드는 겨우 보통을 상회하는 편이었지만 내 지구력만큼은 수준급이었다.

군대의 구보 행군 훈련에서도 뚝심 하나로 나는 으레껏 선두에서 잘 놀았다. 말하자면 축구선수 이영무나 박지성처럼 줄기차게 달리는 스타일에 가깝다.

키 작은 중학교 1학년 꼬마 때, 교내 체육대회에서 학급대표 마라톤선수로 뽑혀 뛴 일이 있다. 운동장 열 바퀴를 뛰는 3,000m 중거리였지만 아마추어들은 그걸 마라톤으로 치부하곤 했다.

나는 보기 좋게, 아니 보기 흉하게 꼴등으로 골인했다. 엄밀히 말하자면 기권자가 많았으므로 꼴찌는 아닌 셈이었지만 완주자들 중에서는 최하위였다.

그러나 내 꼴찌가 어때서!

굵직굵직한 2학년 3학년 선배들과 겨루는 마라톤이었고 나는 성장판이 채 열리지 않았던 꼬마 소년이었다. 모두가 결승선을 통과한 뒤에도 나는 한 바퀴를 포레스트 검프처럼 혼자 돌았다.

포기할 용기마저 없어서 버얼건 얼굴로 뛰던, 그 고독한 한 바퀴의 부끄러움이 지금도 생생하다.

나는 천부적으로(감히 이런 표현을 하다니) 스프린터는 아니다. 지구력으로 승부를 걸던 시절의 마라토너 체질이라고 할 수 있다. 아니, 그것도 아니다. 나는 극한의 고통을 즐기는(?) 변태적 저항을 지향하고 있었다. 어떻든 지독한 참을성과 견딜성은 나만의 브랜드였다.

중학교 3학년이 되어서도 나는 여전히 작았다.

산내면 솥 공장까지 뛰어서 갔다 오는 마라톤 체육시험이 있었다. 나는 처음부터 2등을 하기로 작정했다. 시골에서 온, 체격 좋은 반장 녀석이 잘 뛰는 것을 알고 있었으므로 그 녀석만 뒤쫓기로 마음먹었다. 나는 죽자 사자 그 녀석의 꽁무니를 좇으며 구린내를 맡았다. 나는 결국 의지의 2등으로 골인했다.

고등학교에 올라가서 유성까지 갔다 오는 릴레이 마라톤에서는 학급 대표로 뛴 일도 있다. 이게 내 마라톤 역사의 거의 다다.

마흔 몇 살이라면 한창 장년이 아닌가. 그럼에도 불구하고 40대에 접어들면서 '내 마라톤은 보는 마라톤'으로 옮아갔고 보는 마라톤은 다시 '쓰는 마라톤'으로 변신했다.

오이스키 오이코세. '따라가서 앞지르라'는 마라톤을 소재로 중도일보에 연재했던 내 중편소설이다.

'따라가서 앞지르라'는 메이지유신 이래로 일본이 외친 국가적 슬로건이었다.

일본의 생각이 말했다. 우리 일본은 지금 서양의 물질문명을 따라가고 있는 형편이다. 그렇지만, 일본은 자기최면을 걸어 외쳤다. 일본이여, 오이스키 오이코세. '따라가서 앞지르라'.

1992년, 스페인의 바르셀로나 올림픽에서 황영조는 모리시타를 앞세우고 줄곧 2등으로 따라갔다. 40km를 200m쯤 앞둔 몬주익 언덕에서 황영조는 일본이 줄창 되뇌던 '따라가서 앞지르라'라는 그들의 슬로건을 토씨 하나 고치지 않고 그대로 코리아의 슬로건으로 만들어 버렸다.

몬주익 언덕 내리막길에서 황영조는 솟구치듯 모리시타를 제치고 마지막 2.195km를 내달려 2시간 13분 23초의 기록으로 우승했다.

마라톤 중계가 있기 한 시간 전부터 나는 밤잠을 쫓기 위하여 목욕재계에 버금가는 큰 세수를 하고 결가부좌하듯 앉아 티브이를 노려보고 있었다.

황영조가 우승할 것 같은 예감은 단순한 소망이 아니었다.

바르셀로나 올림픽 2년 전 무렵부터 기록 상승을 보이다가 2시간 10분 벽을 깨고 마침내 8분대로 들어선 황영조의 기록을 바탕으로 예감한, 짐승의 후각 같은 것이었다.

황영조가 모리시타를 뒤로 제치고 달리기 시작하던 찰나의 전율을 어찌 잊으랴.

그 감동을 주체하지 못해 애초에 쓰려던 사랑이야기를 에라, 나는 미련 없이 팽개쳤다. 몸소 달리지는 못 할망정 쓰지도 못할쏘냐.

게다가 우연한 기회에 알게 된 일본의 슬로건 '따라가서 앞지르라'는 바르셀로나에서 벌이는 황영조와 모리시타의 한일 마라톤 드라마 제목을 위해 태어난 것이다, 라고 생각했다. 그 순간, 나는 침을 꿀꺽 삼켰던 것 같다. 결국 '따라가서 앞지르라'는 내가 마라톤계를 떠나는 이별의 이벤트 소설이었던 셈이다.

시력이 떨어지면 야구 같은 것은 자연스레 실전 기피종목이 되고 만다.

내 눈앞에 가까이 다가와서야 그 실체를 드러내는 야구공의 스피드를 어찌 감당할 것인가. 오호통재嗚呼痛哉라, 이것도 내 스포츠 운

명인 것을. 탁구공이야 맞아도 죽지 않겠지만

잘 가게 야구여, 아디오스 아미고! 나는 야구공에 눈물 발라 처연히 작별했다.

사나이라면 낯선 술집에서도 외상술 먹을 지략과 배짱이 있어야 하고 물에 빠지면 적어도 '사람 살려!'세 번은 외칠 만큼의 수영은 할 줄 알아야 한다. 나는 신탄진 강을 평영으로 도강한 기억이 있다. 그러나 젊었을 때 고생한 중이염 때문에 그예 자유형은 포기하고 말았다. 자맥질도 포기했다. 그래도 물에 빠지면 개구리 뒷다리 영법으로 100미터쯤은 헤엄칠 것이다.

아내가 여섯 달째 탁구 핑퐁을 치러 다닌다.

지금은 나 역시 핑퐁을 치러 다니는 포레스트 검프다. 이제 마악 두 달째로 접어들었다.

초보를 면하면 점잖게 table tennis 탁구를 칠 생각이다. 어쩌면 탁구가 늙은 스포츠 마니아의 디세뇨에 숨어있는 마지막 풍경이 될지도 모른다, 는 생각을 하면서.

소년이노탁구난성少年易老卓球難成	소년은 늙기 쉽고 탁구는 이루기 어려우니
일촌광음불가경一寸光陰不可輕	짧은 시간이라도 가벼이 여길 수 없다.
세월부대인歲月不待人	세월은 사람을 기다리지 않고
성년부중래盛年不重來	젊은 날은 두 번 다시 오지 않는다.

지랄 같은 세상, 핑퐁아, 이 늙은 세월을 모셔라.

2014년 5월 10일, 보스턴을 상대로 던진 텍사스의 투수는 일본인 다르빗슈였다.

다르빗슈는 퍼펙트게임을 향하여 던지고 있었다. 그러나 7회에 우익수 리오의 어이없는 실책으로 퍼펙트는 허무하게 날아갔다.

그렇지만 아직 노히트 노런이 남아있었다.

9회 말 투아웃. 아웃카운트 하나만 잡으면 다르빗슈는 대기록의 감격에 젖을 수 있었다. 그런 찰나, 보스턴의 마지막 타자 데이빗 오티즈가 우전 안타를 쳤다.

텍사스의 추신수 때문에 보던 경기였지만 그 순간, 나는, 다르빗슈의 모진 운명에 눈을 질끈 감고 싶었다. 야구를 아는 사람은 안다. 퍼펙트와 노히트노런이 얼마나 이루기 힘든 기록인가를, 투수라면 누구나 갖고 싶은 평생의 명예라는 것을.

울지 말아라, 다르빗슈. 나에겐 그대를 위해 흘릴 눈물이 없다.

스포츠는 전율의 찰나를 선물한다.

전율은 황홀의 또 다른 말이다. 나는 아직도 황홀경의 마니아다.

제 6 장

오늘도 젓가락질 하다가 콩자반을 놓쳤다

노년의 항구에 정박했다. 엉뚱하게도 제일 먼저 쌀밥이 떠오른다.

나는 지금 일 년에 서너 번 정도 쌀밥을 먹는다. 죽을 때 데리고 갈 병 하나가 그 원인이다.

그러나 노년의 항구에서 쌀밥이나 회상하는 건 아무래도 한가하다.

쌀밥 이야기는 잠시 뒤켠에 밀어놓자.

우리나라에 시조가 있다면 일본에는 하이쿠가 있다.

시조보다도 더 짧다. 가히 일본적인 축소지향이다. 접시에 다꾸앙 몇 조각 놓인 것 같다.

문학적 재기가 번뜩이는 하이쿠도 많고 생의 본질을 날카롭게 파헤친 하이쿠도 많다.

촌철살인의 하이쿠도 많다. 그런 하이쿠는 유명한 셰프의 별미를 맛보는 것처럼 입맛을 다시게 한다.

작은 제목으로 짙게 쓴 문장 몇 개는 '**하이쿠**'다.

지금부터 세상의 풍경도 휘휘 둘러보고 인생 요리도 곁들여 먹어 보자.

❖뻐꾸기가 밖에서 부르지만 똥 누느라 나갈 수가 없다

오랑캐꽃이 말했다. 나는 조국을 위해서 오랑캐가 되었다.
개고기가 말했다, 나는 조국을 위해서 탕이 되었다.
미친년이 말했다. 나는 조국을 위해서 머리에 꽃을 꽂는다

꽤 오래 전부터 선생이나 아버지, 늙은이를 가리켜 학생들은 꼰대라고 불렀다.

꼰대는 학생들의 은어였다. 그러나 최근에는 아예 '소통되지 않는 사람'을 가리켜 이죽거리는 말로 쓰인다.

하느님은 하나의 실체實體 안에 '성부와 성자와 성령'의 세 위격位格으로서 존재한다.

가톨릭에서 말하는 그 절대신비가 '삼위일체' 교리다.

나는 37년 동안 선생이었고 현재 진행형 아버지이며 또 늙은이다.

그러니까 나는 영락없는 삼위일체형 절대신비 꼰대다.

보수와 진보는 ○X 패거리로 나누어야 할 개념이 아니다.

꼰대 같은 보수도 있을 수 있고 갈짓자로 걷는 진보도 있을 수 있다.

그런데 왜 대한민국의 노인들은 선거 때만 되면 유난히 꼰대 같은 보수 성향을 보이는 것일까?

프랑스의 시인 폴 발레리가 꼰대들에게 옐로우 카드를 내밀었다.

'생각대로 살지 않으면 사는 대로 생각하게 된다.'

합리적인 의문도 금기의 성역으로 다스리는 나라.

인간의 삶 그 자체가 호모 폴리티쿠스Homo politicus 정치적 인간인데도 불구하고 정치적인 생각의 본질을 마음대로 재단하는 나라.

사대강의 재앙, 원전에 대한 자유로운 토론, 빈부의 양극화, 역사 청산, 사법 정의, 언론 자유, 부정 불의와 같은 문제들이 쓰레기더미처럼 쌓여 썩고 있는 나라.

이것은 대한민국이 해마다 토해놓는 고백록이다.

싱카포르의 리콴유가 세상을 떠났다.

그가 이룩한 인공人工을 예찬하는 이들도 많다.

자유를 원하는 건 사람들의 오해라고 종종 말했다는 리콴유.

그것을 리콴유의 위대한 리더십, 공功이라 하자.

그러나 길바닥에 쓰레기 하나도 없는 무결점 청결의 도시, 돈이 있어도 소유 허가가 있어야만 차를 살 수 있는 나라, 조선시대의 태형제도가 있는 나라, 공식적인 성매매가 없는 나라, 이런 나라가, 우리가 꿈꾸는 낙원이라면 숨 막혀 질식할 것 같다.

낙원 건설에 흥분한 나머지 영혼이 없는 나라를 건설한 건 아닐까?

입속에 고인 침을 뱉기 위하여 기차를 타고 깊은 산골까지 가야한다면 나는, 길바닥 어딘가에 침을 뱉고 벌금을 내고 말 것이다. 리콴유는 내가 바라는 리더십의 모범이 아니다.

치킨호크Chickenhawk는 미국의 정치 관련 속어로 매의 흉내를 내는 닭을 가리킨다.

겁쟁이이면서 군대 경험이 없는 정치가, 관료, 평론가들이 호전성을 보일 때 쓰는 조롱이다.

근래에 들어 치킨 각료들이 벙커에 호크처럼 모여 앉아 국가 안보회의를 여는 광경을 연상하면 병역면제자 대통령의 '안면 박살 예상 격발 자세'가 오버랩된다.

병무청에 따르면, 일반 국민의 병역 면제율은 6%대다. 재벌가 자제들은 5배가 넘는 33%이고 19대 남성 국회의원의 면제율은 21%다.

고위관료들의 병역면제 또는 병역특혜에 렌즈를 들이대면, 우리들의 조국 대한민국은 '군자의 나라'다. 한 발 더 나아가 위대한 '똘레랑스의 나라'이기도 하다.

레테의 강이라도 건넜는지 '용서를 사랑하는 망각의 나라'라고 해도 손색이 없다. 대통령에서부터 시작하여 국무총리 아니면 국정원장, 대통령비서실장 모두가 병역면제자들이다. 하다못해(?) 여당대표나 안보전략비서관까지도 군대를 안 가 본 사람들이다.

'이상한 병역면제자'라는 '주홍글씨'를 가슴패기에 달고 다녀야 할 자들은 한결같이 고위층 자리를 떠억, 하니 차지하고 앉아있다. 대한민국 국민들은 '군자증후군' 환자들이다. 대한민국 국민들은 '똘레랑스증후군' 환자들이다.

용서할 서恕라는 글자를 파자破字하면 같을 여如와 마음 심心이다.

상대방과 같은 마음의 상태가 되는 게 용서라는 개념이다.

'주홍글씨'도 읽지 못하는 까막눈이 아니라면 '살찐 놈 따라 붓는다'고 될 수만 있다면 누구든지 기회주의자가 되고 싶은 내적 갈망이 국민들을 '불법에도 눈감아 주는 관용주의자'로 만들고 있는 것이리라.

왜 의무에서 도피한 범법자들을 우물쭈물 용서하는 것일까?

병역면제의 사유도 기기묘묘하다.

폐결핵으로 면제 받았거나 허리디스크, 골수염 아니면 근시로 면제를 받는다.

듣도 보도 못한 만성담마진으로 면제 받은 자도 있다.

만성담마진은 쉬운 말로 두드러기다. 가장 흔한 피부질환 중의 하나라는데 이것으로 면제 받은 사람은 365만 명 중에 4명이라 한다.

무슨 병으로 면제를 받았든지 간에 면제만 받고 나면 그들은 정상적인 삶을 산다. 검사도 되고 국회의원도 되고, 보온병 포탄 놀이에 종북몰이 놀이도 한다.

그들은 마술사다. 어떻든 이들은 국가의 '공증을 받은 병신'들이다.

군대를 갔다 온 '씩씩한 용사'들이 '병신'들의 지배를 받는 나라가 대한민국이다.

비정상의 정상화가 끊임없이 반복되는 나라, 주홍글씨의 주인공들이 득세하여 활개 치는 나라, 그 나라가 바로 The Republic of Korea이다.

병역 회피, 논문 표절, 탈세, 투기, 위장전입, 불법 상속, 본인 또는 자녀들의 미국 국적 취득은 우리나라 장차관들을 비롯한 '윗대가리' 1~3%들의 청문회 쟁점 단골 메뉴다.

그때마다 나는 나에게 말한다.

35개월 동안 쫄병 노릇을 하다가 제대한 나는 뭐지?

표절 한 번 못한 나는 뭐지?

위장전입 한 번 못해보고, 투기 한 번 못해보고, 탈세 한 번 못해보고 …….

나는 뭐지? 도대체, 나는 뭐지?

멍청하게, 바보처럼 법과 규칙을 지키며 살아온 97%~는, 대한민국에서, 도대체, 뭐지?

총리를 또 새로 뽑아야 하는 시점이다.

그러자 2015년 5월 22일의 뉴스 하나가 대한민국 지도층의 자화상을 그려냈다.

총리 후보자 100명은 거개가 구정물 같은 삶을 사는 자들이었고 인사 검증 자료의 두세 번째 장만 넘기면 자동적으로 탈락할 대상자들이었다. 검증망을 피할 수 있을 만큼 깨끗하게 산 대한민국의 60대 이상 지도층은 거의 없었다.

법조인들과 정치인, 고위 공직자 출신들은 특히 심각했다. 검찰 고위직과 법원장 출신 변호사들은 너나없이 고액 수임료를 받아 전관예우 논란의 소지를 안고 있었고 현직 정치인들이나 정치인 출신 중에서도 총리 청문회를 통과할 인물이 드문 실정이었다.'

이게 대한민국 지도층이자 권력층인 1~3%의 쌩얼이다.

어느 나라엔들 악성이 없으랴만 이쯤 되면 바이러스 집단이나 마찬가지다.

이런 악성 바이러스 박멸은 투표밖에 없다.

선글라스에 빨간 모자 쓰는 패션쇼로는 박멸할 수 없다.

자신이 97%~의 무지랭이인 줄도 모르고 1~3%의 권력을 위하여 선거 때마다 꼰대가 되는 꼰대들.

플라톤의 말처럼 정치에 참여하지 않는 사람에게 주는 가장 큰 벌은 가장 저질스러운 인간들에게 지배당하는 것이리라.

'오래 살게 되더라도 늙지는 마십시오.'

알베르트 아인슈타인의 완곡한 표현이지만 이 말도 결국 꼰대가 되지 말라는 소리다.

봄은 봄대로 범상치가 않고 갈 여름 겨울도 새삼스럽다.

노인에겐 비 뿌리고 눈 내리는 하루하루가 그저 담담히 보내도 좋을 여느 손님이 아니다.

올봄 앵화꽃은 작년 같지 않고 올봄 낙화는 더 유난스럽다 여기는 게 노년의 심사다.

나라 흘러가는 꼴이 술 취한 지읏 자 같다. 하수상하다는 말은 쓰기조차 싫다. 고려조에도 그런 시절이 허다했고 조선조에도 걸핏하면 시절이 하수상했다.

대한민국에서 노년을 보내기가 이리 힘들 줄은 몰랐다.

가슴속은 실타래마냥 얽혀 답답하고 블랙홀처럼 휑하다.

많은 이들의 입에 오르락내리락하는 춘래불사춘 그대로다.

호지무화초胡地無花草 춘래불사춘春來不似春.

오랑캐 땅인들 화초가 없으랴만 봄이 와도 봄 같지가 않다.

오랑캐 땅은 왕소군이 시집갔다는 흉노 나라가 아니다.

지도의 외진 곳에 따로 있는 땅도 아니다.

정의와 법도와 상식이 사라진 땅이 바로 오랑캐 땅이다. 나라의 평안과 개인의 행복이 무관한 것이 아니라면 적어도 내 경우엔 올봄도 춘래불사춘이다.

인면수심에 무지막지를 곁들여 권모술수로 떡칠하는 정치판은 혐오스럽기 그지없다.

조선조 노비에겐 세 가지 선택지가 있었다.

1. 노비를 숙명으로 받아들이고 개나 소처럼 살든가

2. 도망치거나 사회질서 전복을 꾀하며 적극적으로 저항하든가

3. 경제적 성장을 활용하거나 군공을 세우든가 하여 합법적인 면천을 도모하든가, 였다.

인구의 절대 다수가 평민이나 노비 같은 하천민이었던 조선에서 노비들은 신분 해방을 꿈꾸었다. 그들은 그들의 꿈을 이루기 위하여 시대를 넘어 인고의 시간을 건너왔다.

권내현의 '노비에서 양반으로, 그 머나먼 여정'은 신분 상승에 성공한 한 노비 가계의 이력을 다룬 책이다.

노비였던 수봉은 하천민이라는 가계를 지우기 위해 무려 200년이라는 세월을 엮어나갔다.

이 과정에서 본관을 바꾸는 모험도 감행했고 양반의 가족문화를 적극적으로 수용하기도 했다니 의미가 심장深長하다.

전체 인구 중 10%에 불과했다던 양반, 숙종조 무렵엔 1% 아니 많아야 3%였다는 양반.

그런 1~3%의 양반이 97%~의 민중을 개 잡듯이 몰아치며 조

선조 519년을 거들먹거리며 살았다니 복장 터질 노릇이다.

힘깨나 쓴다면 누구라도 청석골 임꺽정을 꿈꾸었을 것이고 동학 혁명의 전봉준이 되고자 했을 것이다.

양반은 아직도 살아 꿈틀거리는 계급이다.

유전자변이를 거듭하여 그들은 새로운 시대를 살아간다.

대한민국의 양반 계급은 돈과 권력이다.

노동자를 노예라고 한 관료도 있는 세상이니 말해 무엇하겠는가.

평등한(?) 민주 세상을 다행스러워 할망정 자신의 가문이 양반이었다고 자랑할 일은 아니다.

양반은 극소수에 불과했다. 숙종조 무렵에 1~3%였다면 오늘날의 97%~는 몇 세대에 걸쳐 끊임없는 신분 세탁을 하고 호적을 리모델링한 하천민이었다는 논리가 성립된다.

왕후장상영유종호王侯將相寧有種乎 왕후장상이 어찌 씨가 (따로) 있을 것인가.

인간은 본래 평등한 것이지만 평등하지 않은 시간은 길고도 길었다. 아니 지금도 비평등은 여전히 진행 중이다.

> 「한 집에 기백명의 노비를 둔 집도 많았다. 예를 들면, 신사임당을 비롯하여 다섯 자매가 부모 재산을 분배한 분재기分財記에는 162명의 노비가 있었다. 퇴계 이황 집안에도 367명의 노비가 등장한다. 서애 유성룡 집안에는 임진왜란 이후에도 노비가 146명이나 남아 있었다.」 (정연식 지음 '조선시대 이야기 2'에서)

종 없이는 결코 우아하게 살 수 없었던 양반. 양반을 존엄하게 살

수 있게 한 노비 제도.

사대부의 손과 발이었던 종, 상전의 수족에서 나아가 때로는 상전의 몸 자체가 되어 짐승처럼 존재했던 종. 그런 시대에 생존했기 때문에 신사임당, 이황, 유성룡 같은 당대의 지식인들도 146~367명의 종을 부리고 살았던 것이다.

신사임당에게 아녀자의 숙덕淑德이 있었다하더라도 그녀가 그 시대의 법도를 무시하고 사내종 계집종을 마냥 인간답게 대우할 수 있었을까?

신사임당도 5만 원짜리 지폐 속에서 살다보면 5만 원짜리의 풍속도에 맞춰 처신할 수밖에 없으리라. 그 시대의 사랑은 그 시대의 가치관으로 주고 받는다.

그 시대의 법도는 그 시대의 생각으로 지켜가는 것이다.

오늘의 대한민국은 조선조 신분사회를 대물림한 것처럼 권력을 움켜쥔 정치인, 관료, 돈을 움켜쥔 재벌들이 1~3%의 양반 행세를 한다. 행세를 하는 것도 모자라 대물림하려고 아예 굳히기에 들어갔다. 병역 회피, 미국 국적 취득, 탈세, 투기, 위장전입, 불법 상속, 이런 것들이 1~3%의 굳히기 작업 사례들이다.

S.존슨이 말했다.
"죄를 짓고 얻은 권력이 선한 목적으로 사용된 적은 없다."

내 노년의 하루 민낯은 심심풀이 땅콩과 더불어 지내는 일이다.

내 심심풀이 땅콩이란 게 뭐냐 하면 대략 이런 것이다. 책 읽기, 글쓰기, 일주일에 사나흘 핑퐁 한 시간, 때때로 컴퓨터 바둑 두세 판, 어쩌다 술 한 잔, 아침엔 야구 보고 밤에는 달 보고 …… 땅콩의

가짓수가 제법 많다.

꼰대가 되지 않기 위해서, 나는 책읽기 땅콩을 가장 고소한 심심풀이로 여긴다.

2차 세계대전 말기, 반파시즘 저항운동에 참여하다가 체포당해 아우슈비츠로 이송당했던 작가. 화학공장이 붙어 있는 제3수용소에서 노예보다 못한 일상을 보냈다는 작가. 자신이 체험한 공포를 사실적으로 묘사하면서도, 특유의 절제와 위트를 잃지 않았다는 작가, 그의 이름은 프리모 레비다.

'이것이 인간인가'의 작가. 이탈리아를 대표하는 작가 프리모 레비가 말했다.

'책을 읽고 난 다음엔 반드시 덮어라. 모든 길은 책 바깥에 있다.'

그렇구나. 그런데 아직 '이것이 인간인가'를 읽지 못했으니 어쩐다? 제목만 보고 지레짐작하지 말고 어서 땅콩이나 구할 일이다.

'이것이 인간인가'의 인간이 되고 싶은 노인은 없을 것이다.

솔로몬 말대로 노년의 삶, '이 또한 지나가리라.'

르 끌레지오가 말했다. "후회하는 것은 두 번 실수를 저지르는 짓이다."

노인은 지난 일을 후회할 필요도 없다. 할 수만 있다면 '창문 넘어 도망친 100세 노인'이 되는 게 좋다. 아무리 힘들어도 노년의 하루하루가 '이반 데니소비치의 하루' 같기야 하겠는가.

정치인의 초대를 받고서 썼다는 '쇼세키'의 하이쿠가 통쾌무비하다.

'뻐꾸기가 밖에서 부르지만 똥 누느라 나갈 수가 없다.'

빼꾸기는 정치인을 가리키는 은유다. 쇼세키가 누고 있는 똥은 바로 '정치인'이다.

빼꾸기가 밖에서 부르지만 나 역시 똥 누느라 나갈 수가 없다.

❖미역국이 주인을 만나자 얼굴이 붉어졌다

누가 쌀밥의 유혹을 두려워하랴.

태어나서 최초로 빠는, 엄마의 젖은 '먹거리'인가?

물도 먹거리의 범주에 들어가는 것인가?

먹을 수 있는 것, 먹는 것은 다 '먹거리'의 개념에 넣어야 하는 것인가?

안데스 산맥에 추락한 비행기의 생존자들이 죽은 사람의 살점을 먹고 살았다면 시체의 살점도 '먹거리' 인가? 그 경우는 어쩔 수 없이 '그렇다'인가?

아기에게 엄마젖보다 더 좋은 먹거리는 있을 수 없다.

조제분유는 소젖에 있는 단백질이며 식물의 기름, 비타민, 무기질 따위를 혼합한 것에 지나지 않는다.

엄마의 젖은 아기의 성장에 따라 성분이 변화한다.

처음보다 나중에 나오는 엄마의 젖에는 지방이 더 많다.

엄마의 젖은 추운 날에는 열량이 더 높게 분비된다.

엄마의 젖에는 아기에게 필요한 수많은 성분들이 들어있다.

그러므로 분유회사에서 결코 만들 수 없는 게 엄마의 젖이다.

♂♂♀♂ ♀♂♂♀. 내 어머니는 이렇게 여덟 남매를 낳았다.

♂♂는 어려서 일찌감치 죽고 내 위로 ♀가 죽고 내 아래로 ♂가 죽고 ♀♂♂♀만 살아남았다. 살아남은 ♀♂♂♀ 중에 세 번째 ♂가 나다.

올해가 병신년 원숭이해인가? 나 역시 갑신甲申년 원숭이띠다.

원숭이처럼 새까맣고 쭈글쭈글하니 못생겼던 애.

큰고모의 머릿속엔 내가 그런 캐리캐처의 아가로 들어있다. 그러면서 나를 줄창 '히데오'라고 불러댔다. 히데오는 수남秀男의 일본식 발음이다.

재수 옴 붙었다. 거친 표현이지만 이건 하 기가 막혀서 내가 나한테 던지는 말이다.

글쎄, 나는 엄니의 젖을 한 방울도 못 먹었다 한다.

응아, 하고 태어나서 새빨간 얼굴로 울고 나면 맨 먼저 젖부터 빨아야 하는 것 아닌가. 근데 여덟 남매 중에 나에게만 젖 한 방울 안 물렸다니. 오, 말도 안 돼. 왜, 나만 그래야 했지?

하기야 두 형님과 남동생은 이미 아가 때 유명을 달리했고 바로 위 누나 역시 어려서 죽었으니 속된 말로 4남매만 살아남은 반타작인데 날 살려준 것만도 감지덕지해야 할 일이다.

어머니가 나에게 말한 적이 있다. "너는 젖 대신에 암죽 먹고 컸어."

젖이든 암죽이든 아무튼 나는 기억이 없다.

대가리가 웬만큼 큰 뒤에야 나를 낳을 무렵에 어머니가 유종乳腫을 앓았고 그것이 젖을 물릴 수 없었다는 까닭이었다는 걸 알았다.

그래서, 그래서 …… 뭐? 난, 젖 한 방울 못 먹었다.

암죽은 또 뭐야? 김아무개의 유아기乳兒期 수난사에 나오는 질문이다.

솥에 쌀을 안칠 때는 물을 약간 넉넉히 부어 밥이 한소끔 끓고 나서 위에 있는 물을 떠내어 밭치는데 그게 밥물이다. 그 밥물에다가 미리 만들어 둔 백설기 가루를 넣어 뭉근히 끓이면 그게 암죽이다. 그러니까 이 세상에 얼굴을 내밀면서 내가 처음으로 만난 '먹거리'가 암죽이었다는 것이다.

쌀밥은 나를 개무시했고 능멸했다.

다가오는 척하다가는 절교 선언을 했고 한때는 접근 금지 명령을 내린 일조차 있었다.

1971년 3월에 제대했을 때, 귀가한 그날부터 그러니까 거의 내 생애 27년 세월이 흐른 뒤에야 내 밥상에 쌀밥이 오르는 일상이 자리 잡았고 비로소 쌀밥과 나의 관계 개선이 이루어진 셈인데 내가 태어나자마자 젖빨이의 과정을 건너뛴 채 쌀밥이 쌀밥답지 않게 암죽의 형태로 다가왔다는 것 그것이 나를 개무시한 최초의 사건이라 할 수 있다.

이유야 어찌 됐든 나는 암죽에 대해서 관용을 베풀 마음이 없다.

그래서였을까, 나는 커가면서 먹긴 먹으면서도 죽이라면 죽어라 싫어했다. 어쩌다 만나는 팥죽은 새알심이 때문에 조금 예외였지만.

여덟 살, 아홉 살, 열 살, 열한 살. 손가락을 꼽아봤자 열두 살 겨울에 돌아가신 어머니는 나에게 푸짐한 한가위와 신명나는 설날과 쌀밥을 그다지 많이 주지 않았다.

다섯 살부터 쳐도 고작 7년 세월, 더구나 육이오 직후의 가난뱅이 시절을 건너왔으니 무슨 기름진 추억거리를 줄 수 있었으랴.

생사를 넘나드는 전쟁도 빼고 판잣집 피난살이도 빼고 뭐 빼고 뭐 빼면, 한가위가 와도 설날이 와도, 하루하루는 온통 무채색이었던 것을. 그래도 간당간당 남아있는 기억의 한 조각, 명절날의 앨범, 그 유년의 열락을 끌어안으면, 지지고 굽고 끓이고, 더러더러 뭔가가 있긴 있었다.

휘영청 배부른 달. 콧구멍에 흘러들어오는 참기름 냄새.
가만히 귀 기울이지 않아도 들려오는 것들.
자글자글 끓는 것. 지지는 것, 볶는 것, 도마질하는 것.
도란도란, 까르르 화사한 목소리들.
윗목에 개어놓은 추석빔. 물에 담겨있는 쌀.
무나물, 도라지나물, 숙주나물.
엇비슷하게 썬 대파.
쇠고기. 잡채. 토란. 발목이 묶인 암탉.
쌀밥. 쇠고깃국. 생선전. 애호박전. 산적. 나박김치.
사흘만 지나면 언제 그랬냐는 듯 다시 무심해지는 일상들.
퀭한 눈으로 껄떡거리며 다가오는 날들.
잠시 머물렀다 가는 한가위의 수채화.
아, 그런 날이 있었다.

잘 지어진 쌀밥 한 숟가락이 내 입안에 들어와 혀와 스킨십을 하는 그 순간의 '격렬한 고요'.

이 가련한 그리움을 과연 간직해야 할까?

쌀밥 말고, 사랑할 무엇이 더 남아 있을까?

기름기가 잘잘 흐르고 게다가 고슬고슬하기까지 한 쌀밥 한 그릇은 날 흥분시킨다.

버얼건 쇠고깃국이 김장 겉절이와 함께 밥상 위에 올랐다면 난, 말할 수 없이 황홀한 식욕을 일으킬 것이다.

내가 아프리카의, 어린 사자 새끼였다면 어미의 발밑에서 톰슨가젤의 넓적다리 살에 이빨을 꽂았겠지. 1800년대 프랑스의 깡촌 루르드의 어느 가난한 농가의 주근깨 소년이었다면 어땠을까?

어두침침한 등불 아래에서 기껏해야 마른 빵을 곁들여 으깬 감자요리를 먹으며 불만스러운 표정을 짓고 있겠지. 그러다가 기어이 엄마한테서 지청구를 먹을 것이다.

"올리비에, 넌 아까부터 왜 그렇게 께지락거리고 있지. 감자를 그렇게 증오스럽게 쳐다보다니!"

" ……."

"우리 처지에 살진 거위의 간으로 만든, 부드러운 푸아그라 요리는 추수감사제 때나 겨우 구경하는 거다."

매양 그런 것은 아니지만 밥맛이 없을 때 나는 부러 끼니를 늦춘다. 그러면서 속으로 나에게 중얼거린다. 밥맛이 없다구? 1950년대, 네가 아홉 살이나 열 살이었던 때로 돌아간다면 그래도 밥맛이 없을까? 그러다가 나는 나에게 다시 반박한다. 있을 수 없는 if 따위를 내가 왜 상상해야 되지? 그런 가난은 이제 죽기 전까지 영원히 오지 않아. 나는 가난과 배고픔이 주는 밥맛을 더 이상 맛볼 수 없을 거야.

쌀밥만 보면 텅 빈 뱃속의 배고픈 손짓은 숟가락에 정박한다.

간장이든 고추장이든 반찬은 중요하지 않았다. 밥을 거들어주는 최소의 임무를 부여받은 반찬이면 족했다. 그러니까 쌀밥만 있으면 맨 간장 하나로도 거뜬히 해치웠다. 고추장에 쓱쓱 비벼먹어도 한 그릇은 금세 거덜났다. 실파를 송송 썰어 곁들인 달래간장이라면 최고급이다. 고추장 다섯 숟가락이라면 두 그릇도 너끈할 것이다.

배를 곯지 않는 지금은 내 밥상에서 고봉쌀밥이 사라졌다.

밥그릇도 작아졌다.

찬밥 남을 겨를이 없어 삼시 세끼 뜨거운 밥상을 받았던 그 시절로 가고 싶다.

해놓은 지 오래된 전기밥솥 밥은 누렇다.

바구니에는 빵과 과자가 가득 담겨져 있다. 라면도 있다. 그러나 그건 내가 즐겨 먹을 것이 아니다.

앉으면서 오늘 저녁의 식탁을 일별했다.

식탁은 프리메라리그가 열리는 잔디구장이 아니다.

그러니까 메시도 없고 호날두도 있을 리 없다.

축구코트가 아닌즉 반찬 배열의 시스템이 4-4-2인지 4-2-3-1인지를 볼 필요도 없다.

오늘의 원톱 포워드는 돼지고기 한 점도 넣지 않고 멸치를 넣어 끓인 것, 바로 김치 비지찌개다.

깍두기에 붉은 총각김치에 김장김치 나박김치가 미드필더 3인방처럼 자리 잡았고 나머지 면면도 아침 메뉴 그대로다.

애기배추 된장국, 언제나 새카만 김, 어리굴젓에 멸치볶음.

매실청을 섞고 참기름을 떨구고 마늘을 다져넣은 고추장.

파프리카와 비트도 초대 받았단 말인가. 그것들은 반찬도 아닌 것이 반찬인 양 뻔뻔히 한 구석을 차지했다. 밥은 잡곡밥, 뭐 그런 식이다.

김치 비지찌개를 덜어 담은 그릇에 깍두기 총각김치 국물을 떠 넣으며 말했다.

"김치 비지찌개엔 역시 고기를 안 넣는 게 좋아."

미역국을 먹을 때도 나는 으레껏 깍두기 국물을 두어 숟가락 떠 넣는다.

김장김치 국물과 깍두기 국물은 둘 다 새큼한 듯하지만 그 맛은 미묘하게 다르다.

옛날에는 미역국에 고추장을 풀곤 했는데 고추장을 넣으면 국물이 맑지 않고 얇지도 않거니와 텁텁한 듯 투박하다. 어느 날부터 나는 미역국에 총각김치나 깍두기 국물만 쓴다.

미역국은 비로소 '붉은 얼굴'이 된다.

영국의 한 대학에서 종교학 과목 시험이 있었다.

'가나의 혼인잔치에서 있었던 예수님과 포도주의 관계에 대해 그 영성적 의미를 쓰시오.'

모두들 열심히 답을 써내려 가는데, 한 학생만은 창밖을 바라보며 생각에 잠겨 있었다. 시간이 마구 흘렀는데도 그 학생은 한 줄도 쓰지 않았다. 그를 바라보던 교수가 시간이 얼마 남지 않았으니 빨리 쓰라고 독촉했다. 그래도 그 학생은 말없이 창밖만 바라보았다.

시험 종료 시간이 끝나갈 즈음 교수가 그 한심한 학생에게 다가가 조용히 말했다.

“단 한 줄이라도 쓴다면, 낙제는 면하게 해주겠네.”

그러자 그 학생은 딱 한 줄을 적고 나가버렸다.

‘물이 그 주인을 만나자 얼굴이 붉어졌다.’

훗날 영국최고의 시인이 된 바이런의 답안지였다.

교수가 바이런의 답에 A를 주었다든가 그 시의 원작자가 17세기 영국 시인 리처드 크래쇼Richard Crashaw 1612 ?-1649였다든가, 옥스퍼드 대학에서 있었던 일화라느니 켐브리지 대학이었다느니 그런 것은 이 에피소드의 본질이 아니다. 스스로 지었든 찾아냈든, 생각의 끝에서 캐낸 바이런의 그 포착이 기막힌 것이다.

바이런의 흉내를 내보자.

‘미역국이 주인을 만나자 얼굴이 붉어졌다.’

김치 비지찌개엔 멸치를 넣어야 한다.

“나도 그래요.”

아내와 나는 아주 쉽게 의견의 일치를 본다.

나이가 들면 식성이며 취향이 ‘담백’으로 기운다.

“빵이 없으면 케이크를 먹으라 하세요.”

마리 앙트와네트가 정말로 그런 말을 했을까?

거리에서 굶고 있는 아이들을 보고 신하에게 “저 아이들에게 브리오 슈(프랑스의 빵. 계란과 버터, 크림 등이 들어간 둥근 빵)를 주세요.” 했다는 말도 있는데.

사발에 담긴 한 끼니 쌀밥을 바라보는 소년의 눈매에 서린 그윽한 오매불망.

만나려 했건만 만날 수 없었던 그리움. 마침내 원망과 증오의 경계에까지 도달한, 형언하기 힘든 유년의 세월을 고백하고 싶은 듯한 그 애잔함. 그것은 코리아의 50년대와 60년대가 준 형벌이다.

우리에겐 부끄러운 과거가 많다. 현재도 그 부끄러움은 여전히 진행형이다.

쌀 생산량이 부족해서 자급자족량을 확보할 때까지 소비량을 줄이자, 아껴야 한다, 라고 하면 될 것을. 60년대 정부는 쌀의 가치를 폄하하고 혼분식을 강제로 장려하면서 보리와 밀가루를 일등 먹거리로 추켜세우고 홍보했다. 성서를 읽기 위해서 촛불을 훔치는 식이다. 쌀 소비량을 줄이려고 쌀밥을 망신 주는 그런 치졸한 방법을 썼다. 그건 사기였다.

지금은 먹방시대인가? 아침부터 저녁까지 티브이는 먹는 얘기를 내지른다.

대한민국의 행마行馬와 운명이 기로에 있는데도 국가의 중대 이슈는 주마간산격走馬看山格이고 먹방과 교통사고와 화재사고와 장바닥 소문 같은 일상사 뉴스로 국민의 감각을 저급하게 마비시킨다. 스포츠로 중독시켰던 80년대 수법과 같다.

식량주권을 뼈대로 삼는 농업정책은 시급한 시대적 과제다.

쌀밥의 임종을 지켜볼 수는 없다.

흰쌀, 현미, 보리, 서리태콩, 좁쌀, 귀리. 내 밥의 곡식들이다.

이제, 쌀밥을 향했던 기나긴 내 사랑의 여정을 끝내야 할 것 같다.

10년 전 어느 날, 몸에 까닭 하나가 생긴 탓이다.

의사가 나에게 말했다. "잡곡밥을 …… 드세요."

제노는 일 년에 서너 번 내 밥상에 쌀밥을 차린다.

내 생일날 아니면 저 날, 이 날 아니면 그 날이다. 오늘은 그 날인가?

"오랫만이야 쌀밥."

그 말 끝에 쌀밥을 물끄러미 바라보며 나는 티베트 불교의 고승처럼 묵언수행한다.

김사인의 시 '좌탈坐脫'에 나오는 시구처럼 '고요히 몸을 벗었다'의 때가 되면 나도 쌀밥과 함께 세상을 다녀가겠지.

❖모두 거짓말이었다며 봄은 달아나버렸다

태어나면서 처음 운 고고성呱呱聲은 알 수 없는 인생 좌표를 향해 출범한다는 뱃고동 소리였던가?

자, 만고강산 유람하자, 그렇게 떠났던 배가 어느 늙음의 기항지에서 닻을 내렸다.

쥘 베른이 지은 '80일간의 세계 일주'가 떠오른다. 내 인생 여로도 마치 80일간을 작정하고 떠났던 것 같다. 하루가 일 년, 그런 셈법으로 치면 '80년간의 세계 일주'다.

낯선 세계의 둘레길, 기항지의 풍경을 익히는 하루하루는 쑥스럽고 부끄럽다.

인생은 천차만별 가지가지, 호사스런 크루즈여행도 있겠고 작은 목선 아니면 거룻배를 타고 건너는 생애도 있었으리라. 내가 타고 온 배는 어떤 것이었을까, 황금빛 저녁노을을 가득 받고 미끄러지는 황포돛배였을까. 그러나 그런 상상은 로맨틱한 수묵담채화일 뿐이다.

늙은 시간의 낯선 며칠 낮밤을 어설프게 보냈던 것 같다.

기이한 듯도 했고 근사한 듯도 했고 아무튼 처음 겪는 일들이 일상사처럼 생겨나기 시작했다.

나는 어떤 전환점에 서있는 것인가?

내 노인의 시작은 언제부터라고 해야 할까. 예순일까, 일흔일까?

내 노인은 몇 년쯤 숙성된 와인이라고 해야 하나?

그때 이후로 내 인생엔 커다란 반전이 있었다, 라고 말할 만큼 지금이 바로 그런 찰나의 길목인가?

그렇다 치자. 그런데 어떻게 무엇을 해야 하나? 그저 어리바리하기만 하다.

늙어서 할 일이 무에 그리 많겠는가? 늙어서 도모할 게 무에 그리 많겠는가?

흐르는 세월에 유유한 척 몸을 맡기고 김수남식 '유위자연有爲自然'으로 살자.

그랬더니 웬 걸, 그런 생각도 일찍이 노자장자가 설파했다는 사실을 발견했다.

'장자의 무위無爲는 문자 그대로 아무것도 하지 않는 것이지만 노자의 무위無爲와 자연은 고도의 유위有爲를 내포한 것이다.' (전호근 지음 '장자강의'에서)

인생의 단계는 유소청장노幼少靑壯老.

드디어 마지막 정거장 노老에 이르렀다.

또래의 늙은이들과 파한破閑을 공유하려는 시도도 부질없는 일이다.

늙었다는 사실 하나만으로 동류항인 것은 아니다.

오랜 만에 파한破閑 삼아 바둑이나 한 판 두어볼까 싶어 기원엘 갔다.

논두렁에 모여든 개구리처럼 기객碁客들 거개가 귀 밑에 서리 내린 노인들이다. 개구리끼리 모이면 가갸거겨 개골개골 우는 게 순리련만 어째 쉬이 내키질 않는다.

"한 판 두실까요."

웬 노인이 바둑을 청하면서 대뜸 묻는다.

"연세가 몇이신가요?"

젠장, 바둑 한 수 두는데 웬 주민등록번호?'

뜨악했지만 대꾸는 했다.

"해마다 바뀌다 보니 지꾸 잊습니다."

그러다가 덧붙였다. "늙으면 모두 동갑입니다."

그가 다시 말했다.

"그냥은 싱거우니 천 원짜리 방내기나 둡시다."

바둑에선 10집을 한 방이라 한다.

그러니까 11집을 지면 2천 원이고 91집 이상을 지면 만 원이다. 보아하니 바둑 급수가 센 듯하다.

촌년이 늦바람나면 속곳 밑에 단추를 단다더니 돈맛에 혀가 닳았는지 초면에 내기하잔다. 눈깔이 곪아 터질 늙은이다. 노년의 강을 함께 건너자며 뱃사공 행색을 하고 있지만 이 늙은이는 사오정 같은 물귀신일지도 모른다. 삼장법사를 모시고 서역을 향하는 노년의 길에서 만난 요괴 같다.

내 심사는 심드렁하다. 그런 비非평정심으로 어찌 이길 것인가. 그래서, 졌다.

노인인 듯 노인 아닌 노인 같은 내가 공연스레 낯선 부두 주변을 배회하다가 아까운 파한을 도둑맞고 말았다.

샌드아트Sand Art를 아시나요, 그 화려한 드로잉 테크닉을 보신 일이 있습니까?

샌드아트는 모래그림이다. 모래예술이라고도 한다. 틀린 말은 아니겠지만 나는 그것을 보는 순간 그냥 모래장난이라고 말해버렸다. 폄하하거나 무시하는 표현은 아니다. 우리네 인생이 본시 모래장난 같은 것 아닌가. '벌거벗은 임금님'이라고 외친 아이의 눈처럼 보이는 그대로 말한 직서적 표현이다.

샌드아트Sand Art, 모래예술이란 말은 그럴 듯하게 표현한 문화적 포장이다.

요즘에 나대는 문화적 언어를 보면 편하지가 않다. 네일 아트Nail art라는 것도 있다.

'타투'라고 불리는 문신도 있다. 바야흐로 타투도 이제 몸에 새기는 패션 또는 예술로 자리 잡았다. 조폭의 팔뚝과 등짝에서 살던 타투가 슬그머니 보통사람들의 살갗을 파고들더니 아트로 승격했다. 타투+아티스트, 타투이스트도 생겨났다.

모래아트든 손톱아트든, ~아트 ~아트를 싸잡아서 나는 문화적 언어라고 말한다.

인간은 어디까지 장난을 칠는지, 돈을 만들어 경제라는 시스템을 만들고 축구 야구에 골프니 하는 온갖 스포츠를 만들어 연봉이다 상금이다 어쩌구 하면서 돈을 접목시켰다. 아니, 인류가 사냥해서 먹고 씨 뿌려 가꾸어 먹고, 그렇게만 살아왔다면, 그렇게만 살아간다면 스포츠로 밥 먹고 사는 스포츠 노동자가 어찌 생겨났을까.

이야기가 너무 확대되는 것 같아 줄이겠다.

말의 개념에 대한 호불호好不好는 그만두고 하여튼 나는 내 입맛대로 모래장난이라고 부른다.

커피 찌꺼기를 이용해서 모래장난처럼 그림을 그리기도 한다. 재료가 모래에서 커피 찌꺼기로 바뀐 것일 뿐 행위는 마찬가지다. 그럼 이번엔 또 찌꺼기 Art가 되는 건가?

사실은 샌드아트Sand Art, 모래장난, 그 손가락 마술 같은 황홀한 형상화 작업에 흠뻑 빠져 언뜻 그런 생각을 했다. 손재주가 놀랍다, 참 아름답다. 그런데 그 근사한 모래그림들이 금세 사라진다는 것은, 허망하고 안타깝다.

인생은 정말이지 저 샌드아트, 모래장난 같은 것이다.

다시 태어난다면, (이런 상투적인 if를 생각하다니! 삼신할머니 부뚜막신 도깨비들이여, 부디 나를 긍휼히 여기시라.) 난 무엇을 할까? 욕심껏 세 가지만 꼽아 보자.

한 생애는 목수로 살고 싶다. 한 생애는 화가로 살고. 또 한 생애는 천리포 수목원 설립자 민병갈 선생처럼 나무를 가꾸며 살고 싶다. 아서라, 망상!

샌드아트 모래장난을 부러운 눈으로 바라보았던 게 다 그런 내 내면의 지향 때문이었던가.

인생도 모래장난이라면 얼마나 좋으랴.

알 수 없는 분노, 술맛도 때때로 시들해지고, 그렇게 세월은 유수처럼 흘렀다.

작년 그러께에 고희를 지났으니 이제 비로소 나는 '명실공히' 노인의 반열에 든 셈이다.

어떤 명경지수明鏡止水에 내 영혼을 비추어야 무아無我를 깨달으랴?

'지금 이 순간이 내게 남은 시간 가운데 가장 젊은 날임은 분명하다. 그러나 내가 살아온 날들 중에 가장 성숙한 날이라고 단정 지을 순 없다.' (한겨레 만평 '생각줍기'에서)

아아하, '생각줍기'의 촌철살인 한 마디가 아프기 그지없다.

예컨대 면천의 두견주며 완주의 송학백일주도 잘 익어야 명주의 계보에 오르는 법이다. 누룩과 잘 어우러진 술내음처럼 내 인품이 고졸古拙의 격조를 갖추었다면야 무얼 더 바라랴만 살림 못하는 년이 거울만 본다더니 아무래도 내세울 만한 처지는 못 된다. 나는 지금 가장 성숙한 날을 살고 있는 것일까?

아니다, 아니다. 달걀 같이 조마조마한 세상, 호박처럼 모나지 않게 살아라, 는데 젊어 성깔이 어디로 가겠는가. 숙성의 경지에 이르기라도 한 것처럼 나는 그저 아만我慢에 취해 있을 따름이다. 나는, day dream에 빠져 멍 때린 것 같이 두어 시간을 보냈다.

거짓말이다, 올해도 핀 저 앵초꽃.
거짓말이다, 앨범 속의 저 청년.
거짓말이다, 나는 늙은 여자를 사랑했던 적이 없다.

모두 거짓말이었다며 봄은 달아나버렸다. What shall I do?

달아나 버린 봄, 그 자리에 서서 나는 지나간 청춘과 열정과 허무한 거짓말을 물끄러미 바라보고 있다.

❖난 혼자요, 하고 말하자 여인숙 주인이 숙박부에 그렇게 적었다 이 추운 겨울밤

처형에게서 얻어온 문주란이 10년 만에 꽃을 피웠다.

일어나자마자 다가가 보고 잠들기 전에 또 눈길을 주고. 문주란의 맑은 살내를 맡는다.

어둠 속에서 문주란 살내에 귀 기울이는 노인의 밤이 하염없이 깊어간다.

퇴직하던 해 봄부터 나는 조촐한 뜨락을 일궈 야생화와 꽃나무를 가꾸기 시작했다.

도돌이표 같았던 37년의 월급쟁이 청산 기념 프로젝트였다.

전라도 담양의 삼재골 농원은 두 번이나 다녀왔다.

붉은 색 '으아리'와 청보라 '구페어', 적홍황 '쇠비름채송화'와 남보라빛 '배풍등이'며 빨간 '골무꽃'은 다 그곳에서 사다 심었다. 분홍 '솔나리'와 '달맞이꽃'은 청주 태극농원에서 구했고 '술패랭이'와 '애기부채붓꽃', '처녀치마'와 '흰무늬노랑붓꽃'은 친구의 농원에서 구했다.

노은동 월드컵 경기장 앞에 늘어선 야생화 농원에서도 무언가를 대여섯 포기 사다 심은 것 같은데 희부연히 가물가물하다.

그런데 그만 몇 년 사이에 내가 다 절멸시키고 말았다.

'하루 종일 부처 앞에 기도하며 모기를 죽이다' 라고 한다더니 꽃을 좋아한다며 꽃 죽이기를 능사로 삼았으니 저승의 법정에 설 일만 남았다.

'으아리'와 '흰무늬노랑붓꽃'과 '애기부채붓꽃'을 빼고는 심어놓은 야생화 모두가 죽었다.

'황제의 꽃'도 죽었고 '애기 석류'도 죽었고 '노보단'과 '애기 부용'도 죽었다.

'흰뻐꾹나리'도 죽었고 '솔잎도라지'도 죽었고 '애기용담'도 죽었고 '꽃딸기', '애기코스모스', '할미꽃', '애기도라지'도 죽었다. 토종 '패랭이꽃'도 죽었다.

방성대곡을 할 염치도 없다.

야생화 등록부를 만들다 말았기 때문에 이제는 무엇이 죽었는지 당최 기억도 할 수 없다.

오오, 용서하시라, 꽃이여.

채마밭을 일구노라 눈물을 머금고 캐낸 것도 있다.

천리향도 캐냈고 치자도 캐냈다. 대문만 열면 이 두 낭자가 바람에 방향芳香을 실어 나르곤 했는데 그 아름답던 향기는 봄이 와도 없다. 춘래불사춘.

홍천조紅天鳥 홍매도 캐냈고 설중매도 캐냈다.

소한부터 곡우까지 스물네 번 바람이 불어옴에 따라 봄꽃들이 차례로 꽃을 피우고 이 스물네 번의 화신풍花信風 중에 맨 먼저 등장하는 매화. 그 매화 없으니 스물네 번 바람의 첫째 바람 화신풍은 우리 집 뜰에 불어오지 않을 것이다.

붉은 원추리는 40년 전에 황간 성당에서 한 포기 얻어온 것인데 열 댓 포기로 늘어나 노랑 원추리와 짝을 이뤘다. 노랑 달맞이꽃은 부여에서 한 포기 얻어온 것인데 지천으로 불어나 분홍 달맞이꽃과 눈을 맞춘다.

아무래도 욕심이 하늘을 찔렀던 것 같다.

좁아터진 뜰에 무얼 그리 많이 심겠다고 그러했는지.

비운다고 비워지랴, 마는 이제는 산목숨 몇만 거느리고 단출히 노년세월을 나려고 한다.

앵초꽃 하늘거리고 홍매 설중매를 대신하여 산매山梅를 입양했으니 이만하면 심복心腹을 두드릴 만하다.

가을이면 층꽃나무가 보라색을 층층이 탑처럼 세울 것인즉 본존여래불 아미타불 공경하듯 합장심으로 바라보면 또한 아니 좋으랴.

한 동안은 이름도 모른 채 안면만 익히던 것들이 많았는데 이제는 모두 다 통성명했다.

붉은 원추리가 붉은 원추리인 줄 알기까지 30년이 걸렸고 앵초가 앵초인 줄 통성명한 것도 거의 6년 만이었다.

통성명하려고 미성숙 컴퓨터 시절부터 '우리꽃 백 가지 1과 2', '우리나무 백 가지', '꽃을 꽃이라 부를 때', '한국의 새', '비무장지대 들꽃', '비무장지대 곤충' 등, 이것저것 책을 구해 탐문했지만 책은 책일 뿐 꽃과 사람의 소통은 사진만으론 될 수가 없다. 산에서 익히고 들에 가서 익히고 실제로 만나 이야기를 나누어야 통성명이다.

나는 김 아무개, 당신은 누구 …… ?

저는 앵초에요, 나는 솔나리에요, 그렇게 마주보고 인사를 나누어야만 비로소 동무가 되는 것이다.

노랑철쭉과 흰 철쭉과 진달래 세 그루는 우리집 꽃식구의 백미다.

내 노년의 향유는 이 세 그루만으로도 '띵호아 쉐쉐'다.

희귀종인 노랑철쭉은 노랑저고리에 초록치마를 입은 색시처럼 화려 단아하다.

마흔 살 중년의 흰 철쭉은 넉넉한 기품이 좋고 진달래는 햇빛 품은 한恨이 맑고 깊어 좋다.

진달래는 40년 전에, 제자가 분재로 심어 선물한 것이다.

굵은 철사로 칭칭 동여 팔을 비틀고 척추를 꺾어 휘고 다리를 구부려 결박한 몰골이었는데 나는 잔가지 두어 개를 부러뜨리면서까지 그 족쇄를 풀어 맨땅에 심었다.

나는, 인위적 불구의 미학, 분재의 부자유를 의식적으로 거부한다.

내 거부에 용기를 얻었는지 자리를 잡고 가지를 사방으로 뻗은 진달래는 40년 만에 헌헌대장부, 지사적 풍모로 봄 하늘을 우러른다. 통랑通郎한 꽃빛, 200 송이도 넘는 송이송이 단심이 마치 열다섯 살 계집애의 초경 의식儀式처럼 숙연하게 맺힌다.

진달래는 먹는 꽃 /사월 꽃 붉은 꽃
지리산 가야산 묘향산 /아무데나 올라가
꿈꾸듯이 불 지르는 /미친 내 누이
즈려밟고 가는 꽃 /바라보면 아린 꽃
죽고죽고 싶어도 죽을 수가 없는 꽃'

내 생애가 끝나면 '꿈꾸듯이 불 지르는 미친 내 누이'는 누가 돌볼까.

사라지겠지, 아니면 어디론가 흘러가는 유랑의 곡마단 외발 자전거 바퀴 같은 것이 되겠지.

원체 사람을 가려서 사귀는 탓도 있지만 몇 안 되던 술동무 글동무들이 많이들 세상을 떠났다.

주변이 스산하다. 남은 건 몇 포기 꽃과 나 하나뿐.

낯선 여인숙에 갈 일도 없겠지만 대답은 이미 궁리해 놓았다.

난 혼자요, 하고 말하자 여인숙 주인이 숙박부에 그렇게 적었다 이 추운 겨울밤

❖지는 벚꽃, 남은 벚꽃도 지는 벚꽃

소년이노발난수少年易老髮難守	소년은 늙기 쉽고 터럭은 지키기 어려운 것
수남백두진가련秀男白頭眞可憐	수남의 흰머리 진실로 가련하여
홀연궁즉차흑모忽然窮卽借黑帽	홀연히 궁리 끝에 검은 모자를 빌렸다

이백의 '장간행長干行'에 이런 말이 나온다. 견소이별다見少離別多. 만남은 적고 이별은 많다.

노년의 여생 하루하루는 '견소이별다見少離別多' 그대로다.

시끌벅적 파티며 모꼬지는 사라지고 독작獨酌만이 반려伴侶로 남는다.

쓸쓸해 할 것 없다. 그게 흘러가는 생의 굽이굽이 아닌가.

독작은 저승길 떠나기 위하여 낯선 세상을 맞는 오프닝 세리모니 같은 것이다.

독작은 슬픔인 듯 슬픔 아닌 황홀이다.

홀로 술기에 젖어드는 밤 시간은 장구치고 북치고 연출까지 맡은 나 홀로의 무대다.

몸은 겪은 것을 충실히 기억하고 필요하면 재생한다. 예컨대 몸으로 익힌 스포츠의 기술은 나이를 먹어도 되살아난다.

노인의 몸엔 기억의 더듬이라도 있는 것일까. 손에도 있고 발바닥에도 있고 머리칼이나 눈두덩이나 귀, 배꼽에도 있는 것 같다. 이 더듬이는 과거를 곧잘 찾아낸다.

예컨대 내 더듬이는 이렇게 과거를 찾아낸다.

강원도의 11월 추위는 엄동이다.

사단병력의 김장 사역병으로 차출되었던 날이 생각난다. 그건 재수 옴 붙은 거다.

배추 씻이조組에 들어가 봐라. 온종일 배추를 씻어 절단조에 넘긴다. 무와 배추를 자르기만 하는 절단조는 그래도 참을 만하다. 얼음처럼 차가운 강물에 맨손을 담그는 씻이조는 시리다 못해 아리다.

내 손의 더듬이는 용케도 그 시련과 고통을 기억해낸다. 발바닥은 또 굳은살을 생기게 한 일등병 시절의 못된 군화를 기억해낸다.

달콤한 것보다는 아프고 슬픈, 청춘시절의 기억들을 더 잘 찾아내는 더듬이들.

마취도 안한 채 생살을 꿰매던 왼손 엄지 손가락의 네 바늘과 왼쪽 눈 옆 세 바늘의 흔적은 알아보기도 어려울 만큼 희미해졌는데도 손이 그곳에 닿으면 다치던 상황과 치료하던 의사의 목소리까지도 생생히 되살려낸다. 왜 이리 여러 번 꿰맸단 말인가.

내 집 앞 골목에서 강도는 왜 내 정수리를 내리쳐 대여섯 바늘이나 꿰매게 했을까. 하마터면 죽을 뻔하지 않았던가. 이처럼 시시껄렁한 것도 이럴진대 고문을 당했던 사람들의 상처는 얼마나 깊은 각인일 것인가.

노년에 이르고 보니 어쭙잖은 것이 한두 가지가 아니다.

가늘고 성근 머리숱은 용모를 비루하게 만들어 놓았을 뿐 아니라 해묵은 서리 백발은 눈썹마저 덩달아 세게 했다. 구부정히 오래 앉았다 일어서려면 허리를 잘 다스려 비위를 맞춰야 '꼿꼿 대나무 걸음'을 내딛을 수 있다.

오줌 자주 마려운 삭뇨증도 낡은 전립선 아니면 방광 요도의 어느 구석이 까탈을 부리는 까닭이리라. 굵고 씩씩한 오줌줄기는 이래저래 흘러간 청년시절의 무용담이 되고 말았다.

젓가락 놀리는 근육이 어설퍼졌는지 콩자반을 놓칠 때도 있다.

콩자반이란 게 태생부터가 뺑돌거리는 반찬이긴 하지만 집다가 분명히 무르팍 어디쯤에 떨어뜨린 것 같은데 이놈이 누구를 능멸하려는지 걸핏하면 자취를 감춘다. 제노에게 칠칠치 못하다는 지청구 먹기 싫어 조심스레 눈치 못 채게 눈알을 굴리지만 도대체 행방이 묘연하다. 노년은 글쎄, 콩알 하나까지도 조롱하는 박제다.

참, '제노'는 아내의 가톨릭 세례명 '제노베파'의 준말이다.

지금껏 나는 '여보'라는 호칭을 써본 적이 없다. 장가를 들자마자 득달같이 입에 달았어야 했는데 그만 때를 놓치고 말았다. 어쩔거나, 이제는 겨드랑이도 간지럽고 겸연쩍어 못하겠다.

어디 그뿐이랴. 밥술을 조신하게 놀렸는데도, 이야기라도 할라치면 어느 새 밥알이 입 밖으로 튄다. 그러면 또 요것이 어디로 갔는지 종적 없기는 콩자반이나 매한가지다.

아흐응, 어흐응. 노인자하老人者何 노인이란 무엇인가?

작년 그러께 그그러께, 홍콩마카오 김대건 안드레아 신부 유적 성지순례 여행 중의 사고로 아랫니 세 개를 인공치아로 대체했는데 그것이 늙는 게임의 촉진 rule로 작용하는지도 모른다.

품위 없이 늙는다고 제노가 궁시렁거릴 것이 뻔해서 온몸을 더듬는데도 하늘로 솟았는지 바닥 어디에 달라붙었는지 밥알은 종내 찾을 길이 없다. 슬그머니 흘리지 않은 척 시치미를 떼는데 그러다가 몇 시간 아니 하루쯤 지나고 나서 손발을 놀리다 보면 스웨터의 팔꿈치 어디쯤가에서 말라붙은 밥알과 해후하기도 한다.

막걸리 마시는 술자리에서도 취흥 도도히 이야기 하다 보면 때때로 먹던 것의 찌끼가 튀어나가니 이건 또 무슨 꼬라지인가. 앞에 마주 앉은 사람은 내가 무안할까 싶어 모른 척, 하는데 이런 배려가 차마 면구스러워 몸 둘 바를 모르겠다.

애인은 없어도 장화는 있어야 했던, 대학 시절. 비오는 날 강의를 들으려면 비포장 진창길을 한참 걸어야 했다. 친구가 나에게 하던 말이 생각난다.

"넌, 흙탕길을 날아다니니?"

흙물 한 방울 안 묻힌 내 바짓가랑이가 경이로웠던가 보다.

그래, 그랬다. 젊어서부터 옷매무새 하나는 깔끔한 인테리어 같았다.

바지는 언제나 칼주름이었다. 무르팍 나온 바지는 입어본 적이 없다. 단벌치기로 버틴 대학교복은 졸업 때까지도 새것처럼 정갈했다.

그랬던 나, 김 아무개의 추잡한 저작詛嚼작용이 실로 이에 이르렀다.

내 양모께서, 여든이 넘어서부터, 틀니 때문이었을까? 어째서, 였는지 밥찌끼 묻은 숟가락을 된장찌개그릇에 담가 공유하고자 할 때는 얼마나 개운치가 않았던가.

아아, 그렇다. 늙으면 이도 빠지고 마침내 틀니도 하고, 잇몸도 부실해지고, 허술한 건축물처럼 여기저기 허점이 드러난다. 구강의 시스템이 이미 구차스러워진 탓이다.

닳아빠지고 헐거워지고 풀리고, 노년의 육체적 충실지수는 이제 따질 필요가 없다.

머리카락은 또 노인을 노인이게 하는 가장 큰 외형적 침몰이다.

두보 아니더라도 흰 머리털 긁으면 자꾸만 빠지나니 백두소갱단白頭搔更短을 막을 길 없다.

이럴 때가 아니다 싶어. 사전의료지시서 초안을 마련했다.

이제 '없음'으로 돌아갈 때다.

온전한 영혼으로 내 육체에게 명령한다. 고요히 가라.

존엄한 죽음은 내가 나에게 주는 마지막 경외심이다.

'없음'으로 돌아갈 방법은 이미 유념해 둔 바 있다. 불필요한 의술을 내 죽음에 보태고 싶지 않다.

위와 같이 내 생각을 간명히 밝힌 뒤 몇 가지 지시 사항을 덧붙였다.

무의식 상태가 되더라도 기도에 삽관하지 말 것. 기관지절개술이나 인공적 기계호흡을 시행하지 말 것. 항암화학요법을 시행하지 말 것. 인공영양법, 혈액 투석, 더 침습적인 치료술을 시행하지 말 것. 혈압상승제 투약이나 심장소생술을 하지 말 것.

끝에는 법적 효력을 발휘할 수 있도록 주소, 작성자의 주민번호, 서명, 날짜를 적었다. 공증도 받아 놓으려고 생각하고(?) 있다.

그러나 근본적으로는 사전의료지시서의 상황이 오지 않게 하려는 나만의 내밀한 유념이 있다. 이 유념은 나만이 간직한 것이기에 묻어둔다.

이 숲도 한때는 흰 눈이 얹힌 나뭇가지였겠지.

보문산이 날 바라본다/ 주막 아낙은 고추장을 새똥만큼 내왔다/ 그걸 멸치로 찍어 탁배기를 마셨다/

한 주전자가 텅 비어 가는데도 죽은 친구는 오지를 않고 나는 꼭 지나간 시간만큼 취했다/11월의 꽁지가 저만치서 흔들린다/ 나는 눈을 부릅뜨고 마지막 잔을 잡았다.

세상은 사흘 못 본 사이의 벚꽃. 너도 나도 지는 벚꽃, 남은 벚꽃도 지는 벚꽃

제 7 장

조선 선비들의 자기객관화, 아호의 인문학적 패션을 엿보다

최상의 사람은 가난을 편안하게 여긴다. 그 다음 사람은 가난을 잊어버린다.
최하등의 사람은 가난을 부끄럽게 생각해 감추거나 숨기고,
다른 사람들에게 가난을 호소하다가 가난에 짓눌려
끝내 가난의 노예가 되고 만다.
또한 최하등보다 못난 사람은 가난을 원수처럼 여기다가
그 가난 속에서 죽어간다.
이덕무, '청장관전서'의 「이목구심서(耳目口心書)

❖옛날 옛적에 519년짜리 아호마을 하나가 있었다

문득 엉뚱한 생각을 한 적이 있다. '조선 시대에 태어났다'면, 나는 대체 무엇이 되어 살았을까?

'어이, 선비는 어때?' 나는 곧 고개를 절레절레 흔든다.

성호 이익의, 여유당 정약용의, 율곡 이이의, 청장관 이덕무의, 호동 이언진의 외경스러운 경지를 어찌 감히 넘보랴. 그러나 안타깝다. 그들은 결국 어쩔 수 없이 조선이라는 □에 갇혀 囚처럼 살다간 선비들이다. 에이 쯧쯧, 조선은 애증의 나라다!

조선시대로 돌아가 산다면 한번쯤 선비로 살고 싶지만 한편으론 되고 싶지 않은 존재가 선비이기도 하다. 나는 선비를 조선 시대의 성리학적 스타일리스트로 여기지만 매력적인 '호모 사피엔스' 라고 생각하지는 않는다. 임꺽정처럼 야생野生의 저항으로 살다가 수십 개의 화살을 받는 최후는 얼마나 장쾌할 것인가, 그렇게 생각한 적도 있었으니까.

선비들이 금수저 은수저로 살았든 갈건포의로 살았든 나는 조선 사회를 넌지시 '아호마을이라 부른다. '아호'는 오래 전부터 한 번 건드려 보고 싶은 테마이기는 했다. 그러다가 역사 전공자도 아닌 내가 늙마에 무슨 …… 하며 분수를 지키기로 생각했다. 요즘엔 만필이란 이름으로 끄적이는 에세이조차 어쩐지 뜨악해서 이쯤에서 그만 써야겠다고 생각을 굳혀가는 중이다.

자, 모두들 '아호마을'로 마실이나 갑시다.

나는 지금 이미경 화가의 아크릴잉크 펜화를 물끄러미 보고 있다.

그녀의 그림 테마는 '동전 하나로도 행복했던 구멍가게의 날들'이다.

강물처럼 흘러간 기억 속의 풍경이 내 눈을 바라보며 뭐라고 중얼거린다.

'강진에서'란 제목이 붙은 구멍가게 앞에는 자전거와 빨간 우체통이 서있다.

자전거 바퀴 두 개가 마치 60년대 70년대를 응시하는 안경 같다.

실 꾸러미와 참빗과 얼레빗과 실패 따위가 가득 담긴 바구니는 '엄마의 보물상자'다.

개어놓은 이불 속 한가운데에 놋쇠 밥그릇 두 개가 박혀있다. 큰 주발은 아버지 것일 테고 아마도 밥은 따뜻할 것이다. 제목은 '나 어릴 적에' 인데 이 또한 그 무렵의 구멍가게 풍경이다.

새마을운동과 슬레이트 지붕. 시멘트기와, 주황색 녹색 페인트. 나무 미닫이문.

깨진 유리창. '담배' 표지. 회칠한 외벽.

사라진 유신시대의 거리가 먼지를 일으킬 듯 널브러져 있다.

나는 '용암상회'가게 앞에 놓인 길죽한 나무의자에 걸터앉았다가 '유달상회' 앞 평상에도 앉았다가 마악 나온 파고다 필터담배 한 개비를 꼬나물었다. 나무문은 어느 새 알루미늄 새시로 바뀌었다. 20년만 더 앉아 있으면 가게주인이 나타나 파라솔도 세우고 커피 자판기도 들여올 것 같다.

스물한 살 먹었던 4월의 대학시절, 내 단골 주막 마당에 피었던 것은 살구꽃이었던가?

우리가 들어서자 그녀는 펜화 아크릴 잉크로 산수유 꽃그늘을 차려놓고는 우리들의 청춘을 손짓한다. 나와 내 친구들 청년 넷은 100원짜리 동전 하나로 탁배기 한 되씩을 마시고 불콰한 술 빛깔로 노래를 부른다. 연분홍 치마가 봄바람에 휘날리더라. 그녀의 펜화가 알뜰한 그 맹세를 불러낸다.

해방. 감격시대. 기차지붕에 올라탄 육이오 피란길.

영원히(?) 갈라선 두 동강 코리아. 퀭한 눈으로 넘던 보릿고개. 4·19혁명에 5·16쿠데타. 꿈속에서도 외우는 국민교육헌장. 어디선가 '잘 살아보세' 같은 주문呪文이 들려온다. 김재규의 10·26. 전두환의 12·12. 1980년의 춘래불사춘. '겨울공화국'이란 시집. 김영

삼의 외환위기. 김대중 대통령의 금 모으기. 노무현대통령의 죽음. 그날의 대취. 죽어가는 4대강과 이명박근혜. 촛불과 태극기. 이정미 재판관의 헤어롤 탄핵. 목포로 가는 세월호. 사드 ……

또 무슨 낱말들이 내 남은 생애의 빈 칸을 채울는지.
저 멀리 지나간, 아스라한 세월. 여기까지, 참 멀리도 왔다.

❖흑선풍 이규를 앞세우고 그가 찾아왔다

대흥국민학교 정문을 향하여 실핏줄처럼 뻗은 좁은 길 한 켠에 500권 가량의 소설을 꽂아 놓은 대본집 하나가 펜화 속의 구멍가게처럼 웅크리고 있다.

그녀의 펜질에 내 몸이 그윽하다. 나는 트램카를 탄 소년처럼 60년 전의 중학생 시간 속으로 천천히 들어갔다.

무심결에 대본집 가게에 들어섰던 첫날, 그가 말했다.

"빌려가려면 일단 책값을 내야 돼. 다 읽고 가져와. 그럼 빌려간 값은 빼고 나머지 책값은 도로 돌려주지." 그건 일종의 보증금 같은 것이었다. 책을 빌려간 뒤 종종 꿩 구워 먹은 자리처럼 소식 없는 아이들이 많아서 궁리해낸 방편이라는 것.

그만한 돈이 있을 리 없던 내가 어떻게 첫 거래를 텄는지는 가물가물하다.

어떻든 그 이후로 나는 중고등학교 4년(?)동안 간서치看書癡 이덕무처럼 그 가게의 단골이 되었다. 1962년, '환'에서 '원'으로 화폐개혁이 될 때까지 거길 들락거렸던 것 같다.

교직에 들어선 지 13년쯤 되던 해 그러니까 1984년 무렵, 마악 40대에 들어선 어느 날, 그가 날 찾아왔다. 까마득한 세월이 지났음에도 불구하고 면담실에 들어선 순간 나는 단번에 그를 알아보았다. 눈매며 콧부리며 두툼한 입술, '삼손과 데릴라'에 나오는 빅타 마추어를 방불케 하던 대본가게 주인. "아, 아저씨!" 나도 모르게 가벼운 탄성이 흘러나왔다.

그와 나는 삼국지며 수호전이며 지난날의 책 이야기를 한 시간 가량 나누었다.

그의 옆에서 흑선풍 이규란 놈이 어른거리며 날 아는 체하는 것 같았다.

나는 급시우 송강과 지다성 오용과 화화상 노지심의 안부를 들먹거렸다. 아니 그러고 싶은 충동을 느꼈다. 대본집 가게에서 열심히 책을 빌려가던 소년이 마침내 작가가 되다니.

무정한 세월은 물결처럼 흐르고. 그와 나는 조금은 들떠서 주거니 받거니 과거를 나누었다.

종소리가 들려왔다. 다음 시간 수업이 있었기 때문에 나는 자리에서 일어섰다.

유년기에서부터 청년기에 이르기까지, 그 시기를 관통하는 key word의 하나는 단연코 굶주림이다. 배고픈 굶주림이야 우리들 세대 모두가 공유하던 것이니까 그저 그렇다 치자.

나에게는 굶주림 하나가 더 있었다. 배도 고팠지만 뇌도 고팠다.

한글을 깨치자마자 만화기로 접어들었던 나는 '국민학교' 3학년 때부터 강소천이며 안데르센의 동화에 입맛을 다셨고 책맛을 알자 4학년부터는 게르만족을 짓밟은 훈족처럼 6년 연상의 누나가 보던 김래성 소설의 영토까지 마구 침범했다.

책에 굶주리던 차에 그의 가게를 만났고 그곳에서 나는 삼국지의 '5호대장'을 만났다.

복숭아밭의 도원결의를 구경한 뒤엔 '양산박의 108명'을 만났고 월탄 박종화의 '대춘부'도 만났다.

나는 만나고 만나고 닥치는 대로 만났다.

고미카와 준페이의 '인간의 조건' 주인공 가지의 최후도 그의 가게에서 만났다.

'이윽고 눈은 사람이 누운 모양의 작은 언덕을 만들었다.'

그 마지막 문장을 읽으며 내 뺨에서 기어이 눈물이 흘러내렸다.

그러다가 때때로 나는 다른 책 대여점도 순례했다.

호떡이 맛있으면 대흥동 아저씨네 호떡도 사먹고 원동 아줌마네 호떡도 사먹듯이 삼국지에 푹 빠진 나는 고등학교에 올라와서도 여러 번에 걸쳐 여러 출판사의 호떡을 사먹었다. 삼국지를 예닐곱 번은 족히 읽었으리라. 관운장이 죽고 장비가 죽고 유비가 죽고 제갈공명이 죽은 뒤의 이야기는 시들하고 허무해서 읽다 말기도 했다. 그러니까 예닐곱 번이라고 해도 완독은 서너 번쯤이었으리라.

어려운 고사성어, 예스런 문체, 빈약한 지식, 읽으면서도 궁금한 게 많았다

'상산 조자룡이 예 있다!' 그런 대목이 나오면 당연히 의아했다. 상산은 무어지? 맥락을 보면 고향인 것 같은데. 그런데 웃긴다. 링에 오른 복서가 나는 대전에서 태어난 미들급 조자룡이다, 라고 자기소개를 읊은 뒤에 싸움을 시작한다? 뭐 이런 상황극이 다 있단 말

인가!

이름만 해도 헷갈렸다. 내내 조운이라 하더니만 갑자기 조자룡은 뭐냐? 분명히 동일인 같은데. 뒤의 것은 뭔 이름이지?

제갈량의 량은 뭐고 제갈공명의 공명은 뭐지?

여포와 봉선은 어떤 관계지? 사마의는 뭐고 사마중달은 뭐지?

조조가 맹덕의 형님은 아닌 것 같은데.

관우는 왜 또 관운장이라 하는 겨? 장비는 뭐고 익덕은 뭣이여?

궁금답답한 것은 걸핏하면 눈에 채였다.

한문선생님 추천으로 산 자전을 옆에 놓고 행여나 싶어 열심히 한자를 뒤적거렸다.

한혈마汗血馬는 왜 땀 한汗에 피 혈을 쓸까? 청총마는 갈기가 푸르스름한 말인가?

여포 관우가 타던 적토마와 조조가 타던 절영마를 견주면 어느 게 더 빠를까?

'절영'은 무슨 뜻이지? 끊을 절에 그림자 영이라. 그림자가 끊어졌단 것이여?

헌제가 타던 소요마, 손견이 타던 화종마는 어떻길레 그런 이름이 붙은 것인가?

관운장의 청룡언월도靑龍偃月刀, 언월도라? 어떻게 생겼기에 언월도인가.

언偃은 뭔 뜻이고 언월은 뭔 뜻이람? 장비의 장팔사모, 사모는 또 뭐꼬?

서황의 대부? 부는 도끼 부斧일 것 같은데. 여포의 방천화극이라, 방천도 어렵고 화극도 알 수가 없다. 극은 걸어 당기거나 찌를 수 있는 긴 창이라는데, 과戈와 모矛를 합쳐 새 제품을 만든 모양이다. 당시로는 떠오르지 않는 그림이었다.

아이고, 조자룡의 애각장이라니, 애각이 뭐여?

검색어 치던 시절도 아니고 사전 종류도 시원찮던 때라 내 지적인 칼슘결핍증은 애달팠다.

구체적으로 하나만 더 들어보자.

절세미인의 뜻을 찾아보면 이렇게 풀이했다. '당대에는 견줄 만한 상대가 없는 뛰어난 미인' 그러나 이건 두루뭉술한 풀이다. 또박또박 글자를 짚은 게 아니다.

소년들에게는 하나씩 하나씩 글자를 짚어 알려주어야 한다.

절세미인絕世美人은 '그 미인이 죽으면 그런 미인은 더 이상 나타나지 않으므로 세상에서 결국 절絕하게 되는, 바로 그런 미인'이란 뜻이다.

만화 삼국지를 보면 방천화극이며 청룡언월도며 장팔사모가 다 그려져 있다. 요즘 애들의 머릿속엔 물음표 있을 겨를이 없겠다. 시청각 정보가 널려서.

그런데 그만 그날 아저씨와 맥없이 그냥 헤어진 게 아쉽다. 장소 정하고 퇴근길에 만나 흑선풍 이규처럼 이렇게 소리쳤어야 하는 건데.

"주모, 여기 돼지고기 댓근에 술 한 동이 내오슈."

회포를 풀었어야 했는데. 아니 그가 마음먹고 데리고 온 세월을 그렇게 허무히 보내버리다니.

취할 때까지 마시면서 60년대의 풍경화 속에 풍덩 빠졌어야 하는 건데. 아저씨의 주소라도 적어놓았어야 하는 건데. 미처 헤아리지 못한 40대의 내 순진무구가 속 터진다.

이름을 대면 지금도 떠오르는 수호전의 별호들, 그러나 아저씨의 행적을 다시는 찾을 수 없었다.

❖수호전의 중국 별호들, 그건 소설적인 캐릭터 패션이다

흑선풍 이규가 채소 샐러드를 조신하게 먹는 광경은 상상할 수 없다.

햄버거 하나로 점심 끼니 때우는 광경도 와 닿지 않는다.

양산박 호걸 열댓 명이 모여 두부 두루치기 몇 접시에 쐬주 몇 병 놓고 회식하는 장면은 결코 떠올릴 수 없다. 왜냐하면 그들의 별호는 소설의 이야기 그 자체를 풀어나갈 캐릭터이기 때문이다. 적어도 나는 그렇게 생각한다.

수호전에 등장하는 108명의 양산박 인물들은 모두가 별호 하나씩을 가지고 있다.

별호도 호는 호다. 그러나 이들의 호는 엄밀한 의미에서 조선 선비들의 아호와 맛이 다르다.

별호는 본명 이외에 '별달리' 쓰이는 이름이다.

아호는 본명 이외에 별달리 쓰이는 '우아한' 이름이다. 별호가 별別에 방점을 찍었다면 아호는 아雅에 방점을 찍은 이름이다.

조선시대 선비들의 호는 대부분이 아호이자 자호自號이지만 수호전에 나오는 인물들의 별호는 아호라 하기엔 민망하다. 후한 점수를 주어도 그건 마치 조폭 세계의 개인기 소개 같다.

수호전의 별호는 아호가 아니라 본명 대신에 지어 붙인 닉네임이다.

수첩공주, 법꾸라지, 쥐박이, 4대강 전도사. 황교활, 스폰서검사, 리틀노무현 …… 뭐 그런 것들처럼.

그들의 별명은 스토리텔링의 도우미로서 사건의 필연성을 합리화하는 복선이다.

그들의 별호 하나하나는 작가가 창작한, 일종의 양산박표 브랜드처럼 보인다.

108명 등장인물들의 무기, 얼굴 생김새, 성깔, 개인기, 개성적인 이미지 등으로 분류할 수 있는 별호커뮤니티는 가히 중국적(?)이다. 한자漢字라는 뜻글자의 속성도 '중국적' 별호가 만들어진 원인일 것이다.

새우기름 고추기름 등 온갖 동식물 기름으로 돼지고기든 조갯살이든 뭐든지 볶고 튀기는 중국요리처럼 그 별호들의 트렌드는 한결같이 괴상망측하고 호들갑스럽다.

중국요리는 돌멩이도 튀김으로 만들 것 같다.

비단장수 왕서방의 시끄런 고저장단처럼 지글거리는 중국 요리. 뿌옇게 피어오르는 김과 그 기름 열기에 더불어 등장하는 화려한 손놀림. 수호전의 별호 하나하나는 그런 중국요리와 흡사하다.

콩나물국의 정갈함, 된장국의 편안한 안정감이 조선 선비들의 아호라면 수호전의 별호는 쑤저우(소주)의 동파육처럼 니글거린다. 혀가 느끼는 분위기가 사뭇 다르다.

수호전의 별호와 조선 선비의 아호는 때로는 '졸정원과 '소쇄원'의 차이만큼이나 서로 다르다. 중국적 감성디자인은 다분히 대륙적이다.

양산박의 리더 송강의 별호는 '급시우及時雨'다. 때맞춰 오는 비 그러니까 단비가 급시우다. 이거야말로 괴수가 될 인격체, 능력자를 과시하는 별명이다. 양산박을 통솔해야 할 두목에게는 딱 알맞은 리더십 닉네임이다. '선거의 여왕'처럼 정치적인 속내도 느껴진다.

이규의 별호 흑선풍은 '검은 회오리바람'이라는 뜻이다.

그는 등장할 때마다 난폭하다. 언제나 잔인한 행동을 서슴지 않는다.

흑선풍은 개망나니처럼 피칠갑을 한 살인귀 노릇을 하는데 사실은 그것이 흑선풍이라는 별호를 지은 작가의 의도일 것이다. 이 별명에 맞추어 얼굴 검은 이규는 애든 어른이든 가리지 않고 쌍도끼를 휘두르는데 죽였다 하면 보통 열서너 명씩을 저승객으로 만든다.

술이든 고기든 그는 먹는 것도 깨작거리지 않는다.

흑선풍의 분노는 언제나 헐크의 옷처럼 찢어진다.

흑선풍이란 별호는 흑선풍의 살인 스토리를 담기 위하여 만든 소설적 그릇이다.

임충의 별호 표자두豹子頭는 호랑이(표범)대가리라는 뜻이다. 삼국지의 장비처럼 사납다. 무기도 장비처럼 장팔사모다.

벽력화霹靂火진명은 성질이 번갯불이다.

소이광小李廣 화영은 한나라의 전설적 신궁 이광에 견준다. 그러기에 리틀 이광 '소이광'이다.

청면수靑面獸 양지는 얼굴에 푸른 점이 있는 짐승이다. 짐승이라 했으니 이 녀석도 성질이 더러워야 한다. 쌍편雙鞭 호연작의 무기는 쌍편이다. 편鞭이 채찍 편이긴 하지만 호연작의 편은 굵은 막대기 모양의 쇠봉이다.

화화상花和尙 노지심은 등에 꽃문신이 있어 화화상이다.

화상은 수행을 많이 한 승려를 가리키는 말이며 노지심은 중 아닌 중 행세를 하며 다닌다.

맨손으로 호랑이 때려잡는 무송도 승려 입문과정을 밟는 사람처럼 행자行者 복색으로 다닌다.

몰우전沒羽箭의 몰沒은 몰상식의 몰처럼 '없다'를 나타낸다. '우전은 깃 달린 화살'이므로 몰우전은 곧 깃 없는 화살이다. 이것은 장청이 돌팔매질의 명수라고 은유한 별호다.

이준의 별호는 혼강룡混江龍이다. 그렇다면 그의 구실은 무엇이겠는가? 그렇다. 그는 수군 총괄 장수다.

오용 지다성智多星은 지혜가 많은 별이니 제갈량처럼 군사軍師를 맡을 테고 신행태보神行太保대종은 보나마나 신속한 정보 배달 담당이다.

미염공美髥公 주동은 수염이 근사할 터이고 급선봉 삭초는 싸움 나면 맨 앞에 나설 것이다.

별호만 보면 그 별호에 알맞은 사건이 있으리라는 걸 짐작할 수 있다.

❖선비는 사약으로 죽어 천 년을 산다.

> 정암靜庵 조광조는 중종 기묘사화 때 사약을 받고 죽은 큰 선비다.
>
> 그는 성리학적 이상국가를 꿈꾸며 정치 사회 개혁의 중심에 섰다가 훈구파의 음모에 말려 실패했다. 정암이란 호의 정靜은 '어진 사람은 고요하다'는 논어 인자정仁者靜에서 따온 그 정이다.
>
> '사약을 마시고도 바로 목숨이 끊어지지 않자 군졸이 나서서 조광조의 목을 조르려고 하였다. 조광조는 자신의 죽음을 더럽히려는 군졸의 행동을 심하게 꾸짖어 제지하고 사약을 더 가져오라고 한 다음 태연하게 마시고 피를 토하며 죽었다.'
>
> (한정주의 '호·조선 선비의 자존심'에서)

조광조는 사약을 먹고 마흔도 못 살았지만 천 년을 산 조선 선비의 사표師表다.

조선의 선비들은 이름을 끔찍이나 애지중지했다.

선비라면 이름이 대개 셋이었다. 장롱 속 운전면허처럼 태어나서 지어둔 채 잘 쓰지 않는 이름은 명名이다. 15~20세에 성인식 관례를 치르면 비로소 부모나 어른 또는 스승이 지어준 자字를 받아 사용한다. 호號는 스스로 지을 수도 있고 남이 지어줄 수도 있다. 명도 이름이고 자도 이름이고 호도 이름이다.

삼국지를 보면 호보다는 자가 많이 나타난다.

자는 명을 귀히 여기는 까닭에 관례를 치른 뒤에 지어 부르는 '어른이름'이다. 그러니까 '실용이름'이다.

자는 자기가 짓는 이름이 아니다. 이름을 두 개 이상 갖는 복명複名의 관습은 중국에서 조선으로 전파되었지만 조선에선 유달리 아호가 선비의 패션처럼 자리 잡았다.

아호 취향이 많았던 조선 선비들은 주체적 자아가 더 강했던 것일까?

이건 검증되지 않은 내 생각이다.

공명은 제갈량의 자字다. 맹덕은 조조의 자다. 운장은 관우의 자다. 익덕은 장비의 자다. 봉선은 여포의 자다. 자룡은 조운의 자다.

코리아는 코리아의 생각으로 살고 트럼프는 트럼프 식으로 미국을 휘젓고 시진핑은 시진핑 식으로 중국을 꾸려나간다.

작은 땅에서 산다는 것은 어떤 의미가 있을까?

거대한 중국 땅에 쓸개처럼 붙은 한반도.

고구려와 발해를 통하여 큰 영토를 소유할 수도 있었던 역사.

중국으로부터 문화를 받아들였지만 작은 땅이라는 숙명성을 극복하기 위한 자존감이 아호였을까?

작은 고추가 매운 건지, 작아도 암팡진 것인지 조선 선비들의 아호는 허풍스럽지 않고 그 표방하는 바가 굳세고 야무지다.

고문진보에 나온 중국 당송의 문인들도 호보다는 자를 더 앞세우고 있다.

당나라 시인 가도의 자는 낭선浪仙이다.

맹교의 자는 동야東野다. 송지문의 자는 연청延淸이다.

왕유의 자는 마힐摩詰이다. 유종원의 자는 자후子厚다.

북송의 문장가 구양수의 자는 영숙永叔이다. 황정견의 자는 노직魯直이다.

동진 도잠의 자는 연명淵明이다. 당나라 두보의 자는 자미子美다.

백거이의 자는 낙천樂天이다. 이백의 자는 태백太白이다. 한유의 자는 퇴지退之다.

웬만한 사람의 귀에도 도연명, 두자미, 백락천, 이태백, 한퇴지 …… 그렇게 그들의 자가 익숙하다.

물론 예외도 있다. 소식의 자는 자첨子瞻인데도 웬일인지 '동파거사'라는 별호가 더 알려져 소동파蘇東坡로 더 많이 불린다. 그 이유는 모르겠다. 나는 유래 전문도 아니고 역사학에 문외한이고 언어학자나 현상학자도 아니다.

육일거사六一居士, 노국선생魯國先生, 오류선생五柳先生, 완릉선생宛陵先生, 취음선생取音先生, 선월대사禪月大師, 안락선생安樂先生, 초당거사草堂居士, 청련거사靑蓮居士, 산곡도인山谷道人 ……. 이것은 당송시대 시인 문장가들의 별호인데 조선 선비들의 작호 감각과는 판이하다. 당송 문인들의 별호에선 '~선생'이 많이 보이는데 조선 선비들의 '~선생' 별호는 흔치 않다.

'선생'은 예나 지금이나, 중국이나 조선이나 공경의 대상이다. 중국에선 아직도 그 공경의 의미가 뚜렷하지만 한국에선 공경의 순도가 많이 떨어진 칭호가 '선생'이다.

"김선생!" 뒤에서 누군가가 그렇게 부른다면 나는 고개를 돌릴 것이다. 내가 공경 받고 싶은 말은 자본주의 때가 달라붙은 '사장'이 아니라 '선생'이기 때문이다. 그런데 중국에서 흔한 '~선생'이란 아호가 조선에선 왜 귀한 것일까?

부모나 스승이 지어줘 함부로 사용하지 않았던 명과 자를 빼고 자신이 마음대로 지어 부를 수 있었던 호. 명과 자가 타고난 운명의 글자라면 호는 조선 선비들의 개성적인 자아였다.

❖시대가 만든 자기객관화, 은은은(隱隱隱) 원원원(園園園)

부패도 유행, 절의節義도 유행(?)이런가?

유행과 패션은 어떤 관계일까?

여말선초에 삼은三隱이 나타났다.

목은 이색, 포은 정몽주, 길재 야은. 그들의 아호는 나란히 숨을 은隱이 붙었다.

마치 돌림자를 쓴 듯하다. 숨어 살겠다는 뜻이다.

목牧은 소 치고 양 친다는 글자고 포圃는 채마밭 포이며 야冶는 대장장이 야다. 소치고 양 치며 살겠다는 목은, 채소나 가꾸면서 살겠다는 포은, 대장장이 노릇이나 하면서 살겠다는 야은, 세 사람 모두 자신의 가치관과 맞지 않는 현실을 만났을 때 선택한 것은 은일이었다.

전원주택 붐이 들불처럼 번지던 몇 년 전이 떠오른다.

웬 까닭일까? '절개'도 봄 산의 진달래처럼 붉게 번지는 것일까?

길재 대신 도은陶隱 이숭인을 삼은에 넣기도 한다.

도陶는 질그릇 도다. 이숭인 역시 질그릇이나 구우며 야인으로 살겠다 한 것이다. 암행어사로 유명한 박문수도 '늙어서 숨어 산다'는 뜻으로 아호를 기은耆隱이라 했다.

은퇴와 컴백을 밥 먹듯이 하는 21세기 코리아에선 왕따 시킬 글자가 은隱이다.

조선의 3대 화가 김홍도, 신윤복, 장승업의 호는 단원檀園, 혜원蕙園, 오원吾園이다.

단원은 원래 명나라의 사대부 화가 이유방의 호인데, 김홍도는 이유방처럼 시서화詩書畵에 통달한 문사이길 원했다 한다.

속화俗畵를 그린다는 죄목으로 도화서에서 쫓겨난 신윤복의 혜원蕙園도 김홍도를 따라 지은 아호다. 혜蕙가 4군자의 하나인 난초이고 보면 혜원 역시 '선비 지향'의 뜻을 담은 것이다.

"너희만 원園이냐 나도 원이다" 장승업은 단원과 혜원처럼 '나 오'를 넣어 아예 오원吾園이라 자호를 지었다.

남녀의 경계를 허물고 온갖 패션이 거리를 걷는다.

운동화를 신고 선글라스를 쓰고 턱수염을 기른, 항공점퍼에 잠옷 같은 줄무늬 셔츠를 받쳐 입은 스물 몇 살짜리 청년들의 패션. 그 편안한 자유분방이 내 눈에도 그럴 듯하다.

금발 은발에 한쪽 어깨만 드러나는 윗옷, 아프로디테 드레스, 가늘고 긴(슬림한) 맞음새의 여신 차림들. 아호에도 유행의 품새가 있어 흘러가는 것 같다.

은은은隱隱隱의 시원始原은 목은이다.

목은이 선글라스에 턱수염을 기르고 나타나자 나머지 삼은도 선글라스에 턱수염을 길렀다, 는 식으로 절의를 표현했다.

원원원園園園의 시원은 단원이다.

단원이 항공점퍼에 줄무늬 셔츠를 받쳐 입고 나타나니까 혜원도 오원도 질세라 줄무늬 셔츠를 받쳐 입은 격이다.

자기객관화의 롤모델 '큰바위얼굴'은 자신이 정하는 것이다.

은은은, 원원원은 아이돌 걸그룹의 안무 같은 것이고 아이돌스타의 힙합 같은 것이다.

뭔지 모르겠지만 그 시대를 흘러간 아호도 그런 것 갔다.

그 시절에 내가 선비였거나 화가였다면 나도 은隱이나 원園으로 아호를 지었을지 모른다.

❖암, 계, 봉, 곡, 재, 정, 당, 헌 ……은 매스패션(Mass Fashion)이었을까?

태초에 패션은 없었다. 산은 산이요 물은 물이었다. 그러다가 다수가 공유하는 패션이 생겨났다.

패션은 그 시대의 사회와 그 시대의 문화와 그 시대의 상황을 반영한다.

그래서일까, 사람도 생각도 문화도, 자연까지도 패션의 관점으로 보면 패션이다. 자꾸만 인공이 더해지는, 이제는 산도 그 산이 아니고 물도 그 물이 아니지만 여전히 그것들은 새로운 패션으로 존재한다.

메콩강과 황하의 황톳빛 물결은 그 땅덩어리의 자연 생태적 조건이 낳은 패션이다

베트남의 아오자이가 더위가 낳은 패션이라 가정한다면 대님을 매고 고름을 다는 한복은 춘하추동이 분명한 계절감과 조선적 의식의 결합이 낳은 패션이다.

중국의 주자학도 조선 땅에 들어와서는 조선적으로 자리 잡는다.

에메랄드 물빛 바다든 코발트빛 바다든 그건 햇빛과 수심과 온도, 또 어떤 조건이 더해진 바다 빛깔의 패션이다.

카스피해와 아드리아해는 그 바다의 빛깔이 있고 동해와 서해는 그 나름의 빛깔이 있다.

차이나 양쯔강의 6,300km나 코리아 한강의 514km는 땅덩어리의 대소가 낳은 패션이다.

중국의 졸정원과 태산도 한국의 소쇄원과 지리산도 다 패션으로 존재한다.

많은 선비들이 수용한 인문학적인 유행. 조선선비들의 아호도 상당한 %가 일종의 매스패션Mass Fashion이었던 것은 아닐까?

너대니얼 호손의 큰바위얼굴(The Great Stone Face)을 보자.

소년 어니스트는 어머니에게서 이곳에서 큰바위 얼굴을 닮은 아이가 태어나 훌륭한 인물이 될 것이라는 전설을 듣는다. 어니스트는 커서 그런 사람을 만나려는 기대를 가지고 자란다. 어떻게 살아야 큰 바위 얼굴처럼 될까 생각하면서 간절한 소망을 품고 살아간다.

세월이 흘러 성공한 부자가 나타났고, 혁혁한 전공을 세운 장군이 나타났고, 말 잘하는 정치가가 나타났고, 뛰어난 시인이 나타났다. 그러나 그들은 큰 바위 얼굴이 아니었다.

그러던 어느 날 어니스트의 설교를 듣던 시인이 외친다.

"보시오! 어니스트씨야말로 큰바위얼굴과 똑같습니다."

고향 아니면 살던 곳의 바위암巖, 시내(계溪), 봉우리(봉峯), 골짜기(곡谷)가 들어간 조선 선비들의 아호는 어니스트의 '큰바위얼굴'처럼 자기 수행, 인격도야의 도구로 존재한다.

재齋나 정亭이 들어간 아호도 유행의 패션 같다.

「농암聾巖 이현보(1467~1555)의 농암은 경북 안동 영지산 기슭의 바위 이름이다. 농암을 직역하면 '귀머거리 바위'다. 바위 옆에 급한 여울이 있어 물소리가 귀를 막아 세상사와 벼슬살이 이야기를 듣지 못할 터 그렇게 귀머거리로 살겠다는 뜻이다. 단계丹溪 하위지(1412~1456)의 단계는 고향 경북 구미시 선산읍 이문리의 집 앞 개울 이름이다. 우계牛溪 성혼(1535~1598)의 우계는 경기도 파주 파평산에 있는 하천 이름이다. 사계沙溪 김장생(1548~1631)의 사계는 충남 연산 임리의 사계천에서 따온 것이다. 노계蘆溪 박인로(1561~1642)의 노계는 경상도 영천의 갈대개울을 가리킨다. 고봉高峯 기대승(1517~1572)의 고봉은 경기도 고양군 고봉산에서 따온 것이다. 석봉石峯 한호(1543~1605)의 석봉은 개성 인근의 석봉산에서 따온 것이다. 지봉芝峯 이수광(1563~1628)의 지봉은 그가 거처하던 한양 홍인문 밖 상산의 봉우리 이름이다. 손곡蓀谷 이달(1539~1618)의 손곡은 그가 은거해 살던 강원도 원주시 손곡리에서 취한 것이다.

학역재學易齋 정인지(1396~1478)의 학역재는 주역의 이치를 익히고 깨달아 세상을 밝히겠다는 뜻이다. 보한재保閑齋 신숙주(1417~1475)의 보한재는 명리를 멀리하고 한가함을 보존한다는 뜻이다. 점필재佔畢齋 김종직(1431~1492)의 점필재는 책에 담긴 뜻은 알지 못한 채 입으로 글자만 읽는다는 역설적 표현이다. 용재慵齋 성현(1439~1504)의 용재는 명예와 이욕을 쫒는 세속적 삶과 거리를 두겠다는 뜻으로 게으를 용을 취했다.

호정浩亭 하륜(1347~1416)의 호浩는 넓다 광대하다는 뜻으로 포부와 야심이 드러나 있다. 압구정鴨鷗亭 한명회(1415~1487)의 압구는 갈매기와 친하게 지내다, 라는 뜻이다. 한강 가에 세운 그의 압구정 정자에서 따온 호다. 그러나 그의 호와 삶과는 거리가 멀었다. 사가정四佳亭 서거정(1420~1488)의 사가는 매화, 대나무, 연꽃, 해당화를 가리킨다.

당堂과 헌軒이 붙은 것은 당호다. 당도 헌도 집이기 때문이다.

소요당逍遙堂 박세무(1487~1554)의 소요는 한가롭게 노닐며 살겠다는 뜻이다. 사임당師任堂 신씨(1504~1551)의 사임은 주나라를 세운 문왕의 어머니 태임을 스승으로 본받는다는 뜻이다. 망우당忘憂堂 곽재우(1552~1617)의 망우는 근심을 잊고 살겠다는 뜻의 당호다. 어우당於于堂 유몽인(1559~1623)의 어우는 어우이개중於于以蓋衆으로 이것은 쓸데없는 소리로 뭇사람들을 현혹케한다는 뜻이니 유학이나 성리학의 관념과 인습에 개의치 않는 자유분방한 사고를 나타낸 것이다. 동춘당同春堂 송준길(1606~1672)의 동춘은 세상 만물과 더불어 봄을 함께 한다는 뜻이다. 취금헌醉琴軒 박팽년(1417~1456)의 취금은 가야금에 취하다, 라는 뜻으로 풍류지사의 면모를 나타낸 호다. 매죽헌梅竹軒 성삼문(1418~1456)의 매죽은 매죽의 기상을 나타낸 말이다. 난설헌蘭雪軒 허초희(1563~1589)의 난설은 차가운 눈 속에서도 향기를 간직한 난초를 나타낸다.

삼우거사三憂居士 문익점(1329~1398)의 삼우는 1.국운이 떨치지 못하는 것 2.공자의 학문이 제대로 전해지지 못하는 것 3.스스로의 도가 서지 못하는 것을 뜻하는 것이다. 청화산인靑華山 이중환(1690~1752)의 청화는 충북 괴산군과 경북 상주와 문경 3개 시군에 걸쳐있는 청화산에서 딴 호다.

산수화의 대가 최북(1712~1786)의 호생관毫生館은 붓 하나로 먹고 사는 놈이라 하여 지은 호다. 고산자古山子 김정호(~1866)의 고산자는 옛 산을 좋아해 찾아다니는 사람이란 듯이다. 최제우(1824~1864)의 수운水雲은 물과 구름이니 천지자연 생명을 가리키는 말이다. 허련(1809~1892)의 소치小痴는 조금 어리석다는 뜻으로 스승인 추사 김정희가 지어준 것이다. 최익현(1833~1906)의 면암勉庵은 경건하게 올바른 길을 가는 데 부지런히 힘쓰라는 뜻으로 스승 이항로가 지어준 호다.」

(호, 조선선비의 자존심 '한정주 지음'에서 발췌 인용)

자신의 일생과 밀접한 관계가 있는 곳, 고향, 사서삼경 등에서 취한 자신의 철학, 자신이 추구하는 사회적 자아, 취향, 본받고자 하는 인물 등으로 나타내는 조선 선비들의 아호 속엔 자기객관화의 '큰바위얼굴'이 숨어있는 것처럼 보인다.

❖표범은 죽어서 가죽을 남기고 문어는 죽어서 국물을 남긴다

표사유피豹死留皮와 짝을 이루는 글귀는 말할 것도 없이 인사유명人死留名이다.

죽어서 그 이름을 남기고 싶은 것은 사람의 욕망인가? 그 이름 중의 하나가 아호다.

아호는 그저 호다. 특히 자호는 한결같이 좋은 뜻을 담으려 한다.

그래서 인테리어용 수식 글자로 우아할 아雅를 붙여 아호라 부른다.

소나무는 살아서 송이를 거두고 죽어서는 그 뿌리에 복령을 품는다. 그 삶과 행실이 방정方正하여 뭇 선비들은 아호에 소나무 송松을 넣어 공경을 구한다.

소나무가 직간접적으로 들어간 아호는 심심찮게 나타난다.

조광조의 수제자이면서 우계牛溪 성혼의 아버지 성수침은 '솔바람 소리를 듣는 집'이라 하여 당호를 '청송당聽松堂'이라 했고, 임진왜란 행주대첩의 승장勝將 권율은 아호를 '만취당晩翠堂'이라 했다. 늦을 만에 푸를 취다. 만취는 '늦게까지 푸름을 잃지 않는' 소나무의 기개를 나타낸다.

조선 선비의 정신은 아직도 살아 내려오는 듯하다.

이 몸이 죽어가서 무엇이 될고 하니/ 봉래산 제일봉에 낙락장송 되었다가 …….

이 성삼문의 정신을 숭앙하여 한글학자 최현배(1894~1970) 선생은 아호를 '외솔'이라 지었다.

전형필(1906~1962)의 아호는 '깊은 산속에서 흐르는 물澗'에 소나무를 보탠 간송澗松이다. 논어에 나오지 않던가. 세한연후 지송백지후조歲寒然後 知松柏之後凋. 날씨가 차가워진 뒤에야 소나무 잣나무가 늦게 시듦을 안다.

늘 '물러남退'을 생각하여 경북 안동의 '토계'라는 시내 이름을 아예 퇴계로 바꾸고 호로 삼은 이황, 삶과 학문의 근거지였던 경기도 파주의 율곡을 호로 삼은 이이, 장자莊子에서 남녘의 아득한 바다 '남명南冥'을 취해 호로 삼은 조식. 자신을 채찍질하고자 아호를 일두—

蠹, 한 마리 좀벌레로 지은 정여창 …… 아호마을의 숲을 거닐면 만나는 선비가 한둘이 아니다.

> 「이덕무의 당호는 '선귤당'과 '청장관'이다.
>
> 선귤은 집이 작아서 매미蟬의 허물이나 귤橘의 껍질과 같다는 뜻이다.
>
> 청장靑莊은 해오라기의 별명이다. 이 새는 강이나 호수에 사는데 먹이를 뒤쫓지 않고 제 앞을 지나가는 물고기만 쪼아 먹는다. 그래서 신천옹信天翁이라고도 한다. 이덕무가 '청장'을 자신의 호로 삼은 것은 이 때문이다.」 (청장관전서, 형암행장炯菴行狀)

죽기 전에 이덕무의 철학과 글을 조금이나마 만났으니 천만다행이다.

경제적 여유가 있는 선비들은 당호堂號를 즐겨 지었다. 집이 볼품없으면 무슨 당호를 짓겠는가.

백석이 지은 작품에 '청시靑柿'가 있다.

별 많은 밤/ 하누바람이 불어서/ 푸른 감이 떨어진다 개가 즞는다

대전의 시인 박용래는 그가 살던 오류동 집을 청시사靑柿舍라 불렀다. 마당에 감나무 한 그루가 있었던 까닭이다. 안 익었을 땐 청시, 익으면 홍시紅柿 그게 감이지만 박용래시인의 시적 입맛에는 홍시보다 청시가 좋았나 보다. 당호로 쓸 만큼 근사한 집도 아니었건만 시심에 흥겨웠던 것일까. 당호도 아니면서 당호인 듯 아취 있게 청시사라 했다.

어쩌면 백석의 시 '청시'가 마음에 들어 슬쩍 가져온 것은 아닐까? 내 추측이다.

'청시사'는 박용래의 당호가 아니다. 그건 그냥 박용래의 시다. 그건 박용래의 시적 자유다. 시인은 뭐든지 맘대로 할 수 있다. '청시사'는 박용래의 시 아닌 시이면서 당호 아닌 당호다. 내 생각이다.

옹산은 계룡산의 고려 때 이름이다.

홍희표 시인은 자신의 집을 '옹산시사翁山詩舍'라 불렀다. 감 시柿가 아니라 글 시詩를 썼다. 내 생각엔 이 역시 '청시사'가 그 발원인 것처럼 보인다.

멀리 계룡산이 보이는 만년동 이층집 옹산시사. '옹산시사'는 시적 갈구의 당호다.

남산골의 샌님조차도, 그럴 듯한 아호 하나쯤은 가지고 싶어 할 만큼 선비들 사이에서 아호는 유행이었다. 글줄이나 읽었다는 사람은 너나없이 아호를 가지려 했다. 대부분은 문인, 학자, 서예가들이었고 '환쟁이'로 낮추어 부르던 직업 화가들의 아호는 조선 중기 이후에야 나타난다.

먹물을 찍어 글을 쓰는 선비들, 예로부터 먹물은 지식인을 조롱(?)하는 은어로도 쓰였다.

먹물 또는 책상물림으로 불리던, 행세깨나 했던 조선의 선비들은 자기현시욕이 강했던 것일까?

머릿속에 먹물이 들었을 뿐 아니라 그 형상조차 사람의 머리를 닮아 사인수似人首라 불리는, 글월 문에 물고기 어, 문어文魚라 쓰는 문어. 그 문어조차 맛있는 국물을 남겨 셰프의 칭송을 얻으려는 세상에서 21세기 선비에 해당하는 집합체는 어느 계층일까? 교수, 학자, 인문학 전공자 같은 지식인들이 아닐까? 문인이야말로 어쩌면 선비라는 근사값에 가장 가까운 존재일 것이다.

아호를 쓰는 문사라면, 아호 속에 깃들인 정신의 요체가 '실천궁행'임을 알아야 할 것이다.

휘諱도 이름을 나타내는 글자이지만 죽은 사람을 가리킬 때 쓴다는 점에서 명과 자와 호와 다르다.

중국이나 우리나라에는 기휘忌諱 피휘避諱 관습이 있었다.

기휘는 이름을 꺼린다는 말이고 피휘는 이름을 피한다는 말이니 사실은 그게 그거다. 다만 죽은 사람의 이름으로 한정했다. 그래서 휘일諱日은 곧 제삿날이다.

기휘 피휘는 군주의 이름을 피하고 집안 조상의 이름을 피하고 성인의 이름을 피하고 원수지간의 이름을 피한다. 중국의 수서隋書에 등장하는 왕세충王世充이 왕충王充으로 나오는 것은 당태종 이세민李世民의 이름자 세世를 피하려고, 아예 빼버린 탓이라고 전해진다. 조선시대 대구군의 한자 이름은 大丘였으나 공자의 휘 구丘를 피해 大邱로 바꾸었다 한다.

어쨌든 명은 출생 전에 이미 정해져 있다. 성씨 한 자에 이름 두자라면 이름 중의 한 글자는 항렬자行列字다. 항렬자는 수목화금토 오행의 순환을 따라 정하고 나머지 한 글자도 필요한 피휘 기휘를 적용해서 짓는다.

조항祖行, 숙항叔行, 동항同行, 질항姪行, 손항孫行처럼 씨족 간 세대의 차례를 나타내는 항렬에 맞춰 지어야하니 세 글자로 조합하는 명은 몰개성적일 수밖에 없다.

성과 이름을 합하여 세 글자로 이루어지는 성명에서 성은 할아버지 아버지의 브랜드이고, 나머지 두 글자 중 하나는 항렬 자다. 애개개, 그럼 내 고유의 이름은 뭣이여, 겨우 한 글자란 말인가!

이름은 소중하다. 그래서 함부로 부를 수가 없다는 조선의 가치관을 박차고 자유로운 아이디어로 숨을 쉬기 위해 비로소 필요한 것이 호였다면 호는 시대의 필요가 낳은 자아의 아이콘일지도 모른다.

❖완당, 아내의 죽음을 듣고 슬픔을 탁본하다

> 「김정희는 고증학과 금석학, 역사학의 독보적인 권위자로 알려져 있다.
>
> 북한산과 함경도 황초령의 진흥왕 순수비를 여러 차례 탁본하여 진흥이비고眞興二碑攷라는 금석역사학 논문을 쓴 이도 김정희였다.
>
> 김정희는 삶의 중요한 변곡점마다 자신이 처한 상황과 자신이 추구한 뜻을 한껏 드러낸 호를 수없이 지어 사용했다. 호는 그저 자신의 마음이 가는 대로 지으면 된다는 것이 김정희의 작호관作號觀이다. 지식인의 고상한 취향도 아니고 권위의 수단도 아니며 특정한 계층의 사람만이 가질 수 있는 것도 아니며 일정한 법칙이 있는 것도 아니다. 누구나 자유롭게 지어 사용할 수 있는 것이 호다.」
>
> ('호, 조선선비의 자존심' 한정주)

머나먼 제주도에서 유배의 삶을 이어가는 추사에게 아내가 죽었다는 소식이 날아왔다.

고독에 덧칠한 그 처절함은 단장斷腸의 아픔이었다.

단장이 뭔가. 새끼를 잃은 어미 원숭이의 배를 가르고 보니 창자가 모두 토막토막 끊어져 있었다, 라는 바로 그 슬픔의 형용이 아니던가. 그 슬픔을 '장한가長恨歌'로 읊은 시인은 백거이였다.

슬픔은 어떻게 오는 것일까? 징소리처럼 오는 것일까? 징소리는 마치 ending이 없을 것처럼 들려온다. 끊어질 듯 끊어질 듯 이어가는 그 ing가 가슴 속을 저민다.

슬픔은 바이올린이나 첼로의 흐느낌처럼 선線으로 오는 것일까? 아니면 점點이나 빛깔로 오는 것일까? 와서는 종소리의 여운처럼 남는 것일까?

추사 김정희의 나이 57세. 그는 슬픔을 못 이겨 애도의 한시 '배소만처상配所輓處喪'을 지었다. 역설적 표현이 주는 애통함에 가슴이 시리다.

늙음에 이르러 나는 죽음의 무게조차 감량하고 싶다.

현악 4중주 같이 쓸쓸한 추사의 7언절구, 그 슬픔의 가람도 얕은 개울처럼 발목 적시며 건너고 싶다. 그래서 한시의 클래식 모드 스타일Classic mode style을 누그려 뜨려 조금 편안히 풀이해 봤다.

聊將月老訴冥府	료장월노소명부	월하노인아, 저승에 뭐라 말 좀 해줘
來世夫妻易地爲	내세부처역지위	내세에선 우리 부부 바꿔 태어나야 돼
我死君生千里外	아사군생천리외	나는 죽고 그녀는 천리 밖 제주에 살아남아서
使君知有此心悲	사군지유차심비	내 슬픔을 똑같이 느껴야 해, 난 어떡하라구

아내의 슬픔을 탁본처럼 뜬, 김정희의 애절한 감성이 약여하다.

구질구질한 허세가 없다.

1786~1856년의 그 고리타분한 시기에 이처럼 사랑과 슬픔을 쿨하게 표현하다니.

자신의 재주에 취해 한때 당당하다 못해 교만하다는 세평까지 얻었던 추사, 그래서 뭐 어떻다는 말인가. 하늘이 재주를 줄 때 곁들여 내리는 교만은 아주 작은 허용이 아닌가.

추사는 제대로 울 줄 알았던 선비였다.

추사秋史, 완당阮堂, 현란玄蘭, 보담재寶覃齋, 동해제일통유東海第一通儒 노어초老漁樵, 노과老果, 단파거사檀波居士, 육식두타肉食頭陀 …… 아이고, 글 가쁘다.

김정희의 아호는 100개도 넘는다.

추사 완당의 행장行狀 곳곳에 서린 작호의 미학에서 아직도 저 묵향이 풍겨온다.

❖지식인도 결국 시대성의 포로로 사는 존재다

도산서원까지 굳이 가지 않더라도 퇴계 이황은 학문과 덕행이 찌렁찌렁 회자되는 선비다.

임진란 극복의 한 방편으로 면천법免賤法을 역설했던 서애 유성룡은 일인지하 만인지상一人之下 萬人之上의 영의정에까지 올랐던 존재다. 그가 지은 '징비록'은 오늘날 휘황한 조명까지 받는 저술이다.

신사임당은 또 대한민국 최고의 고액지폐에 영정이 오른 화가이자 당대의 지적 요조숙녀다.

이만하면 세 사람 모두 살아서는 부귀, 죽어서는 영광 그 자체였다.

그러나 동서양의 지식인 누구라도 결국은 그 시대가 획득한 총체적 인식에 갇혀 살 수밖에 없는 존재다. 세 사람이라고 어찌 그 시대의 굴레를 벗어던지랴.

> 「신사임당을 비롯한 다섯 자매가 부모재산을 나눈 분재기分財記, 그 기록에 나타난 그녀의 집안노비는 162명이다. 명종 때 46명의 청백리 중 하나로 이름이 오른 퇴계 이황의 집안도 그가 죽고 나서 1586년에 다섯 손자녀에게 나눠준 분재기에는 367명의 노비가 있었다. 서애 유성룡 집안에도 임진왜란에 기근과 돌림병까지 덮쳐 많은 노비들이 죽고 흩어졌음에도 노비들은 146명이나 남아있었다.」
>
> (정연식 '조선시대 이야기2')

노예와 노비는 본질적으로 동의어다.

알렉스 헤일리의 '뿌리'가 아니더라도 소나 말 같은 노동력으로 전락하여 인간의 존엄성을 상실한 채 일생을 마친다는 것은 마땅히 분노해야 할 명제다. 생사를 건 노예 검투사의 혈투가 로마의 원형경기장에서 박수갈채의 눈요깃감이 되었을 때 우리는 인간의 태생적 악마성에 전율한다.

노비는 농경생활의 일꾼이었고 화폐나 진배없었다.

노비의 소유와 숫자는 주인의 경제력지수를 나타낸다. 노비가 많다는 것은 그만큼 조선 사회에 안착한 기득권 계급이라는 뜻이다. 퇴계와 사임당과 서애가 노비를 풀어준다는 것은 스스로 조선시대의 자본주의를 포기하는 행위였으며 그것은 곧 가난을 선택하는 일이었다.

21세기의 부자가 가지고 있는 고가의 주식을 코를 푼 휴지처럼 버릴 수 있을까?

조선이라는 사회가 품은 시대적 인식에서 그들 역시 자유로울 수 없었으리라.

노비의 이름만 해도 그렇다. 사서삼경에 통달한 선비양반이라 할지라도 노비의 이름을 이름답게 지어주거나 부른 이는 찾아보기 힘들다.

"언년아, 조끄만년아, 똥개야, 뒷간아!"

양반들은 계집종을 그렇게 불렀다. 그게 계집종들의 이름이었다.

언년이는 어린년이라는 뜻이다. 뒷간은 화장실의 조선시대 명칭이다.

사내종들에겐 '도야지', '독가비', '야차'에 '덜렁쇠'라고 이름 붙여 부르곤 했다.

이름 같지도 않은 이름을 이름처럼, 그렇게 계집종 사내종을 부르면서 그들은 마당에 가래침 뱉으며 살았다. 화창한 봄날이면 방뎅이 동그래지는 계집종 바라보며 불두덩의 동영상을 희롱하기 일쑤였다. 그게 조선시대의 국풍國風이었다.

조선을 다스린 임금은 모두 27명이다.

27명 중에서 나는 세종과 정조 두 분만을 임금다운 임금으로 꼽는다.

나는 두 분 임금께 A^+을 드리겠다. 나머지는 대부분 D다. E와 F도 부지기수다.

A^+이 27분의 2라니, 언짢기는 하지만 할 수 없다.

왕국의 존속 기간은 519년이었으나 아름다운 임금은 고작 27분의 2다.

내가 흠모하는 A+ 선비는 '성호' 이익과 이익을 사숙私塾한 그의 제자 '여유당' 정약용이다.

이익은 '성호사설'을 지어 조선 실학의 길을 닦은 선구자다.

여유당與猶堂의 여與는 '신중하라'다. 유猶는 '경계하라'다.

남인의 신분으로 노론의 칼날을 피하지 못하고 산 귀양살이 18년 동안에 여유당 정약용은 목민심서, 경세유표, 흠흠신서 같은 사회개혁안과 미래의 조선사회에 대한 청사진을 저술했다. 이것들은 모두 정조임금과 함께 이루고자 했던 경세치용의 저작물이다. 당연히 A+이다.

훌륭한 선비가 왜 두 분뿐이겠는가. 식견 높은 작가 신봉승이 꼽은 A+ 선비 15명을 소개한다.

1.오리 이원익(청렴함과 책임감) 2.백사 이항복(직언과 원로 소임) 3.퇴계 이황(덕망과 학문) 4.사계 김장생(예학의 법도를 세움) 5.지천 최명길(효율적인 양시론 외교) 6.중봉 조헌(도끼를 든 상소문) 7.율곡 이이(왕도 확립) 8.연암 박지원(북학과 현실 인식) 9.번암 채제공(정조의 시대를 열다) 10.우계 성혼(동방의 스승) 11.한훤당 김굉필(식견과 행실) 12.남계 박세채(군왕을 교화하다) 13.담헌 홍대용(종횡무진한 학구열) 14.정암 조광조(서른일곱 살의 검찰총장) 15.남명 조식(서릿발 같은 가르침)

아, 나도 한 사람 꼽고 싶다.

내가 무지무지 좋아하는 호동 이언진. 그런데 호동 이언진은 그 당시 신분이 미천하였는데 선비 세계의 일원이었던가, 아니었던가?

안중근 의사의 '도마'는 천주교 세례명 '토마스'의 한자식 표기다.

마르코를 '말구'라 쓰고 안토니오를 '안당'이라고 쓰는 것과 같다.

만해 한용운, 한힌샘 주시경,. 단재 신채호, 심산 김창숙, 벽초 홍명희, 백야 김좌진 ……. 숨차게 달려온 한국의 근현대에도 수많은 아호들이 역사의 한 페이지를 장식한다.

김구의 아호는 白+凡=白凡이다. 백정白丁에서 백白을 취하고 범인凡人에서 범凡을 취했다. 백정에서부터 평범한 '김이박'에 이르기까지, 누구나가 가져야 할 조국애. 백범은 그런 뜻을 품은 아호다.

가장 부강한 나라도 원치 않고, 남을 침략하는 것도 원치 않고, 가장 아름다운 나라가 되기를 소원한 분. 생활이 풍족할 만하고 침략을 막을 만하면 족하다면서 오직 높은 문화의 힘을 가진 나라를 꿈꾼 분. 백범白凡이야말로 실천궁행의 의지를 담은 외경스러운 아호다.

만약에 10만 원짜리 고액지폐가 발행된다면 망설이지 말고 백범白凡의 영정을 올려야 할 것이다. 조선왕조 519년의 뒤를 따라 선비정신을 이어가기 위해서라도.

옷을 백 군데나 꿰매어 입었다는 백결百結선생. 백결은 지독한 가난의 상징이다.

백결이 1000년도 더 지난 대한민국 거리에 '찢어진 청바지 패션'으로 등장했다.

찢어진 청바지 패션을 봤을 때의 그 경이로움이 아직도 생생하다.

개성과 자유의 패션으로 바뀐 백결의 「깁다」를 데리고 조선으로 돌아가 한양 도성의 번화가를 돌아다닌다면 무슨 일이 벌어질까?

데 8 장

누가 네루다의 영혼을 사랑하지 않으랴

초짜 대학생이었던 1964년 가을, 친구 김아무개의 입에서 '멜랑코리'라는 단어가 흘러나왔다.

그는 병약했던 과거와 죽음을 달고 다녔던 중고시절의 우울증을 이야기했다.

멜랑코리는 그때 생전 처음 듣는 말이었다. 그의 병력病歷이 그에게 그런 낱말을 일찍 알게 했을 것이다. 멜랑코리 ……라는 말은 씁쌀한 슬픔으로 다가왔다

몇 번인가 전전했던 전셋집 사글셋집들은 따지지 말자.

내 생애의 갈피 속에는 몇 채의 '내 집'이 있었다.

육이오 직후, 대전천 천변에서 살았던 무렵, 그때의 판잣집, 웅덩이같이 작았던 방 한 칸, 올챙이처럼 다섯 식구가 고물거리던, 서너평짜리 판잣집, 내 생애의 한때에는 그런 판잣집이 있었다.

판잣집을 이별하고 한동안은 중앙시장 이층집에서 살았다.

그건 우리가 지은 우리집이었다. 아래층엔 엄니가 가게를 차렸고 우리는 옥황상제처럼 이층 하늘에서 살았다. 내 생애의 한때에는 그런 이층집이 있었다.

50년대 말에는 기와집에서 살았다.

기와집은 힘이 세다. 지나가던 고구마장수도 쌀장수도 외상을 달라면 군말 없이 주던 기와집.

내 생애의 한때에는 기와집도 있었다.

제대하고 나서는 해방 전에 지은 선화동 양철지붕집에서 살았다.

양철지붕은 허풍이 세다. 가랑비만 내려도 억수비처럼 비명을 지른다.

나는 뜨거운 양철지붕 밑의 청년.

내 생애의 한때에는 그런 양철지붕집도 있었다.

60년 초를 기준으로 삼으면 괜찮은 기와집 한 채 값은 100만원 안팎이었다.

70년대 중반에 나는 660만 원에 대지 60평의 양철지붕집을 팔았다.

양철지붕집 판 돈 660만 원으로 슬라브집을 샀다. 1976년에 막 지어 따끈따끈한 집이었다.

"두껍아 두껍아 헌 집 줄 게 새 집 다오." 나는, 우리는 양철집과 슬라브집을 맞바꾸듯 팔고 샀다.

70년대 말을 바라보면서 집값이 널뛰기 시작했다.

660만 원짜리 집은 급기야 '억'을 호가했다.

그 무렵부터 우리는 억, 억, 하며 살았다. 사람들은 집들을 팔아치우고 둔산동으로 이사 갔다.

둔산동은 서울의 강남이다. 둔산동으로 이사간 사람들은 몇 억의 자산가가 되었다. 그러나 내가 사는 유천동은 쪼그라들었다. 660만 원짜리는 2억 가까이로 치솟은 적도 있었지만 다시 고꾸라져 내가 사는 슬라브집 단독주택은 지금은 1억을 겨우 상회한다.

660만 원과 '억'이라는 오락가락 산술은 '즈그들끼리의 자본주의'가 만들어낸 허상의 경제다.

40년 가까이 슬라브족도 아니면서 슬라브집에서 살았다. 나는 이곳에서 고종명考終命할 것이다.

곰투가리처럼 나를 품어온 슬라브집의 공로가 가상해서 작위를 수여하기로 했다.

공작 백작은 못 내리더라도 당호나 하나 지어주자.

우울이라든가 비애라든가 하는 우리말 어감으로는 무언가 허전하고 구슬프다.

나는 내 마당집의 당호를 '슬라브의 멜랑코리'라고 명명했다.

시방, 내 가슴은 멜랑콜리하다.

❖늙지 않는 상상력, 네루다의 그 순수한 황홀

파블로 네루다의 시집 '질문의 책The Book of Questions'을 읽었다.

74편의 시들은 시집 갈피마다에서 발그레했다.

네루다의 영혼은 신비스럽게 아롱거렸고 엉뚱한 상상들은 아가의 옹알이 같았다.

아래에 작고 짙게 쓴 문장은 네루다의 시구이다.

1973년은 네루다가 맞은 생애의 마지막 가을이었다.

세상을 떠나기 불과 몇 달 전에 쓴, 그의 마지막 시 74편 ……

왜 사람들은 헬리콥터들이

햇빛에서 꿀을 빨도록 가르치지 않지

헬리콥터가 벌처럼, 벌새처럼 꿀을 빨아먹는 세상, 그것이 우리가 도달할 평화의 낙원이다

네루다의 헬리콥터는 전쟁 살상용이 아니다.

질문의 형태로 된 네루다의 시 하나 하나를 읽을 때마다 하도 재밌어서 **나는, 또 살해당한 수박처럼 웃어댔다.** 네루다의 사색, 그 영토는 얼마나 광활하던가!

살해당한 수박처럼 웃으며 죽을 수 있다면 얼마나 즐거운 임종이랴.

네루다가 물었다. **가을이 한창일 때 당신은 노란 폭발들을 듣는가?**

"들었어유. 바알간 폭발, 갈색 폭발 …… 올 가을은 무슨 색 폭발일지 유심히 보겄어유.

보드카와 번개를 섞는 칵테일 이름은 뭐지?

네루다가 천연덕스럽게 묻길래 내가 잘난 척 대답했다.

그건 'poetic fainting (시적 기절)' 아닐까유? 그러다가 혼잣말처럼 중얼거렸다.

"보드카에 번개 섞은, '시적詩的 기절' 칵테일 한 잔 했으면 좋겠다."

'엉뚱한 놈이군', 그의 눈빛이 그렇게 말했다.

버려진 자전거는 어떻게 그 자유를 얻었을까?

나는. 기가 막혀서 웃었다.

한번도 제 길을 제 맘대로 못 가고 '남의 길'만 달리던 자전거.

그래, 버려진 자전거를 타자. 그런 다음 이렇게 말하자.

"페달도 밟지 않고 핸들을 잡지도 않겠다. 이제부터 네가 가고 싶은 길을 가봐."

내가 나에게 준, 이 가을의 셀프 숙제다.

루비는 석류 주스 앞에서 무슨 말을 했을까?

"석류주스, 넌 왜 나랑 비슷하지? 나, 루비의 영혼을 표절하지 마."

페트라르카의 한 소네트 속에 갇혀있는 파리는 뭘 할까?

페트라르카의 연인 라우라에게 시를 쓰겠지. 그게 아니면 잘못했다고 손 모아 빌 거다.

이탈리아의 계관시인 페트라르카의 소네트가 속삭인다.

'단 한 번의 그대 눈길이 그토록 힘이 되기에 내가 열정을 신뢰하지 않게 될 때, 그때 죽으리.'

나에게도 나를 조금 더 살게 할, '힘이 될 눈길' 같은 게 날아올까?

별똥별의 꼬리처럼 왔으면 좋겠다, 열정을 신뢰하지 않게 될 때

나도 죽어야 하니까.

말해줄래, 장미가 발가벗고 있는 건지 아니면 그게 그냥 그녀의 옷인지?
"장미는, 발가벗고 자는 몬로야."
나는 의기양양하게 네루다의 눈치를 살폈다.

왜 목요일은 스스로를 설득해 금요일 다음에 오도록 하지 않을까?
"목요일은 독재자다. 한국의 목요일은 설득하지 않는다."
나는 네루다에게 무얼 들켰는지 몰라 겁이 났다.

제비꽃들이 나타날 때 왜 땅은 슬퍼할까?
Why does the earth grieve when the violets appear?
"네루다님, 난 꽃과 땅이 무슨 불륜관계인지 모릅니다. 살록 홈즈한테 물어봐야겠어요."

왜 우리는 다만 헤어지기 위해, 자라는데 그렇게 많은 시간을 썼을까?
"내 안의 소년과 나는 아직도 헤어지지 않았답니다."

사랑, 그와 그녀의 사랑, 그게 가버렸다면, 그것들은 어디로 갔지?
장자의 나비를 타고 딴 세상으로 가지 않았을까요?

청색이 태어났을 때 누가 기뻐서 소리쳤을까?
아마도 red겠지요. red와 만나면 청색은 violet빛이 되잖아요..
"그보다도 아파트가 죽순처럼 솟을 때 내 슬라브집은 기뻐서 소리쳤을까유?"

❖ **나였던 그 아이는 어디 있을까 아직 내 속에 있을까 아니면 사라졌을까?**

"나였던 아이가 날마다 만나는 늙은이가 대체 누군가요?"

탁배기 한 잔에 발개져 술동무들과 이 얘기 저 얘기를 넘나들다가 나는, 까마무트름히 잊었던 낱말 하나와 재회했다. 집에 돌아오면서도 그 유년의 낱말이 머릿속에서 팽이처럼 뱅뱅 돌았다.

'동섰다', 내가 왜 그 말을 잊고 있었을까?

세월이 가져다 준 그 망각이 어처구니 없었다.

나는 잃어버린 내 피터팬, 어린왕자의 시간을 찾고 싶었다.

동섰다! 그건 해가 되고 달이 된 오뉘의 언어였다. 그건 나였던 아이의 언어였다.

내 어린 시절이 죽었을 때 왜 우리는 둘 다 죽지 않았을까?

얼음판 위에서 팽이 싸움이 붙었다.

발이 시려운 줄도 모르고 우리는 바알간 손으로 팽이를 쳤다.

어차피 이름도 성도 잊어 버렸으니 그냥 '고수' 라고 하자. 녀석은 팽이치기의 달인, 고수였다. 잊어버린 이름이 어찌 한둘뿐이랴.

고수는 힘도 들이지 않고 가볍게 살살 팽이를 치지만 녀석의 팽이는 언제나 지는 법이 없었다.

팽이를 돌려놓고 갑자기 고수가 개울가로 오줌을 누러간다. 고수가 다시 돌아왔을 때 팽이는 죽기 일보 직전이었다. 죽는다, 죽어. 우리는 고수의 팽이가 죽기를 바라며 소리를 질렀다. 그러나 웬걸,

쓰러져 가던 팽이를 고수가 팽이채로 툭툭 두어 번씩 쳐주자 팽이는 금세 생기를 찾고 살아났다.

씽씽 핑핑, 잘 돌아가는 팽이.

둥근 나무토막 한쪽 끝을 뾰족하게 깎아 채로 치거나 끈을 몸체에 감았다가 풀면서 돌리는 팽이. 원뿔 모양으로 깎은 팽이.

팽이는 단단하고 묵직한 나무로 깎아야 좋다.

박달나무나 팽나무를 깎아 좌우대칭이 되게 만드는데 그런 나무를 어찌 쉽게 구하랴.

팽이 끝에는 작은 쇠구슬을 박아 넣는다. 그래야 오래 돌아간다.

팽이를 치는 채는 40센티쯤의 막대기 한 끝에 끈을 달아 쓴다.

팽이가 도는 방향으로 팽이를 때려야 한다.

누구 팽이가 넘어지지 않고 오래 돌까, 그게 내기의 하나다.

그러나 돌고 있는 팽이를 서로 맞부딪쳐서 상대방의 팽이를 쓰러뜨리는 싸움이 진짜 재미있는 내기다.

잘 돌아가는 팽이가 어느 시점 극에 달하면 더 이상 움직이지 않고 마치 정지된 것처럼 꼬부랑말로 스톱 모션 Stop motion이 된다. 그 때 우리들은 누구랄 것도 없이 소리를 질렀다.

"동섰다!"

그렇다. 이게 바로 '동섰다'다.

동극생정動極生靜, 움직임이 극에 달하면 고요함이 발생한다.

이것은 팽이가 도달한 동극생정의 경지다.

팽이의 회전속도가 극점에 달하는 순간, 팽이의 중심축이 얼음판에 수직이 될 때 비로소 나타나는 '동극생정'은 태극권의 요결이다. 몸이 좌우 한 쪽에 치우치지 않고 정중正中으로 유지되는 입신중정의 상태다.

'동섰다'를 확인하면 우리는 피차 팽이를 몰아 상대방의 팽이에 부딪친다. 이윽고 어느 팽이 하나가 쓰러지면 승자는 비로소 의기양양하여 새파란 입술을 연다.

"내 건 닥나무 팽이야!"

그래, 그랬지, 그때 참.

내가 고수를 이긴 적이 있었던가.

내 생애에서 내가 동섰던 적이 있었던가?

작가는 팽이다. 팽이채로 얻어맞아야 동서는 존재다.

등단한 때가 반드시 동섰던 때라고는 말할 수 없다.

1973년 9월 네루다가 세상을 떠나기 불과 서너 달 전에 마침표를 찍은 이 시집. 300개가 넘는, 칠십 노인의 힘에는 버거워 보이는 온갖 물음들.

네루다는 죽음을 앞두고 박달나무 팽이처럼, 다시 한 번 동섰던 것처럼 보인다.

이 시집을 탈고한 뒤에 네루다는 자신의 열정을 신뢰하지 않게 될 때가 왔다고 느꼈을 것이다. 바로 그때 죽음이 그를 찾아온 것일까?

오래된 박달나무 팽이가 되고 싶다.

나였던 아이는 누구였을까 아직 내 속에 있을까 아니면 사라졌을까?

그 아이는 violet의 red를 좋아했을까, 아니면 purple을 좋아했을까?

네루다를 만나 해답을 찾고 싶다.

그는 어디에 있을까? 그가 저승에 없다면 난 죽을 필요가 없다.

나는 도대체 언제 동섰던 것인가. 아니 동섰던 때가 있기는 했던가?

여덟 시간에 87장을 썼던 적이 있었다. 하룻밤에 130장을 썼던 적도 있었다.

사흘 동안에 250장을 썼던 적도 있었다.

하얀 날밤을 부지기수로 새우며 연재소설을 썼던 적도 있었다.

청탁만 받으면 죽을 둥 살 둥 마감 기일에 작품을 대던 적도 있었다.

그것이 동섰던 시간이었나?

아니다. 나에겐 동섰던 때가 없었다.

그건 동섰던 것이 아니라 이슬을 뿌려줘야 하는 욕망이었을 뿐이다.

내 자신의 열정을 신뢰하지 않게 될 시간은 뜻밖에도 빨리 찾아올지 모른다.

4년마다 올림픽이 열리는 해에 열리고 상금도 무려 40만 달러나 되는, 그래서 세칭 바둑올림픽이라 불리는 응씨배는 세계최대의 기전이다.

2012년 5월, 제7회 응씨배 세계바둑선수권대회 본선 토너먼트 8강전에서 16세의 판팅위(3단)는 중국 랭킹 1위 19세 탄샤오(7단)를 불계로 꺾고 4강에 올라 씨에허와 결승 진출을 다투게 되었다.

욱일승천의 기세로 잘 나가던 탄샤오는 판팅위의 등장에 장탄식했다.

"기생단 하생옥旣生檀 何生鈺" 탄샤오를 낳고서 왜 다시 판팅위를 낳았는가.

내심 스스로 천재기사라 자부하면서 탄샤오의 새 시대를 열어가려던 찰나, 자신의 웅지가 채 만개하기도 전에 또 하나의 어린 천재 판탕위가 나타나서 무참히 자신의 기세를 꺾었으니 탄샤오가 탄식할 만도 했다. 더군다나 응씨배는 4년에 한 번씩 열리는 대회여서 다음을 기약하려면 세월과 싸워야 하는 게 아닌가.

이창호鎬 때문에 번번이 일인자가 되지 못했던 마효춘春도 탄식했을 것이다.

"기생춘 하생호旣生春 何生鎬" (하늘은) 마효춘을 낳고서 왜 다시 이창호를 낳았는가?

제갈량 때문에 생전에 2인자였던 촉나라의 봉추 방통도 아마 탄식했을 것이다.

"기생봉추 하생복룡旣生鳳雛 何生伏龍" 봉추를 낳고서 왜 다시 복룡(제갈량)을 낳았는가?

봉추는 낙봉파 싸움에서 제갈량보다 먼저 죽었다. 마치 2인자의 숙명인 것처럼.

낙봉파落鳳坡는 봉추가 죽은 고개, 그런 뜻이다. 봉추 사후에 지은 지명이 분명하다.

1인자가 된다는 사실은 사실인가?

어떤 분야에서 정말 1인자가 될 수 있을까? 결국은 1인자가 못 되는 것 아닌가.

한때 1인자였다고 하더라도 멀지 않아 누구에겐가 넘겨주어야 하는 것이라면 결국 1인자는 없는 것이다.

"기생단 하생옥旣生檀 何生鈺" 탄샤오를 낳고서 왜 다시 판팅위를 낳았는가.

탄샤오의 탄식은 탄식할 필요가 없는 탄식이다.

왜 나는 신비롭게 태어나지 않았나? 왜 나는 친구들 없이 자라지 못했나?

"기생수재 하생수남旣生秀才 何生秀男" 이미 수재를 낳았으면서 어찌 수남을 낳았는가?

딴죽 걸지 마시라, 김수남식 가을 유머, 언어희롱일 따름이다.

누구나 동서는 시간을 가질 수 있으며 그것은 성공이냐 실패의 문제가 아니며 단지 에너지의 문제라고 말하고 싶다. 에너지를 열정이라고 해도 좋다.

에너지가 보존된다는 열역학 제 1법칙은 자연계에서는 실제로 일어나지 않는 많은 과정들이 있다, 고 한다. 사회인문학적 해석에 따르면, 일정한 방향성과 목표성을 가지고 수행해도 자신이 행한 행위는 열전달 과정에서, 에너지가 어떤 저항성에 막혀 손실되기 때문에 항상 자신이 원한대로 되돌아오지는 않는다. 내 생애에서 발생한 저항성은 무엇이었을까?

페트라르카의 소네트, 그 속삭임을 조금만 고치자.

'내가 내 열정을 신뢰하지 않게 될 때, 그때가 내가 죽어야 할 가장 적당한 때이다.'

비로소 생각이 정리되는 것 같다.

등단 이후 발표한 몇몇 내 글은 내 열정을 신뢰할 수 없어 부끄럽기 그지없다.

예컨대 '일인칭의 계절'이 그런 작품 중의 하나다.

'일인칭의 계절'은 1971년 재일在日 '한양'에 실렸던 단편소설이다. 문장부터가 허점이 많았다.

① 소설적인 문장으로는 부적절한 관념적 어휘 사용이 많았다.

보기; 나의 갈구는 비현실적인 것이었다. 식사소리와 같은 현실적인 소음을 내 귀가 잡아냈다는 것은 내가 그만큼 회복되었다는 객관적인 증거라고도 볼 수 있었다.

② 아래의 예문을 보라. 괄호 안에 불필요한 한자를 표기했다

보기; 열녀烈女의 곡성哭聲처럼. 고급高級의 자기주의自己主義가 확립되어 있었다.

③ '나에게 있어서'의 '있어서' 같은 일본식 말투도 가끔 섞였다.

④ '영문법의 시제, 흔히 대과거라 불리는 '~었었다' 같은 시제를 사용했다.

⑤ 무엇보다도 주제의식의 형상화에 실패했다.

일주일 앓고 난 꼬마대장. 새로이 대장이 되려는 도전자. 성벽에서 뛰어내리기를 통하여 대장을 정하려는 내기. 결국 부하였던 피지배자들은 새로운 대장을 추종한다.

지배와 피지배, 독재자 문제를 일종의 알레고리 수법으로 그리려던 이야기 구조였지만 군더더기가 많고 치밀하지도 않다. 그러나 어쩌면 실패한 알레고리였기 때문에 유신시대의 눈을 피했는지도 모른다.

치즈는 왜 프랑스에서 영웅적인 일을 하기로 결정했을까?

다양한 치즈를 사랑하는 프랑스 사람들. 치즈는 프랑스의 자유를 상징한다.

드골 대통령이 말했다.

"일 년의 날짜만큼이나 다양한 치즈를 찾는 프랑스 사람들을 어떻게 통치할 수가 있겠는가?"

국가보안법 위반, 반공법 위반, 긴급조치 1호 위반으로 떠들썩했던, 1974년의 문인 간첩단 사건이 터졌던 그 시절, 다양한 김치를 사랑하는 한국인이었지만 우리에겐 드골이 없었고 오로지 독재자만 있었다.

3년 뒤, 1974년에 발표한 '어느 하루의 별곡'은 '일인칭의 계절'보다 진일보한 알레고리였지만 몇몇 평론가만이 그 알레고리의 정체를 간파했을 따름이다.

'어느 하루의 별곡'은 영웅적 치즈도, 영웅적 김치도 되지 못했다.

30대에 접어들면서부터 나는 일정한 방향성으로 절차탁마의 과정을 수행했고 40대에 들어서서야 비로소 목표성의 어느 정도, 문장을 알기 시작했다고 자평한다.

내가 내 책에 대해 물을 수 있을까, 그걸 정말 내가 썼는지?

나뭇잎들은 노란색을 느낄 때 왜 자살을 할까?

자신의 죽음을 암시라도 하는 것처럼, 서른아홉 살에 자살한 다자이 오사무太宰治가 말했다.

'가을은 여름이 타고 남은 것'. 그는 그의 가을을 무슨 빛깔로 생각했을까?

고로쇠단풍이 올해도 노오란 가을을 데리고 왔다.

저녁나절에 들면 귀뚤뚤 귀뚤뚤, 실솔이 마당의 적막을 찌른다.

베이스기타의 저음도 아니고 전기기타의 공격적인 사운드도 아니다.

귀곡성鬼哭聲 판소리 창법도 아니다.

날개를 비벼대며 켜는 귀뚜라미의 바이올린 소리는 목구멍이 아니라 날갯짓으로 내는 소리다. 그래서 어떤 때는 그 소리를 눈으로 보고 싶다.

어린 날은 그리운 눈물, 젊은 날은 불에 덴 화상火傷.

'첫가을'의 사전적 정의는 '가을이 막 시작되는 무렵'이다.

내 2014년의 첫가을은 낯설다. 한 번도 맞이한 적이 없었던 계절 같다.

올 가을은 시름이 깊은 것일까?

세상사 돌아가는 민낯은 눈도 없고 귀도 없고 입도 일그러졌다.

거짓과 불통, 오만, 군림과 장악 같은 시도가 역사의 시간을 잠시 가둘 수는 있을 것이다.

나라가 마치 시한부 말기 암 서너 개쯤을 한꺼번에 앓고 있는 것 같다.

새벽 축시 무렵에 잠을 깨면 늙은 스님의 불면처럼 마당을 서성이는 내 발밑에 쪽달이 내린다.

슬픔과 기억 중에서 어떤 게 혁대에 더 무겁게 매달릴까?

'고통 앞에서 중립을 지킬 수 없었다'는 프란치스코 교황의 비수가 아직도 가슴을 도려내는 가을.

인간을 제물로 삼는 자본주의의 가을이 왔다.

어느 가난과 고독이 또 어디에서 홀로 자살을 꿈꾸고 있을까?

시집을 가지고 다녔다는 체 게바라의 혁명이 떠오르는 가을.

가본 적도 없는, 쿠바와 볼리비아의 마을 하나와 아르헨티나의 풍경이 어른거린다.

코스모스의 꽃잎과 바람은 불륜의 관계일 것이다.

칸초네의 연인은 무엇일까? 저녁 어스름 아니면 어둠일 것이다.

심홍深紅의 루비는 샹송을 들으며 자랐을 것이다.

패티김의 사랑과 발라드는 가을에 몸을 섞을 것이다.

이런 비애의 감정에 젖는 것이 철없는 스무 살 취향이라고 여겨질 만큼 모든 것이 뒤죽박죽인, 취한 나라의 가을이 저만치 지읏자로 걸어가고 있다.

조끼들은 저항을 준비한다는 건 맞는 말일까?

어쩌면 지금이 내 생애의 첫가을이 아닐까?

불현듯 조끼를 입고 싶은 가을, 무언가 고백도 못한 가을이 제 혼자 가고 있다.

일흔 한 살을 망팔望八이라 한다. 바라볼 망望에 여덟 팔을 쓴다. 그러니까 일흔 한 살 고개에 올라서서 멀리(?)보이는 80을 바라본다는 말이다, 그렇다. 망팔은 일흔 아홉 살이 아니다. 일흔 아홉이라면 코앞에 닥친 80을 바라보고 자시고 할 필요조차 없다.

예부터 아주 드물었다는 70늙은이. 그래서 고래희古來稀라 하고 줄여서 고희라 하는 70 늙은이. 그 드물었다는 고희를 지나 80을 바라보는 망팔에 도달했다면, 왼발은 이승, 오른발은 저승을 딛고 있는 나이다. 그러니까 망팔쯤 되면 황천행 5분 대기조다.

부우~웅, 아날로그의 긴 기적을 울리며 마악 떠나려는 기차, 그것이 망팔이다.

삶에 겸허하라. 몸을 삼가라. 내 생각에, 망팔은 그런 뜻을 내포한 경계의 언어다.

100세 시대의 환상에 젖어 30년 더 살겠다고 오두방정 떨 일이 아니다.

죽음도 삶의 일부다. 그러나 장삼이사 필부에 지나지 않는 내가 어찌 쉬이 그런 경지에 이르랴.

올가을이 유난하게 다가오는 것은 망팔이 주는 감상感傷으로 나 스스로를 적신 탓도 있었을 것이다.

혁명을 완성한 뒤 다시 혁명의 길을 떠나는 남자, 체 게베라.

권력을 쟁취한 뒤 권력을 버리고, 다시 가난한 이들의 곁으로 갔다는 남자.

서른아홉 살로 죽어 영원을 사는 남자, 체 게바라.

사르트르는 왜 그를 '20세기의 가장 완전한 인간'이라고 했을까?

'체 게베라'도 '다자이 오사무'도 죽은 서른아홉 살.

가을은 그들의 '서른아홉 살 생애'를 다 읽고 오는 것일까?

들판에는 혁명을 완성한 벼가 노랗다. 한없이 많은 흰 이들로 쌀은 누구에게 미소 지을까?

체 게바라는 혁명을 완성한 벼다. 그럼에도 그는 자신이 노랗지 않다고 생각했다.

그는 흰 이들로 웃는 쌀이 되기 위하여 다시 볼리비아로 떠났다.

어제 나는 내 눈에게 물었다 우리가 언제 다시 보게 될까?

나와 나는 만났다 헤어지기를 되풀이한다. 언제쯤이면 나와 내가 만나 헤어지지 않을까?

올 첫가을 어느 날, 나와 내가 술잔을 기울이게끔 만남을 주선해야겠다.

괌도 아니고 사이판이나 몰디브도 아니고, 1973년이 명령한 내 신혼여행지는 제주도도 아니었다. 온양 온천이었다. 애개개, 어디에선가 웃는 소리가 들려온다,

그 흔해빠진(?) 해외 배낭여행도 못했다.

루브르 박물관은 귀에만 익을 뿐 런던의 빅벤 시계탑 근처에서 어정거린 일도 없다.

라인강변 포장마차(?)에서 맥주 한 잔 기울인 일도 없다.

아내의 차를 가끔 얻어 타긴 하지만 마이카시대도 나하곤 거리가 멀다.

지난 생애의 내 365일 라이프스타일을 보면 이건 뭐 짐승 대신 월급을 사냥해오는 석기시대 원시인에 진배없었다.

내가 생각해도 아, 시시껄렁한 생애였다.

그나마 소주 정종에 맥주와 양주, '와인'시대를 거쳐 막걸리 시대가 다시 돌아온 바람에 지금 마시는 내 막걸리 잔이 빨개지지 않아 다행이다.

여전히 나는 아날로그 라이프스타일의 울타리 안에서 살아갈 수

밖에 없다.

어떻게 죽어야 할까?

엔진을 비롯한 내 각종 부품의 수명이 다해 스르르 자연사하면 좋겠지만 그건 아무래도 과욕일 것 같다. 돌연사 정도면 좋겠는데 그도 쉽지는 않을 것이다. 그래서 그 변종으로 생각해낸 것이 취생몽사다.

술에 취한 듯 살다가 꿈을 꾸듯이 죽다. 취생몽사(醉生夢死)는 그런 뜻이다.

이룬 일도 없이 한평생을 흐리멍덩하게 살아간다는 비유다. 결코 좋은 뜻이 아니다. 그러나 나는 이것을 두루뭉수리 내 식으로 해석한다.

술 한 잔 거나히 취하면 휘영청 뜬 달 갈퀴로 끌어당겨 밤을 밝히고, 오추마 한 필 구해 벌판의 끝까지도 달리고, 천고에 남을 시 한 수 낚을 수 있다면, 오오, 인생사 이만하면 온통 황홀경!

이러다 어느 날 훌쩍, 꿈꾸듯이 숨 멎으라. 무얼 더 바라겠는가.

그런데 노인들은 왜 빚이나 화상火傷을 기억하지 못할까?

광화문에서 목청을 높이며 거리에서 시위를 하는 저 노인들은 빚이나 화상을 기억할까?

모든 누에들은 왜 그렇게 너덜너덜하게 사나?

너덜너덜하게 살면서 명주실로 가는 누에의 삶은 고고하다.

누에는 자신이 고고하다는 것조차 모르면서 고고하다.

두보가 읊었다.

'이백일두시백편李白一斗詩百篇' 이백은 술 한 말에 시 백 편을 짓는다.

백 편도 백 편이지만 주량이 술 한 말이란다.

술 전문가들은 이백이 우리나라 막걸리로 치면 열 몇 주전자 정도를 마셨을 것이라고 추정한다.

내 주량은 소주 한 병이 무난하고 탁배기 한 주전자면 족하다.

술동무가 맘에 들어 '권커니 잣거니'하면 조금 더 늘어날 수 있긴 하지만 그것은 대체로 젊은 날의 야사野史일 따름이고 요즈음은 아무래도 쏘맥 합궁 다섯 잔이면 임계점이다.

'자만시自挽詩'는 시인이 죽음을 가정하고 스스로 자신의 죽음을 애도하는, 독특한 시형식이다. 한문학과 임준철 교수라는 분이 내린 정의다. 임교수가 '내 무덤으로 가는 이 길' 이란 제목으로 조선시대 자만시를 모아 역주하고 평설을 붙인 책을 냈다.

시로 쓴 고백록이랄까? 일기장 구실도 하고 유언의 기능도 있다.

자신이 죽었다는 전제 아래 옛사람은 대체 어떤 심사를 피력했을까?

김시습의 자만시 당서몽사노當書夢死老는 이렇다.

소세사명리少歲事名利　　나 어렸을 적엔 명리 일삼았고
장년행전도壯年行顚倒　　나이 들어선 행동이 갈팡질팡했지
(중략)
백세표여분百歲標余墳　　나 죽은 뒤 무덤에 표시할 적에

당서몽사노當書夢死老　　꿈을 꾸다 죽어간 늙은이라 써야 하리

김시습의 자만시 당서몽사노當書夢死老는 시대상의 의미를 담았다. 자조적이고 당대의 가치체계를 거부하는 아웃사이더로서 굴절된 자기표현 같기도 하다.

김시습은 1493년, 그의 나이 59세에 부여 무량사에서 세상을 떴다.

죽음 앞의 고독. 죽음에 대한 초월. 죽음 앞에서 생각나는 사람들. 사자死者가 되었을 때의 정경. 누구든지 자신의 죽음을 생각하며 리허설 같은 것을 하고 싶었을 것이다.

상여꾼들이 어~야 어~야, 만가를 구성지게 부르면서 마을을 빠져나간다.

나는 술이 거나한 아버지의 판소리도 좋아했지만 상여소리도 좋아했다.

어렸을 때엔 심심찮게 상여가 나갔다.

동네에 상여가 나면 숟갈을 놓기 무섭게 나는 후다닥 뛰어나가 상여를 좇았다.

생의 꼬랑지만큼도 못 산, 쬐그만 녀석이 뭘 안다고 그랬는지 나는 요령잡이 소리가 마냥 좋았다.

하늘 높은 가을날에 떠나가는 상엿소리는 창백한 산비탈처럼 쓸쓸하고 좋았다.

처량한 듯 신명나는 소리. 살풀이춤 수건이 앞장서면 얼마나 흥겨울까(?).

상엿소리는 깊은 가을 먼 하늘로 떠나가야 한다.

황천길이 멀다드니 방문 밖이 여기로다 어어~허어~어어~어하

벗님네들 잘들 있소 이제 가면 언제 오나 어어~허어~어어~어하
가자가자 어서가자 북망산천 어서가자 어어~허어~어어~어하

가을을 슬퍼하지 말라. 가을을 슬퍼했다면 다시 이승의 현실로 돌아오라.

가까운 변두리로 나가 강아지풀 줄기를 열 두어 개쯤 뽑아오라. 그것을 새끼손가락 길이로 자르라. 그런 뒤에 말려라. 그것은 훌륭한 이쑤시개다. 잇새를 상하지 않게 쑤실 수 있는, 그것은 자연산 무공해, 최고의 이쑤시개다. 이것이 이승의 현실이다.

그대는 슬퍼하다가 이쑤시개의 현실로 어서 돌아오라.

내 첫가을이 가고 있다.

노란색이 고갈돼버리면 무엇으로 우리는 빵을 만들지?

노랑이 고갈돼버리면 파란 자유로 빵을 만들자. 흰 빵도 굽자.

흰 색은 존재의 존엄이다.

나뭇잎들이 노란색을 느끼고 자살하는 가을 옷깃이 저만치, 산모퉁이를 돌아가고 있다.

●우리의 욕망들은 이슬을 뿌려줘야 한다는 건 맞나?

Is it true our desires must be watered with dew?

한국은 욕망의 비곗덩어리로 성장한 나라다.

욕망 때문에 사는 게 메스껍고 느글거린다.

장마철의 걸레 같은 욕망, 어리석은 토목공사가 강의 자연을 호수의 인공으로 만들었다.

아직도 미망迷妄에 빠져 권력은 그것이 옳은 강이라고 강변한다.

프랑스에서는 왜 최고의 강들을 흐르게 했을까?

친구에겐 프랑스말로, 연인에겐 이탈리아 말로, 말에겐 독일어로, 하느님에겐 스페인어로 말하라.

5성급 호텔. 상들리에 조명이 근사한 레스토랑. 와인을 곁들여 칼질하면서 속삭이는 신사 숙녀. 그들이 알아야 할 유머다.

그러나 한국에서는 한국어로 말하라.

쏘맥 폭탄주를 아홉 잔쯤 먹고 양주를 반 병 마신 뒤에 막걸리를 석 되 가량 퍼먹어라.

그런 다음 한국어로 말하라. 혀가 꼬여 듣는 사람이 못 알아들어도 상관없다.

왜냐하면 오늘의 한국어는 알아들으라고 하는 언어가 아니다.

한국의 권력자, 정치인들은 비논리의 언어로 말한다.

한국어는 욕망의 언어가 돼버리고 말았다.

한국인의 욕망은 광대무변 무한대다.

월화수목금 5일은 화려요란한 도심에서 21세기 직장을 오가고, 토·일요일 2일은 찌든 속진俗塵 씻어내며 명승名勝 시골에서 편백나무 누리자.

밋밋한 전원은 저리 가라. 농사도 조금 짓자.

상추 쑥갓에 샐러리 당근도 좋고, 몸에 좋다는 참취 곰취 돌미나리에 두릅 유채나물, 몇몇 소채도 심자. 인생백세 지금다人生百歲 至今多, 이 좋은 세상 어찌 남에게 뒤져 2등을 하랴.

너도 꾸고 나도 꾸고 질펀히 꿈을 꾸자.

좋다, 함께 맞장구치자. 5일은 도시생활, 2일은 시골생활. 5도 2

촌 만만세! 하이파이브!

이런 추세를 놓칠세라 이동식 컴팩트 하우스를 표방하는 어떤 이동 농막 전문기업은 최근 고급 이동식 주택형 농막 '휴스테이 큐트'를 출시했다.

휴스테이는 '休Stay'라고 쓴다.

쉴 휴休에 머무르다의 Stay를 붙여서 자연생활의 휴식을 즐기라고 손짓하고 있다. '휴스테이 큐트'의 큐트는 서브네임이다.

요즈음 건축기업들은 거의가 대표 브랜드명名을 먼저 짓는다.

대표 브랜드명을 '정正 브랜드명' 이라 한다면 상품을 내놓을 때마다 서브네임이란 형태의 '부副 브랜드명'까지 붙이고 있다. 그러니까 정正 브랜드명이 休Stay이라면 '휴스테이 큐트'는 休Stay 상품의 하나라는 말이다. 큐트cute는 귀여운, 깜찍한, 뭐 그런 뜻이다.

한반도를 습격한 꼬부랑말들은 모두 한국인들의 욕망을 먹고 번식한다. 그 번식력은 '블루길, 베스'의 식욕을 능가하고 생장 정착력은 '가시박, 단풍잎돼지풀'을 앞질렀다. 한국어의 생존기한은 언제쯤까지일까? 죽기 전에 어서 한숨짓자.

오해하지 마시라. 休Stay 홍보가 아니다.

'순수영혼'들에게, 욕망의 세상 물레방아를 소개했을 따름이다.

들불처럼 번진 브랜드 이름짓기의 본질은 욕망을 겨냥한 상혼의 유혹이다.

누가 브랜드명을 막으랴.

지금 대한민국엔 '이름표를 붙여줘'의 열풍이 불어닥쳤다.

외국어 브랜드명, 욕망을 부채질하는 홍보 설명문에 초중고대 16년 공부는 무가치할 따름이다.

이동식 고급 주택형 농막 '휴스테이 큐트'. 기존의 컨테이너 하우스가 아니다.

미국식 시스템 자재로 이루어진 창호와 원목 루바, 실크벽지, 강화마루,

화이트 코팅 주방시스템, 원목 테두리 조명 세트, 열선을 내장한 화장실 배관 ……

웬만한 중대형 아파트의 구성을 거의 그대로 사용했다. 화장실 도기는 국내 유명업체의 제품을 사용했다. 전기, 가스, 수도 등의 설치가 가능하다.

아파트 건설사들이 서브네임을 경쟁적으로 갖다 붙이는 것은, 욕망의 차별화 고급화 전략이다. 아파트에 브랜드를 붙이기 시작한 지도 벌써 10여년이 흘렀다.

LH가 공급하는 아파트는 '리더스하임LEADERS HEIM'이다. '리더스하임'은 '지도자의 집'이다. 리더에다가 집이라는 뜻의 독어 하임을 결합하여 주거환경의 격을 높였단다. 지도자가 쏟아져 나올 것 같으니 지켜보는 일만 남았다. 아차차, 못 보고 죽을 텐데.

LH아파트를 '내 아파트'라고 읽는다면 당신은 백내장 치료를 받아야 하거나 물색 모르는 시골노인일 것이다.

'고종석의 문장'이란 책에서 고종석은 선전과 선동을 말한다.

선전은 독자의 이성에 호소하는 것이고 선동은 독자의 감성에 호소하는 것이다. 선전은 설득하는 기술이고 선동은 매혹하는 기술이다.

지금 나는 선전 선동을 중립적인 의미로 쓰고 싶다.

나는 休Stay의 브랜드가 나타내는 선동의 매혹을 이야기하는 것이다.

서민에게 다가가는 아름답고 슬픈 선동. 지지리도 못 살아온 코리언들의 감성을 파고드는 홍보술. 그러면 어떤가. 즐겁게 그 물결에 몸을 던져 한 많은 이 세상, 한바탕 희희낙락 살다 가야 하는 것 아닌가.

당신의 욕망은 어디까지인가?

❖ 이슬라네글라*에서 나를 기다린 건 무엇인가? 초록 진실인가 아니면 품격인가?

당신은 중산층인가?

중산층이란 말이 매스컴에 오르락내리락 할 때마다 그 기준이 뭔지도 모르고 나는 하류층에 더 가까울 것이라고 지레짐작했다. 어느 날 검색어로 '중산층 기준'을 때렸더니 얼굴 달아올라라, 예상대로, 나는 중산층이 아니었다. 나는 '하산층'이었다.

몇 나라의 중산층 기준을 비교해 보자.

프랑스 퐁피두 대통령의 중산층 기준 → 1.외국어 구사 능력 2.직접 즐기는 스포츠 여부 3.악기 하나 연주 4.개성적 요리 능력 5.'공분' 참여, 6.봉사활동

영국 옥스포드 대학의 중산층 기준 → 1.페어플레이 2.주장과 신념 확신 3.독선 지양 4.강자에 맞서는 태도 5.불의, 불법 대처 자세

* 이슬라네글라 : 네루다가 만년을 보낸 바닷가의 집

미국 공립학교에서 가르치는 중산층 기준 → 1.주장에 대한 확신 2.사회적 약자 배려 3.부정 불법 거부 4.비평지 정기 구독

한국인의 중산층 기준 → 1.부채 없는 아파트 30평 이상 소유 2.월수입 500만 원 이상 3.2000cc급 이상의 자가용 소유 4.예금액 잔고 1억 원 이상 5.연 1회이상 해외여행

조사의 신뢰성 여부는 그만두고라도 한국인의 가치관은 단연 속물근성의 압권이다.

나는 뭐지? 한국인의 중산층 기준을 하나도 만족시키지 못하는 나는 뭐지?

조선 시대 노비인가?

중산층이 되려면 아무래도 영국이나 미국에 가서 기웃거려야 할 것 같은데. 그런데 어쩐다? 난, 미국에서 기웃거리기 싫은데.

부엌도 성형, 거실도 성형, 고치고 고치면서 살아온 이 슬라브집,

40년 가까이 멀대처럼 서있는 집.

그러다보니 문패 역시 40년 동안 시래기처럼 매달려 있었다.

게을러 터져서 미루고 벼르다가 서예가 석정의 글씨가 새겨진 새 문패를 달았다.

金秀男이라는 한자 먹글씨로 40년 가까이 매달렸던 문패는 먹빛도 다했을 뿐더러 나무 판대기조차 그 몰골이 비루해진 터였다.

나는 석정에게 아무것도 말하지 않았다. 단지 문패에 들어갈 이름 여섯 글자만 알려주었다.

열 서너 날이 지나 그가 문패를 가지고 나타났다.

가로 15센티 세로 25센티, 김수남 오정애, 두 사람의 이름을 품은 문패는 작고 겸손하고 기품이 있었다. 세로로 새겨진 하얀 음각 글씨는 정갈했고, 조선 소나무에 거무스름한 갈색 착색제를 더해 질감은 천연덕스러웠고, 나이테 나뭇결은 지문처럼 약여했다.

두 이름의 마지막 글자 '남'과 '애'가 마치 오뉘처럼 마주보고 있다.

바로 그런 느낌이 들도록 써서 새겼다고 한다.

서예가 석정의 감성적 재기才氣가 번뜩이고 강원도 칼국수의 옹심이 같은 정성이 살갑다.

오오, 좋다. 내 가슴 속에서 기쁨에 겨운 내가 꽈리를 불었다.

산목숨의 재미 하나가 더 생겼다.

새벽녘에 일어나자마자 새로 단 문패를 남몰래 그윽이 바라보는 바로 그것.

문패를 보며 내가 슬라브에게 말없이 물었다.

내가 마침내 나 자신을 찾은 곳은 그들이 나를 잃어버렸던 곳인가?

나는 한 번도 아파트에서 살아보지 못하고 21세기의 어느 날에 생을 마감할 비경제적 호모 이코노미쿠스Homo Economicus다. 그들이 나를 잃어버렸던 곳이 아파트가 아닌 것만은 분명하다

당신의 절멸(絕滅)은 또 하나의 목소리와 다른 빛에 흡수되지 않을까?
우리의 욕망들은 이슬을 뿌려줘야 한다는 건 맞나?

나는 딴에는 고요히 **절멸**絕滅을 기다리고 있다. 나는 이제 욕망을

버릴 만큼 늙었다.

그런데도 이슬을 뿌려야 한다면 어떤 욕망이 내 안에 찌꺼기처럼 숨어있는지 찾겠다.

그래도 당호堂號 하나쯤은 가져도 좋지 않을까?

건축회사 아이디어를 본떠서 '버드내골 休스테이'라고 할까?

버드내골은 유천동柳川洞을 우리말로 바꾼 것이고 휴는 쉴 휴休가 아니라 한글의 감탄사 휴!다.

너, 정말 나를 품고 오래도 버텼다, 휴! 그런 뜻의 '휴!'다.

'休Stay'의 아이디어를 따오긴 했지만 숨은 뜻은 아주 다르다. 그러면 어떤가.

내 머릿속에서만 존재할 이름이 아닌가. 그렇게 생각하다가 그럴 수는 없다고 고개를 저었다.

Is it true our desires must be watered with dew?

그런데 네루다의 시구는 왜 need가 아니라 desires일까?

그리고 왜 나는 이주를 결정했지 내 뼈가 아직 칠레에 살고 있는데

양철지붕집에 물이 들어왔다.

한 시간 넘게 쏟아진 장대 같은 억수비에 복개공사를 한 도랑물이 하수구를 역류해서 마당을 덮쳤다. 부엌까지 쓰나미처럼 밀려온 도랑물.

허둥지둥 집에 와보니 출산 직후의 아내는 방에 누워 마당을 가득 채운 도랑물을 하염없이 바라보고 있었다. 비가 조금만 더 왔더라면 수재민이 될 뻔했다.

빌어먹을, 마구잡이 개발 복개공사, 무계획 도시정비.

이사 가자. 나는 선화동 양철지붕집을 떠나기로 작정했다.
왜 나는 이주를 결정했지 내 뼈가 아직 선화동에 살고 있는데

어머니는 당신에게 익숙한, '마당 있는 삶'을 원했다.
나는 아파트를 선택할 수 없었고 '마당'은 나 역시도 늘 바라던 바였다.
'마당'은 어머니와 내가 만나는, 영혼의 터전이었다.
해마다 채송화를 심고 싹을 틔우고 바라보던 어머니의 등이 생각난다.
어머니의 일생은, '마당이 있어 행복하였네라'다.

30년 이상 살아온, 청상의 양모 어머니가 청춘살이를 하던 어머니의 집, 양철지붕집.
가을이 되면 해마다, 어머니는 미닫이문 창호지를 새로 바르고 유리 쪽창을 냈다. 창호지엔 국화꽃 잎새를 따 넣었다. 겨우내 국화향을 숨기던 미닫이문. 그러고선 쪽창을 통해 마실 오는 할머니들을 바라보던 어머니. 우리집은 대문을 잠그지 않고 살던 동네 사랑방이었다.
어머니는 쪽창으로 쪽창 밖 마당의 뽀개진 석류, 그 루비를 바라보았다. 가을이 오면 그랬다.
유천동으로 이사 와서도 한동안은 석류 이야기를 꺼내곤 했다.
"시집와서 바로 심은 거니까, 한 30년 됐을 거여. 캐올 걸 그랬어."
Is it true our desires must be watered with dew?
우리의 욕망에는 눈물이 배어있다, 그게 사실인가?
생각해보니 판잣집도 이층집도, 기와집도 양철지붕집도, 마지막

에 선택한 슬라브집도 그것들은 모두 어쩔 수 없는, 나의 need였다. 나의 desire가 아니었다.

나는 결국 need를 찾아 슬라브집으로 왔다. 그리고 40년을 살았다.

나는 청빈을 덕목으로 삼은 바가 없다. 다만 부자가 되기를 꿈꾸지 않았을 따름이다.

아파트의 편리를 포기한 대신 단독주택은 모든 아날로그의 불편을 감수해야 한다.

감수의 끝에 돌아오는 것은 아날로그적 삶에 대한 연민일지도 모른다.

그래서일까? 단독주택 슬라브집은 언제나 자기 성찰에 바쁘다.

잠시만 한 눈 팔면 버려진 폐가 꼴이 되고 만다.

거미줄도 걷어내고 이웃집에서 날아온 감잎 대춧잎도 쓸어야 한다.

비새는 곳은 없는지, 늘어진 빨랫줄도 팽팽히 손봐야 하고, 꽃 한 포기 채소 하나라도 가꾸려면 흙심도 키워야 한다.

눈이 내리면 마당이며 옥상이며 집 앞도 치워야하고, 장마 끝엔 집안 곳곳마다 세심한 눈길을 주어야 탈이 없다. 추레하지 않으려면 몇 년에 한 번씩 페인트칠도 해야 하고 벽지도 새로 발라야 한다.

커가는 딸년 거두듯 해마다 가꿔야 집 꼴이 사납지 않다. 시덥잖게 주어야 할 사랑이 한두 가지가 아니다. 그러나 어쩌랴, 모든 게 내 선택이었다.

방아깨비도 나타나고 잠자리도 날아드는 마당집.

층꽃나무 청보라가 가을을 흔들며 머무는 집.

갓과 배추가 김장거리 소채로 행세하는 마당집.

궁리 끝에 마침내 나는 나에게 내 집 당호를 내렸다.

이제부터 너를 '슬라브의 멜랑코리'라 하겠노라.

봄날이 지나가며 풀풀풀 낙화할 때.

가을바람 제 홀로 소슬할 때.

눈보라 몰아쳐 커피빛 커피가 생각날 때.

빗발 굵은 여름날.

마당을 서성일 수 있으면 서성이면서 나는 '슬라브의 멜랑코리'에 젖을 것이다.

40년 늙은 '슬라브의 멜랑코리'.

마당집에서 나를 기다린 건 무엇인가? 초록 진실인가 아니면 늙은이의 막연한 거부인가?

❖새들과 함께 마련된 그들 언어의 번역은 어떨까?

2014년 현재, 대한민국의 비둘기는 뚱뚱하다.

날마다 온갖 유해성 과자류와 잡식을 주워 먹으며 식성을 진화(?)시켜온 비둘기는 도대체 비만을 주체하지 못하고 체중 조절에 실패한 체급 경기 선수처럼 살아간다. 살찐 암탉처럼 먹이를 탐하며 뒤뚱거리다가 먼 하늘을 더러 응시하는 것 같기는 한데 과연 비상할 수 있을까, 할 만큼 마치 날개 달린 돼지 같다.

1959년, 중학교를 다니던 시절, 나는 3년 가까이 기와집에서 살았다.

그 기와집에서 새를 좋아하던 형이 비둘기를 길렀다. 세 쌍에서 출발한 비둘기들은 얼마 안 가서 아홉 쌍 열 쌍으로 늘어났다.

집에서 기르는 비둘기의 색깔은 여러 가지다. 명칭도 여러 가지다. 그러나 그 명칭은 학술적 용어도 아니고 지하조직 조폭 세계의 은어처럼 사전에도 없는 이름으로 불렸다. 유래도, 명명의 근거도 모른 채, 그저 색깔에 따라 붙여진 비둘기의 명칭.

청회색 비둘기는 포래. 순백색은 백비둘기.

날갯죽지며 몸통의 흰 바탕에 검은 얼룩이 점처럼 박힌 것은 흰알내기.

검은 바탕에 흰 얼룩이 점처럼 박힌 것은 까말내기.

흰 바탕에 검은 무늬나 붉은 무늬를 조금 곁들인 놈은 광대.

선지피 붉은 빛을 띤 놈은 진선지.

진선지보다 핏빛이 엷어 흰 핏빛을 띤 것은 흰선지라고 불렸다.

닭이든 꿩이든 새 종류는 수컷이 더 아름답다.

청회색 비둘기 포래의 수컷은 목둘레 빛깔이 오묘했다.

purple은 red와 blue의 혼합색으로 자주색과 보라색을 모두 포함한다.

특히 violet보다 진하고 붉은빛을 띤 보라색을 가리키며, 자주색을 뜻할 때에는 red purple이라고 한다. 청회색 비둘기 포래의 목둘레는 red에서부터 blue에 이르는 violet의 모든 빛깔 청홍적자靑紅赤紫를 띠고 있다.

홍보라인 듯, 청보라인 듯, 에메랄드빛인 듯 자수정빛인 듯, 수컷 포래의 목둘레는 마치 스테인글라스처럼 아름다웠다.

비둘기는 무리지어 날아다니는 것을 좋아했다.

먼 하늘에 매가 뜬다. 먼 하늘의 매는 맨 처음 하나의 점으로 등장한다. 사람의 육안으로는 그저 점에 불과할 뿐인데도 지붕에 앉은 비둘기들의 시력은 그걸 포착한다. 매들은 고개를 갸웃거리며 점을 주시한다. 이윽고 점이 점차 둥글어지면서 낮은 하늘로 내려오면 비둘기들은 일제히 날아오른다. 비둘기들은 매를 중심으로 떼 지어 선회한다. 매를 중심으로 원무처럼 비행하는 비둘기들. 이윽고 매는 비둘기를 단념하고 사라져 간다.

비둘기들은 아침저녁에 보문산으로 날아가 스스로 먹이를 찾았다. 그곳에서 각종 종자와 열매를 먹고 귀소하곤 했다. 그때의 비둘기들은 다이어트가 필요 없는 자연산이었다. 비둘기가 기웃거릴 쓰레기통 같은 건 없었다. 비둘기들에게 먹을 것을 주는 사람도 귀했다. 사람도 굶주리던 때였으니까 그건 당연했다.

나는 청회색 포래를 좋아했다. 우리집 비둘기의 대부분은 포래였다.

어느 날, 정체불명의 새 한 마리가 우리집 비둘기에 불법이민자처럼 섞여 왔다.

비둘기보다 작았지만 수컷 포래의 목둘레처럼 날개며 몸통이 온통 화려했다.

얼핏 멧비둘기인가 보다 생각했지만 멧비둘기가 아니었다. 멧비둘기는 칙칙하다. 회갈색 아니면 다갈색이다. 나는 지금까지도 그 새의 정체를 알 수가 없다.

형이 줄을 매단 바구니 밑에 모이를 놓고 용케 그놈을 생포했다.

형은 빈 닭장에 그놈을 가두었다. 무슨 새인지도 모르면서 그 영롱한 빛깔에 빠져서, 길들이려는 욕심으로 형은 날지 못하게 깃을 뽑았다. 비둘기도 큰 깃을 뽑으면 날지 못한다. 그러나 15~20일

뒤엔 깃이 재생되어 날 수 있다.

내가 왜 그랬을까? 어느 날 형이 없는 틈을 타서 나는 닭장 문을 열어놓았다.

쭈뼛거리며 닭장 문을 나선 새가 보문산 쪽을 바라보더니 갑자기 힘차게 비상했다.

자유를 찾아 보문산 쪽으로 날아간 그 새. 산을 바라보다가 땅을 박차고 따닥따닥, 강렬한 날갯짓으로 떠나간 그 새의 마지막 음향이 쟁쟁하다.

별똥별이 꼬리를 끌며 떨어져 내리던 여름밤. 그 무렵엔 심심찮게 별똥별을 볼 수 있었다.

유성流星은 자수정의 비둘기였다는 건 정말인가?

멧새를 추궁하며 형은 불같이 화를 내며 내 뺨을 갈겼다.

그때 내 뺨은 아마도 자수정 빛으로 변했을 것이다.

요즘에 별똥별을 잘 볼 수 없는 것은 자수정의 그 멧새가 날아가 버렸기 때문일까?

팽이였던 그 아이는 어디로 갔을까,

노인에게도 깃이 있을까? 있다면 노인의 깃은 누가 뽑는 것일까?

날아간 멧새가 글을 쓰고 있다는 건 사실일까?

나는 뚱뚱한 비둘기가 된 것일까, 아니면 날아간 자수정의 멧새일까?

당신이 잘 때, 당신 꿈속에서 당신과 사랑한 그 여자는 누구인가?
버려진 자전거는 어떻게 그 자유를 얻었을까?

꿈속에서 나와 사랑한 그 여자는 누굴까? 꿈속으로 들어가 만나면 알 것이다.

네루다 선생님, 고맙습니다.
당신의 나이만큼 늙은 나에게 당신의 가을과 질문을 주셔서.
노인의 깃으로도 하늘을 날 수 있는지 묻는다면 답을 주실는지요?

제 9 장

어떻게 늙어야 하지? 누가 좀 가르쳐 줘

노인자하老人者何? 노인이란 무엇인가?

노인하등인야老人何等人也? 노인은 어떤 사람들인가?

신안 앞바다에서 건져 올린 금 간 청자 항아리일까, 땡전 한 푼 잔고도 없는 통장 같은 것일까? 그도 아니면 스마트폰 세상의 삐삐 같은 존재인가?

물레방앗간에서 있었던 에로스의 추억을 곱새기며 노인은 청년시절을 내려다본다.

노인의 등은 마치 지는 해가 타고 넘기 좋은 산마루처럼 구부정하다.

노인은 폐차를 앞둔 자동차다.

먼 거리 나들이도 걱정스럽고 바람처럼 빠른 질주도 두렵다.

낡은 엔진은 몸통을 이동시키기에 힘이 부친다. 닳아빠진 라이닝은 보행사고를 예감케 하고 머플러 소리도 시원찮다. 베어링을 갈아야하는데 한두 군데가 아닌 것 같고 열선이며 범퍼며 그 밖의 모든 배선장치도 온전할 리가 없다.

아침에 눈을 뜨면 조심스럽게 육체의 시동을 걸어야 한다.

용수철 튀듯이 벌떡 일어났다간 탈이 나기 십상이다.

꼼지락꼼지락, 먼저 손가락 발가락을 달랜 뒤 다시 구부렸다 폈다 팔다리의 굴신 점검을 끝내고나서 비로소 천천히, 정성스럽게 일어나야 한다. 후다닥 허리를 세워 무릎을 일으킬 일이 아니다. 제주가 술을 올리듯, '국제시장'의 국민보건체조 장면이라도 떠올리면서 조금씩 경건히 기침起寢할 일이다.

잊을 만하면, 늙었다는 사실, 그 육체의 fact는 어둠 속 고양이처럼 다가온다,

심지어는 일상적인 '만남' 조차도 데면데면하게 느껴질 때가 있다.

어떤 청년과 만나도, 어떤 처녀와 이야길 나누어도 그 느낌이 예전 같지 않다.

노인을 가득 담은 그들의 눈동자에서 나오는 눈빛도, 눈길도 때때로 불편하다.

몸뚱이의 변화 하나하나도 낯설기 그지없다.

고희를 넘어 에세이를 쓰는 까닭은 내가 살아온 인생을 '간보고' 싶어서다.

지나온 내 삶은 짰던가 싱거웠던가, 공연히 맵기만 하지는 않았던가?

홍시여, 잊지 말아라, 너도 젊어서는 떫은 땡감이었다.

무심코 푸른 핏줄이 서린, 내 손을 보았다. 나를 따라 목도, 내 손도 늙었다.

가만히 슬펐지만, 밥을 먹는 것처럼 담담히 내 손을 보았다.

아하, 어찌 손마저 늙는단 말인가. 그런 장탄식이 잠깐 가슴에 고인다.

술잔을 잡으면 내 손은 술잔이었다.

술잔도 취하고 손도 취하던, 도도하던 젊은 날의 내 손. 손은 나였다.

밤하늘에 퍼지는 트럼벳 소리처럼 내 늙은 손은 이제 마냥 우수에 젖었다.

늙은 손은 젊은 손이 아니다. 그녀의 손을 잡으면 그녀가 되던, 젊은 날의 내 손이 아니다.

시집을 들면 시가 되던 내 손. 장자의 책장을 넘기면 장자의 무위자연이 되던 내 손.

춘삼월 매화 피면 매화가 되던 내 손. 연분홍 치마를 보면 연분홍이 물들던 내 손.

가을이 오면 가을을 움켜쥐던 내 손은 사라지고 없다.

손이라도 남겨놓을 일이지, 손까지 데리고 간 세월이 무정하다.

37년의 훈장 세월을 끝내고 퇴직한 첫 해만 해도 가슴 속엔 똬리를 튼 무지개가 있었다.

시침 분침처럼 돌아가던 정형의 굴레에서 벗어나 누리는 자유, 일탈의 하루하루는 달콤했다.

늦잠 체질도 아니면서 늦잠을 꿈꾸고, 마땅한 볼일도 없으면서 목척교의 어디쯤을 어슬렁거리고, 숟가락을 놓자마자 책과 더불어 뒹굴뒹굴하는 그 무궤도의 시간은 인생 농사 2모작의 시작을 알리는 서곡 같기만 했다.

그러나 그 자유며 일탈은 두 해째 접어들면서부터 벌써 달콤하지도 않았고 2모작의 서곡은 더더군다나 아니었다. 나를 인도하는 가이드도 나타나지 않았고 젖과 꿀이 흐르는 유토피아도 보이지 않았다.

어느 날 나는, 이집트의 노예시절을 그리워하는 히브리인들처럼 열정을 잃어버린, 무기력한 초로의 얼굴 하나가 거울 속에서 나를 물끄러미 바라보는 날들이 흐르고 있음을 깨달았다.

❖난생 처음 노인이 되었다

"그래, 좋다, 내기하자," 우리 중의 누군가가 말했다.

"단, 손으로 잡지 않고 누는 거다. 자, 꺼내!"

"하늘을 향해 줄기가 직선으로 뻗어야 이기는 거다."

결국은 포물선이야, 그렇게 풀죽은 목소리도 들려왔다.

모두들 비장한 표정으로 바지춤을 뒤적거렸다.

"넌 왜 안 꺼내?"

"난 구경이나 할 거야."

너도 나도 고이 숨겼던 비밀병기처럼 거시기를 밖으로 꺼내들었다.

"자, 손 놔 …… 하나 둘 셋!"

꼬맹이 때도 그랬고 '고등핵교' 박박머리 시절에도 그랬다.

이 몸뚱이의 폭발이 의미하는 본질은 무엇이었을까?

내 '소년과 청년'이 희희낙락으로 행한 '줄기놀이'에 질문한다.

인간과 짐승의 등가적 본능을 표출한 것인가? 아니면 또 다른 어떤 의미가 있는 것인가?

누군가의 과시욕이 연출된 것이더라도 '젊은 하늘'을 향해 쏘던 줄기는 무엇을 향한 상징이었을까?

처마 끝에서 떨어지는 고드름의 낙숫물처럼, 늙은이의 오줌은 가련하게도 '쪼르르르 또옥 똑'이다.

이 줄기의 몰락과 조종弔鐘이 노년을 이끌고 오리란 것을 누가 알았으랴.

막대사탕의 막대가 말했다.

마피아 조직의 말론 브란도 밑에서 똘마니 노릇이라도 했어야 목숨 거는 일도 있었을 텐데.

미국 서부 개척 시대에라도 태어났어야 'Far and Away'의 톰 크루즈처럼 말을 달려 깃발을 꽂았을 텐데. 단연코 "여기는 내 땅이다!"라고 외치면서 말이다. 그러다가 니콜 키드먼과 눈이 맞으면 사랑의 마침표도 찍었을 테고.

그래도 왕족의 후예나 재벌의 아들로 태어나지 않은 건, 천만다행이다.

돌멩이처럼 흔한 가난뱅이가 아니었다면 인생이란 국밥을 어찌 맛있게 먹을 수 있었으랴. 수제비 한 그릇으로 배를 채운 뒤에 잠이 든 노을을 바라보는 감동은 누구에게나 찾아오는 것이 아니다.

베르베르 베르나르의 소설 '황혼의 반란'이 끔찍한 상상을 내놨다.

이 소설의 시대적 배경은 1789년의 프랑스 혁명이 아니다.

지금의 50대가 70대가 되는 2040년쯤의 노인들에게 일어나는 일들이다

그러니까 스물스물 일어난 '반노反老운동' 때문에 몸부림치는, '이반데니소비치의 하루' 같은 미래 노인들의 생존일기다.

사회보장 적자는 노인들 때문이라고 외치는 학자들.

의사들이 노인층에 약을 너무 쉽게 처방한다고 비난하는 정치인들.

인공심장 생산을 중단시키는 정부.

노인들을 불사不死의 로봇으로 만들 수는 없다. 생명에는 한계가 있고, 그 한계는 존중돼야 한다, 라고 선언하는 대통령…

70세 이상은 약값과 치료비 지급 제한.

60세부터는 치과, 85세는 위장 치료, 90세는 진통제 처방에 대해 환급 중지.

100세 이후는 모든 무료 의료서비스 금지.

젊은이로 구성된 체포조가 노인들을 붙잡아 '휴식·평화·안락 센터'에 가둔다.

노인들을 버스에 태워서 어딘지 알 수 없는 곳으로 데려가 독극물이 담긴 주사를 놓아 죽인다.

마침내 노인들은 게릴라 투쟁을 시작한다.

주인공인 프레드는 버스를 훔쳐 여러 노인들과 함께 달아난다.

그들은 숲에 숨어 그들의 세계를 구축하며 정부에 대응한다. 그러나 모두 실패다.

죽어가는 프레드가 젊은이를 쏘아보면서 하는 말은 요즘의 대한민국 노랫말이다.

"너도 언젠가는 늙은이가 될 게다."

2012년 18대 대선 이래로 나는 노인의 편이 아니다.

나는 나를 비롯한 우리나라 노인을 혐오하기로 작정했다. .

나도 노인이니 만큼 조금 관용을 베푼다면 혐오에다 연민을 조금 섞을 수는 있겠다.

나는 이미 갈등을 시작했다. 노인혐오는 나 자신까지도 거부하는 것이므로.

혐오의 원인은 크게 두 가지다.

그들의 판단은 시멘트 바닥처럼 견고하고 과거에 닿아 있다.

학교를 졸업한 뒤 거의 평생을 독서와 담 쌓았기 때문인지 무지막지하다.

책을 읽지 않는 문제는 심각하다.

대학교수가 지식인의 대명사일 것 같아도 실상은 그렇지 못하다. 그들은 전공학과의 교수일 뿐 지식인에게 필요한 인문학적인 소양에서는 낙제생이 많다. 이 모두가 독서 결핍증 때문이다.

대학교수가 이럴진대 나머지 지식인들이라고 나을 까닭이 없다.

우리나라 지식인은 도대체 몇%쯤일까?

정치는 가장 중요한 우리들 삶의 일상이다.

노인들의 정치적 판단도 독서와 자기연마에서 나온다.

그렇다고 노인을 그냥 내칠 수는 없다. 폐기물 딱지를 붙여 버릴 수도 없다.

노인은 차가운 식욕을 거부하는 고장 난 냉장고나 마찬가지다.

다리 네 개 중의 하나가 시원찮아 잘못 앉다가는 골절상을 입을 염려가 있는 고물 안락의자다.

발을 굴러 춘향이처럼 하늘로 솟구치려 했다가는 낙하사落下死하기 십상인 위험천만 그넷줄이나 마찬가지다.

아직도 열정이 있다고 빵빵 내지르는 일이 잦아 곧이 믿고 무언가를 맡기면 채 끝내기도 전에 몸져눕는 불완전연소체다.

때로는 방구석 어딘가에 가만히 혼자 앉아 어머니를 그리워하는지 찔찔 짜며 소년으로 회귀하기도 한다. 살갗은 바나나보다도 매끄럽지 못하고 이쁜 짓은 반려견의 10분의 1에도 미치지 못한다. 아니 하는 짓마다 밉상이다.

젊음의 무지와 미숙을 비난하고자 과도하게 침을 튀기는 일이 잦아 청춘의 눈총을 맞기 일쑤다.

그런 노인들의 표가 망가진 대한민국 10년의 큰 원인이 되었다.

도대체 어떻게 늙어야 하지?

'노인 하나가 죽는 것은 도서관 하나가 불타 사라지는 것', 이건 아프리카 속담이다.

책이라는 관점으로 내 생애를 재단한다면 대략 쉰 몇 살까지는 책을 모으는 생애였고, 그 이후 죽을 때까지는 버리는 생애였다고 말하리라.

물론 지금도 나는 쉼 없이 책을 산다. 사서는 읽다 말고 읽다 말고는 처박아둔다. 그런 책들이 제법 허다하다. 그러다가 불현듯 생각이 미치면 버릴 책을 물색한다.

버릴 책을 물색할 때 내 손에 잡힌 책, 폐기처분 선고를 받은 책을 향하여 중얼거린다.

미안하다. 내가 언제 너를 또 보랴.

한 해가 가고 오는 그 언저리 무렵이 버리고 싶은 심사가 꿈틀거리는 때이다. 30권 안팎을 골라서 내다 놓으면 누군가가 재빨리 주워간다.

오늘은 버릴 책을 고르려는 게 아니었다.

그 책을 어디에 두었더라.

무슨 책 하나를 찾으려고 두리번거리다가 낡고 낯선 책 하나를 겨우 구석에서 발견했다.

정가 1500원, 1980년 4월, 태창문화사에서 간행한 책. 군데군데 세로글씨에 옆줄까지 쳐가며 읽은 흔적에서 1985년 무렵에 읽다 만 책이라는 심증을 굳혔다. 그렇다면 벌써 30년 전의 독서가 똬리를 틀고 퇴색한 책이다.

리쭝우이종오李宗吾 1879~1944가 지은 후흑학 입문,

제목이 '낯두껍고 배짱 좋게'다.

그제서야 후흑학이란 낱말을 새삼 입술에 올려놓았다. 어디 다시 한 번 읽어보자.

❖쓰디쓴 익모초즙 색 그것이 국방색이여

문화체육부 장관 조윤선이 대통령의 패션을 말하는 대목 하나가

뉴스에 나왔다.

"오늘은 박근혜 대통령께서 곤색 옷을 입으셔서…" (어쩌구저쩌구).

어쩌구저쩌구는 내 관심 밖이고 '곤색'이 내 레이더망에 걸려들었다.

곤색은 감색紺色이다.

영국 해군 수병 제복의 색깔 이름으로 네이비 블루Navy Blue라는 dark blue다. 검은 빛에 가까운 남색이 곧 감색이다.

곤색의 곤은 감紺의 일본식 발음이다.

Navy Blue나 dark blue 같은 꼬부랑말은 괜찮고 곤색과 같은 일본말은 안 된다는 것인가? 그런 논쟁이 있을 수 있겠으나 우리말에 밴 일본어 잔재는 언어만의 문제가 아니다.

하나를 보면 열을 안다는데 '문화체육부장관'의 자리에까지 오른 사람의 입에서 아무렇지도 않게 '곤색'이 튀어나오다니. 더구나 '곤색'은 헷갈릴 만큼 전문적인 말도 아니다.

문득 생각해보니 유년 시절부터 대학을 마칠 때까지, 내 온몸을 덮고 싸고 있는 색깔은 검정 아니면 하양의 무채색이었다. 교복은 말할 것도 없고 속옷이며 신발까지 모두 검정에서 하양 일색이었다.

광목으로 만든 빤쓰가 오래 찌들어 이따금씩 펄 그레이pearl gray색이 되긴 했지만 그 역시 한통속 무채색이었다.

육이오 직후의 허덕이던 무렵이 유년과 소년시절이었으니 설이나 한가위가 와도 나는 색동마고자 같은 호사 한 번 누리지 못했다. 윗목에 개어 놓은 설빔도 추석빔도 으레껏 검정이었다. 한두 번 입고 팽개쳐 둘 한복보다 어머니는 나에게 교복을 겸한 실용적 검정 광목 옷을 사 입혔다.

무채색의 유년기를 지나 소년이 되고 청년이 될 때까지 내 인생에 유채색은 없었다.

대학을 졸업하고 군대에 가서 입은 초록 군복이 내 유채색의 시작이었다.

아니다. 한 번 있었다. 초등학교 4학년 때(?)였으리라.

어쩐 일로 어머니가 하양 바탕에 파랑 가로줄이 그어진 스웨터를 가져온 일이 있었다. 가슴패기에서부터 허리춤에 이르기까지 손가락 두 개 너비의 청색 줄이 그어진 스웨터. 강렬한 스카이 블루Sky blue. 그 화려한 청색은 무채색에 길들여진 나를 입을 때마다 긴장시켰다.

근사하긴 한데 이걸 어디서 어떻게 입지?

용기를 쥐어짜 딱 한 번 학교에 입고 간 날, 운동장에서 스웨터를 드러낸 날, 부끄러웠던 그 한 시간의 체육시간은 천 년 만 년처럼 길었다.

30대에 접어들면서 나는 반물빛(검은빛을 띤 짙은 남빛, 걸핏하면 일본말로 구로 곤색이라고 하는)양복을 즐겨 입었다. 검정 아니면 회색양복에 군청색 셔츠도 자주 입었다.

색깔의 영토를 확장해서 갈색양복도 입긴 했으나 여전히, 마치 레드 콤플렉스라도 있는 사람처럼 빨강 티셔츠조차 못 입을 만큼 나는 오랜 세월을 무채색의 그늘에서 서성였다.

색깔에 대해서 관심이 많았던 것일까? 내세울 만한 작품은 아니지만 공교롭게도 색깔을 다룬 소설이 세 편이나 있다.

1972년 월간문학에 발표한 소설 '노랑얼굴에 빨강모자'에는 노랑과 빨강이 들어있다.

1978년 한국문학에 발표한 소설 '바나나'에는 노랑과 하양이 들어있다. 바나나 껍질처럼 노오란 황인종 코리언이 미국에 이민 가서 바나나 속처럼 하얀 백인 의식으로 살려는 갈등 이야기니까.

소설 '카키색'엔 당연히 카키색이 들어있다.

7년 전, 서울 강남 터미널에서 그녀를 만났다.

40년 이상 연락 두절이었는데 무슨 바람이 불었는지 그녀가 나에게 간첩처럼 접선을 시도해 왔다.

그녀의 생존 에너지는 언제나 맹렬 아니면 극성이었다.

그녀는 수석입학생이었고 영문과 장학생이었으며 과외 알바로 동생들의 학비까지 보태는 맏이였다.

독서회에서 함께 활동한 동아리 후배이기도 했다.

고등학교 선생님이었던 그녀는 내가 제대했을 무렵에는 벌써 서울로 튀고 없었다. 그녀에게 대전은 아무래도 좁아터진 무대였으리라. 석사과정을 밟는다는 소식도 들은 것 같고 기어이 박사까지 되었는지 어쨌는지 그래서 어디에까지 '승천' 했는지는 아는 바 없다.

문득 내 생각이 났다는 건 그녀가 탄탄대로를 걸어왔다는 반증이었다.

아마도 내 짐작은 틀리지 않을 것이다.

마침 서울에 볼일이 있었던 터였다. 나는 그녀의 과거와 현재를 묻지 않았다.

그녀의 영어단어 발음에서는 연신 버터와 치즈가 녹아내렸고 나는 '여전하군' 하면서 조금도 변하지 않은 그녀의 신기한 세월을 듣기만 했다.

그녀는 어떤 남자의 이야기를 말하기 시작했다.

어쩌다 그런 화제에 이르렀을까? 그녀는 어떤 남자의 버릇이며 색깔 취향을 비눗방울처럼 날려보냈다. 그녀가 만났던 어떤 남자 이야기에 내가 왜 귀를 기울여야 하지?

"혹시 카키색 아세요? 그는 유난히 카키색을 좋아했어요."

나는 모르는 그 남자, 그가 카키색을 좋아했다고?

그래서? 그게 뭐? 도대체 우린 왜 만난 거지?

그녀가 자기중심적이라는 건 알고 있었지만 지루했고 짜증이 일었다.

예매한 대전행 고속버스 시간은 아직 남아있었다. 내가 짐짓 물었다.

"카키색이란 게 어떤 색깔이우?"

"모르시는군요. 그래스 그린Grass green, 국방색과 비슷한 거에요."

"풀빛? 초록?"

숨을 고르고 나서야 나는 그녀의 카키색 인식이 잘못된 것이라고 지적했다.

"카키색은 그게 아닌데."

나는 인도를 통치하던 영국 군인들의 군복 빛깔 그러니까 카키색은 어두운 황색, 흙색 같은 것이라고 말했다. 그러자 그녀의 예의 그 강렬한 자기주장이 시작되었다. (카키색은 그렇다 치고 국방색은 또 뭐지?)

"선배님, 카키색은 Grass green이에요. 레몬옐로우Lemon yellow에 코발트블루Cobalt blue를 더하면 바로 그 Grass green이 나온다구요."

레몬옐로우와 코발트블루의 색상합성을 그녀는 자신의 생각이 옳다는 논거로 삼았다. 엉뚱한 이탈이자 논점 왜곡이었다.

우리가 만나려던 목적이 마치 카키색 논쟁이었던 것처럼 내가 자리에서 일어설 때까지 그녀는 Grass green을 고집했다. 어쩌다가 영악한 그녀가 카키색을 Grass green으로 착각하게 되었을까?

어쩌다가 그녀가 국방색은 곧 Grass green이라고 생각하게 되었을까?

국방색은 국가를 방위하는 색이다.

국방색이란 용어는 일제 말기 1930년대 후반의 신문에 등장한다.

일제의 군국주의냄새가 물씬 풍기는 용어다.

국가를 방위하는 색, 이렇게 희한한 색깔 명칭은 다른 나라에선 찾기 힘들다.

그 당시 일본군의 군복 색깔은 황갈색이었기 때문에 국방색은 황갈색을 연상케 했다.

지금의 국군 군복은 초록이다. 그러므로 지금의 국방색은 초록을 연상케 한다. 지금은 물론 국방색이라는 용어 자체가 잘 쓰이지 않는다. 늙은이들이나 알까, 아이돌 세대에게는 귀설은 말일 것이다.

국방색은 쓰디쓴 익모초 즙 한 사발의 색깔이다.

익모초 즙의 정체를 모르고 그걸 먹고 싶다고 생각한 적이 있었다.

어느 여름날 어머니가 이파리가 너덜너덜하고 길죽한, 얼핏 미나리 비슷한 뭔가를 들고 오더니만 절구에 넣고 찧어 즙을 냈다. 어머니는 탕그릇에 담아 아버지에게 마시기를 재촉했는데 어린 눈에도 그 공경이 지극했다. 내가 언제 그런 지극정성을 받아보았던가. 나는 마냥 부럽기만 했다.

내가 그 시퍼런 즙에 입맛을 다시자 어머니가 말했다.

"넌 뭐든지 없어서 못 먹잖어. 이건 입맛 없을 때 먹는 약이야."
그건 써도 보통 쓴 게 아닌 익모초 즙이었다.

국방색은 익모초 즙 색깔이다.

국방색이 국가를 방위하는 군복색을 의미하는 것이라면 국방색은 나라와 시대에 따라서 얼마든지 달라진다. 인도의 갈색이나 파키스탄의 검정도 필요에 따라서 달라질 것이다.

한때 화려했던 유럽의 군복 색깔도 얼룩무늬를 비롯한 위장색으로 변하고 전투 개념의 변화에 따라 '군복이 아닌 과학을 입는' 시대가 도래하면 국가를 방위하는 국방색은 고정불변의 색이 아니라 변화무쌍한 가변적 색깔이 될 것이다.

색깔을 나타내는 우리말의 기본은 빨강, 주황, 노랑, 연두, 초록, 청록, 파랑, 남색, 보라, 자주, 분홍, 갈색, 하양, 희색, 검정이다. 이 기본을 뼈대로 여러 가지 색깔들이 파생한다.

한자의 기본은 백白 흑黑 청靑 홍紅 적赤 주朱 단丹 황黃이다.

이 기본을 뼈대로 선홍鮮紅 담홍淡紅 담청淡靑 다갈茶褐 황갈黃褐 암갈暗褐 같은 색깔들이 파생한다.

색깔을 나타내는 표현이 아름다우면 듣는 순간부터 설렌다.

미드나이트 블루Midnight blue는 아스라한 빛이 남은 어둠의 색, 회색 성향의 어두운 청색dark grayish blue이다. 정인情人과 헤어지기 싫은 무렵의 시적인 색이 미드나이트 블루다.

베이비 블루와 함께 유년의 옷에 쓰이는 연한 핑크, 베이비 핑크Baby pink는 듣기만 해도 귀엽다. 샐먼 핑크Salmon pink는 연어의 살색이다. 한 접시 먹고 싶다. 갑자기 다가오는 커피향, 커피 브라운 Coffee brown. 아차, 오늘은 뭐가 그리 바빠서 커피 한 잔을 못 마셨지?

펄 그레이pearl gray에서는 희미한 청색이 감돈다. 진주의 밝은 회색이 펄 그레이다.

'모파상'의 진주목걸이, 아름다운 여자의 길고 고운 목에 매달려 있을 펄 그레이pearl gray.

슬프다, 늙은 아내의 주름진 목엔 어울리지 않을 펄 그레이.

품위 있게 늙은 노년의 부부가 함께 외출할 때 그들의 둘레에 어리는 은빛 아우라, 실버 그레이Silver gray는 그런 색깔이다.

어찌 영어만 그러랴. 우리말도 얼마든지 아름답게 나타낼 수 있다.

배가 고팠을까? 소년이 아궁이 앞에 쪼그리고 있다. 그 아궁이불의 빨강은 배고파 아린 빨강이다.

놋그릇의 노랑은 누룽지의 노랑이다. 창호지에 밴 달빛은 하얀 노랑 아니면 하얀 파랑이다.

애잔한 봄날에 휘날리는 젊은 처자의 연분홍, 이라고 표현하면 꺅, 하고 소리치고 싶을 만큼 가슴이 뛴다.

전쟁터에 나갔던 아들이 언덕에 나타났다.

천천히 다가오는 아들은 온몸에 저녁노을을 가득 받았다. 귀향이다. 이제나 저제나 집 앞에서 날마다 기다리던 어머니와 아버지는 멀리서도 아들인 것을 알아본다. 그때 그 노을의 색깔은 어떨까? 주홍인 것도 같고 주황인 것도 같고 그리움인 것도 같고 눈물인 것도 같다.

시시각각 노을의 색깔은 다르다. 피란길에 잠시 머물렀던 영천 외

할머니의 과수원, 그 사과나무에 걸렸던 풋사과의 애플그린Apple green은 60년 세월이 넘었는데도 내 눈속에 고여 있다.

색깔 이름은 인간이 느끼는 정서의 상징이다.

어느 나라 어느 민족이 좋아하는 색깔을 가만히 바라다보면 그 색깔에 잠긴 그들의 역사와 슬픔과 기쁨 또는 미처 모르던 그 어떤 그들의 삶이 녹아내리는 것 같다.

사진으로만 본 것이긴 하지만 아프리카 모로코의 도시 셰프사이엔이 온통 파란 색으로 누워있는 것을 보았을 때, 마라케시의 흙갈색이 나에게 그윽이 다가왔을 때, 그리스의 산토리 도시가 온통 하이얀 색으로 쏟아져 내려왔을 때 나는 그들의 자연과 세월과 문화의 숙성을 상상했다. 그들이 생활에 입힌 그 색깔이야말로 수많은 이야기를 품었으리라고 생각하면서.

국방색은 시적인 낱말이 아니다. 문화적이지도 않다.

그것은 흘러간 시대의 이념적 언어일 따름이다.

먹을 수도 없는 썩은 생선 내 같아서 코를 박고 싶은 전쟁의 유언이다.

바늘무게도 이기지 못할 만큼 숱 없는 내 머리칼은 염색하면 흑黑, 내버려두면 백白이다.

무채색에서 한 줌 유채색의 세월을 어정거리다가 다시 돌아온 무채색의 세월. 늙으면 어차피 심신이 무채색 투성이다.

국방색은 가라. 익모초즙처럼 쓰디쓴 국방색은 가라.

국방색은 자유의 영혼을 자유롭게 놓아줄 산토리의 흰 색도 아니고 모록코 세프샤이엔의 파란색 자연도 아니다. 마라케시의 흙갈색도 아니다.

풋사과의 애플그린Apple green이나 잘 익은 복숭아peach색은 전쟁을 거부한다.

가을이 깊다. 고개를 들어라, 잘 익은 복숭아는 가장 높은 가지에 달려있다.

❖달밤엔 달 그냥 두지 말어. 누가 그러대 술꾼만 이름 남긴다구

코흘리개 동무는 코흘리개 시절의 그리움으로 끝나야 한다.

세월이 흐른 뒤 첫사랑 만나봐야 그 그리움이란 게 허무한 순수 아니면 환상이었다는 것을 비로소 아는 것처럼 코흘리개 동무도 위험요소(?)가 많다. 왜냐하면 떨어져 산 세월이 길면 길수록 그의 화학적 변화가 어디에까지 이르렀는지 쉽게 알 수 없기 때문이다.

만난 지 두 시간도 못 되어 그리움은 이즈러지고 만남의 끝은 바닥에 떨어뜨린 사기그릇처럼 깨지고 만다. 세월의 간극만 확인한 채 돌아서는 그 씁쓸한 뒷맛은 스산하다.

세상을 바라보는 생각을 공유하고 그런 시간을 켜켜이 더했을 때 동심이 1+1이 되는 것.

중고등학교 동창이란 학연도 대동소이하다.

그들과 만나 역사에 대한 가치관 따위를 나누다 보변 원수 되기 십상이다.

그저 몸에 좋은 정보나 나누시라. 손주 이야기를 공유의 기본값으로 삼으면 안전하다. 그려 그려, 그렇게 맞장구치면서 둥글게 둥글게 웃음을 지으면 금상첨화다.

조선 왕조의 폐단은 한두 가지가 아니지만 싸가지 있는 제도가 없었던 건 아니다. 그게 바로 상소다. 상소는 중요한 언로言路의 하나였다. 문무백관에서 평민에 이르기까지 올릴 수 있는 글, 이전문이 펴낸 '상소'를 보면 조선왕조 언론의 자유가 한눈에 들어온다.

대한민국의 여중 3학년이 1% 금수저들의 병역 면제 비리를 직언할 수(대통령에게) 있을까?

그런 시스템은 지금 없다.

그런데 1846년의 열다섯 살 조선 기생이 조정의 고위관료를 큰 도둑이라며 간 크게 상소했다.

조선왕조 악법 중의 악법은 병역법이다.

양반 계층에게는 병역 의무가 없고 백성에게만 병역의 의무를 지웠다.

이 열다섯 살은 군정(군포를 바치는 병역의무)의 문란을 직언했다. 그뿐만이 아니다.

송사(재판)도 개판이다.

어사출두(검사의 수사)도 코미디다.

'과거(공무원채용시험)부정'의 실상도 시궁창, 하고 말한다. '과거부정' 대목을 더 들추어 보자.

경서를 외고 뜻을 설명하는 강경講經으로 뽑히면 생원이고 글을 짓는 제술製述로 뽑히면 진사다.

명문세가의 자제들은 대개 진사가 되었고 궁벽진 시골 선비들은 생원이 대부분이었다. 왜냐하면 생원은 커닝이 힘들지만 진사는 시제試題를 귀띔 받거나(시험지 유출) 차작借作(대리시험)도 가능했기 때문이었다. 그럼에도 진사를 높게 치고 생원을 외려 깔보는 세태가 생겼다.

사법고시가 폐지되고 등록금이 엄청 비싼 로스쿨제도는 생원과가 없어지고 진사과만 살아남는 거나 마찬가지다. 극단적으로 말하면 돈 많은 상류층 명문세가의 자제들만 판검사 해먹는 제도다.

대한민국 정의의 여신상 디케는 무슨 저울을 들어야 할까,

법조계가 얼마나 더 망가질지 그 끝은 누구도 점칠 수 없다.

15살짜리 기생은 어찌나 아는 게 많은지 그녀의 상소는 여기저기를 들쑤셨다.

동요(여론)는 민심이니 우습게 여기지 마시고, 억울한 귀양(무전유죄)이 없게끔 살피시고, 3정승 6판서에 대한 감사監司는 반드시 필요하며 시집 못 간 노처녀 혼처도 주선(취준생과 결혼 출산 문제) 하십사, 하면서 마침표를 찍는 그녀의 상소는 가히 전 방위적이다.

조금 있으면 내 나이가 열다섯 살 기생의 다섯 배는 될 텐데, 도대체 어떻게 폭 늙어야 하지?

아차, 내 정신 봐라.

리쭝우이종오李宗吾의 후흑학 '낯두껍고 배짱좋게'를 다시 읽고 말하려다가 샛길로 샐 뻔했네그려.

수천 년 동안 역사는 우리 앞에 설치미술을 전시했다.

테마의 기본 구도는 언제나 한중일이었고 현대사에 들어와서 미국이 하나 끼어들었다.

한마디로 응축한다면 한중일 3국의 역사는 '수수授受'가 얽히고설

킨 삼각관계였다.

그 '수수授受'는 때로는 '은원恩怨'이었고 때로는 '공방攻防'이었고 때로는 '왕래往來'이자 '전수傳授·傳受'였다.

고구려 백제와 수·당 사이에 '공방攻防'이 있었고, 백제와 왜(일본) 사이에 '왕래往來'가 있었고, 백제의 '전수傳授'와 일본의 '전수傳受'가 있었다. 그런 역사의 흐름은 '은원恩怨'과 '공방攻防'의 갈등을 섞어가면서 현대사에 이르렀다.

중국이 일찍부터 중화中華(세계의 중심)를 내세웠다면 왜倭였던 일본이 국호를 일본日本(태양의 나라)으로 바꾼 것은 그들의 자의식이었다. 우리는 지정학상의 이유였는지 홍익인간弘益人間을 지향했다.

필부필부의 감상感傷에서부터 지식인의 시각, 글쟁이의 고뇌에 이르기까지 2016년 대한민국의 하루하루가 어지럽다. 이런 설치미술의 시간 앞에서 어떻게 늙어야 하지?

후흑厚黑은 두꺼운 얼굴을 뜻하는 면후面厚와 시커먼 속마음을 뜻하는 심흑心黑, 그러니까 면후+심흑에서 태어난 교배종 낱말이다. 청나라 말의 리쭝우는 중국사의 치란흥망治亂興亡을 분석하여 마침내 결론을 내린다.

중국 역사에서 깨끗한 승자는 존재하지 않는다.

승자의 대다수는 낯 두껍고 배짱 좋은 면후와 심흑의 대가였다.

리쭝우는 유방, 조조와 유비, 사마의를 대표적인 후흑의 예로 든다.

후흑학은 공자 맹자의 유학과는 대척점에 있는, 한비자의 제왕학 같은 류의 책이다.

세상은 유학儒學이 꿈꾸는 것처럼 깨끗하지 않다.

조조는 심흑, 유비는 면후의 대가이다. 조조가 시커먼 속마음 심흑을 선택한 간웅이었다면 유비는 생존하기 위하여 두꺼운 얼굴 면후를 선택했다. 왕족의 후예를 표방하며 시류에 따라 여기저기에 몸을 의탁하며 한왕조 부흥의 대의를 내세웠다.

유비가 때를 얻지 못하여 조조에게 의탁하고 있을 때의 일이다.

조조는 유비의 영웅적 기상을 짐작하고 사실상 연금적 성격의 식객으로 거두고 있었다. 그래서 언제나 유비의 일거일동을 살피곤 했다.

조조가 수하에게 물었다. 요즘 유비는 어떻게 지내고 있느냐?

수하가 대답했다. 온종일 채소를 가꾸며 소일하고 있습니다.

조조는 유비를 위해 위로연을 베풀었다.

대작 중에 조조가 불쑥 질문을 던졌다.

"현덕공은 지금의 천하에서 가장 뛰어난 영웅이 누구라고 생각하시오?"

유비는 조조의 의중을 알아채고 짐짓 몸을 사리면서 원소며·손책 등을 주욱 꿨다. 그러자 조조가 껄껄껄 웃으며 말했다.

"지금 천하의 영웅은 바로 그대와 나, 둘뿐이오!"

그러는 찰나 갑자기 천둥 번개가 쳤다.

유비는 깜짝 놀라 주안상 밑으로 기어들어가 코를 박고 떨었다.

'잠룡인 줄 알았더니 한낱 겁쟁이 필부에 불과하군!'

조조는 그때부터 유비에 대한 경계심을 풀었다. 그러나 그것은 때를 기다리며 조조의 그늘에서 벗어나려는 유비의 탁월한 연기, 심모원려였다. 간웅 조조도 깜박 속고 말았다.

후흑의 반대는 엷을 박薄 흰 백白의 박백이다.

마음이 순수하면 그 마음이 곧잘 얼굴에 나타난다.

역발산기개세의 용맹이 있었지만 계략을 쓰지 못하고 순수하여 유방에게 패하고 만 항우. 박백의 대표적인 예는 항우다.

후흑 최고의 경지는 도광양회韜光養晦다.

감출 도韜, 빛 광光, 기를 양養, 그믐 회晦. 칼날의 빛을 (칼집에)감추고 그믐 같은 어둠 속에서 힘을 기른다. 나관중의 소설 삼국지연의에서 유비가 조조의 식객 노릇을 하면서 살아남고자 일부러 몸을 낮추고 어리석은 겁쟁이로 보여 경계심을 풀게 만든 계책이 바로 도광양회다.

리쭝우는 면후와 심흑을 두루 갖춘 인물로 '사마의'를 이야기한다.

워낙 출중하여 조조에게 일찍이 중용을 받았으나 재능을 시기하는 조조의 성품을 알아보고 환자 행세를 하며 때를 기다린 사마의. 조조, 조비로 이어지는 조씨 정권아래에서 그는 항상 조심하고 자중하면서 세력을 키운다. 섣불리 본심을 드러내지 않고, 수십 년 동안이나 인내하며 은밀히 힘을 길러 일거에 조씨 정권을 무너뜨리는 그의 '후흑'은 도광양회의 표본이다.

도광양회는 중국의 1980년대 대외정책이었고 지금도 여전하다.

중국인들이 가장 좋아하는 말 중 하나가 도광양회다.

20세기 초반 열강의 침탈에 맞서 지존을 쟁취하자는 데서 탄생한 후흑학은 뻔뻔함 과 음흉함의 미학이다. 중국은 말할 것도 없이 후흑학의 나라다.

2016년 대한민국의 정치외교는 무엇일까? 후흑일까?

아니다. 아마도 가장 멍청한 박백이 아닐까?

그러나 그 마음이 곧잘 얼굴에 나타나기라도 하는 항우 같은 박백은 아닌 듯하다.

역발산기개세도 없고 전시작전통제권도 없으면서 계략을 쓰지도 못하는, 누군가에게 기댈 생각만 하면서 강대국에게 농락당하는 멍청한 아마추어의 박백이다.

2016년의 한국 정치외교가 아마추어 박백으로 여름을 건넜다.

역사에서 해답을 찾아라. 홍익인간을 핵심어로 삼아 역사에서 해답을 찾아라.

이명박 정부 시절에 열다섯 살 조선 기생의 상소문처럼 동창 친구들에게 이렇게 말한 적이 있다.

"정부의 각료는 간신배와 탐관오리 일색이고 외세의 흐름을 외면한 외교는 아마추어적 즉흥에 졸속이 심하여 국가존망지추에 이르렀다. 풍전등화였던 구한말을 답습하는 듯하여 벼랑 끝에 서있는 것 같다. 개인의 성장사와 궁중의 계보적 비극에 한을 품은 탓인지 연산군이 미스터리 사건을 양산했던 것처럼 권력의 최상위가 걷는 궤도 이탈의 갈짓자 행보는 아무래도 예삿일이 아니다. 로마제국 멸망사의 마지막 페이지를 넘기는 것 같다. 이에 질세라 서민세계에 만연한 세기말적 문화풍조며 각계각층의 부정부패와 그 악취는 올 데까지 왔다. 4대강이며 청년취업이며 법조계 비리며 언론장악 문제며 국정원이며 십상시 같은 각료 꼬라지들 등등에 난마처럼 얽힌 정부 몰골은 흉악하기 그지없다. 문무를 겸비한 늠름한 대통령이 나타나 나라의 근간을 바로잡으면 좋으련만 고만고만한 그릇들이 올망졸망한 세력을 모아 또 대통령직을 넘보고 있으니 이거야 원…"

내가 이런 뜻을 말할 때 동창생 두어 명은 묵묵부답과 화제전환으로 자신의 의중을 감추기에 급급했다. 그럴 때마다 아차 싶어 오히려 내가 서둘러 진화하곤 했다.

그만 두자. 정치 얘기 안한다 했는데 또 그리로 흘러갔네.

고교 시절의 동무 몇몇은 서울로 진학하여 그곳에서 30년 이상 터 잡아 살더니만 전형적인 '서울치'(배금주의, 출세주의, 기회주의, 현실주의가 적당히 몸에 밴 중앙 애호의 서울 사내를 겨냥하는 김수남식 표현)가 다 되어 담백한 술 한 잔 나누기도 마뜩치 않을뿐더러 이제는 만나도 맹물 같이 데면데면하다.

그런데 얼마 전에 그들이 어쩐 일인지 정부 비판에 목울대를 세웠다.

"이대로는 안 돼. 대통령이고 뭐고 갈아치워야 돼."

"동무들, 세 치 혀에 신형 엔진을 달았는가? 어쩐 일로 뒤늦은 고백성사랴!"

내가 이죽거리는데도 얼굴 한 번 붉히지 않고 그들은 서로 하이파이브로 맞장구를 치며 현 정부를 몰아세웠다.

'대오각성이라도 했는가? 그대들과 새삼 금란지교 맺을 생각 같은 건 없다네.'

나는 표정을 가다듬으며 쓴웃음을 짓고 말았다.

어떻게 늙어야 하지?

종자기가 죽었다 해도 끊어버릴 거문고 줄도 없으려니와 난 백아도 아니다.

이런 얘기 저런 얘기 격의 없이 나누던 아무개 떠난 지도 벌써 10년이 훅 지났고. 주말마다 하루치기 나그네 흉내를 내던 아무개 아무개도 진즉에 이승을 떠났다.

내가 좋아하던 분들은 왜 그리 단명을 즐기는지(?) 내 공경을 손사래 치며 일찌감치 이승을 하직했다. 그들보다 몇 년 더 살아 망팔望八을 훌쩍 넘기고 보니 마치 내가 배신자라도 된 양하여 살아있음이 면구스럽다.

박모 이모가 세상을 떠났다. 잠을 자고 나면 염마의 메시지가 때도 없이 날아들어 이제는 양쪽 겨드랑이가 휑하다 싶을 만큼 을씨년스럽다. 백화점에 가서 카드를 긁으려 해도 술벗 글벗은 브랜드 상품이 아니라 할부로 살 수도 없다.

오른손에 '정의의 저울'을 들었든 왼손에 칼이나 법전을 들었든, 법과 정의의 여신 아스트라이아 앞에서 선서를 했든 안했든 그까짓 게 무어랴. 히포크라테스 앞에서 선서를 했든 안했든 그까짓 게 무어랴. 모든 건 사람이 하는 짓, 촉견폐월蜀犬吠月, 촉나라 개는 달 보고 짖는다니 심폐정지로 죽지 않을 자 그 누가 있으랴.

의학을 공부하지 않았어도 알겠다. 나는 머지않아 '심폐정지'로 죽을 것이다.

당신도 결국은 심폐정지로 죽을 것이다.

홍안의 약관으로 등단한 이래 마치 어사화라도 꽂은 것처럼 기세등등(?)히 유가遊街하던 때를 떠올리면서 문단 선배들에게 허참례許參禮나 면신례免新禮 같은 신고식도 올리지 않은 채 동무 하나 없이 홀로 산속 깊이 한 짐 가득 나무하러 갔다가 겨우 삭정이 몇 개 얹은 지게로 내려오는 문학적 쓸쓸함이 날마다 사무칠 뿐만 아니라 설령 먹을 만큼 먹어 명부전이 어른거리는 여든이 넘어도 나는 2016년의 여름과 가을을 잊지 못할 것이다.

재앙의 전주곡처럼 다가온 35도 36도 37도가 고통의 극한에까지 이르렀던 2016년의 한반도 여름.

전기요금의 누진제가 적용될지도 모를 위험(?)을 각오하면서 여느 해보다 일주일은 더 에어컨을 켜대던 여름. 러시아 짜르 시대의 채권은 1917년 볼세비키 혁명 이후에도 지불되었다는데 코리아의 나라 빚은 벌써 645조 원이라던 여름.

금수저 흙수저의 양극화가 시대의 상징어로 자리 잡고 99%의 개돼지론이 한 고위 공무원의 입에서 발화되던 여름. 이끼벌레와 실지렁이가 나타난 녹즙의 4대강은 이미 뇌사 직전인데도 마냥 손 놓고 있는 뻔뻔한 정부 때문에 극도의 분노가 베스비어스 화산처럼 폭발할 것 같던 여름.

올림픽의 낡은 감동 따위나 낚는 티브이가 지겹던 여름.
'부산행'같은 영화가 마치 상황극 같던 여름,
세월호의 눈물을 싸구려 감성으로 팽개치던 여름.
우병우, 그 욕망이라는 이름의 전차가 어디론가 달려가던 여름.

한중미일의 식탁에 오른 사드는 설치미술의 일종이었다.

그리고 마침내 여름의 신열이 아직도 끓던 9월 12일 저녁 7시 44분과 8시 32분, 핵발전소는 떼거리처럼 모여 있는데 경주의 지진 5.1과 5.8은 불안을 달구는 극사실주의적 공포였다.

육이오전쟁의 피란길, 공포를 공포로 인식하지도 못하던 1950년의 여름이 내 일곱 살의 기억이었다면 2016년의 여름은 공포와 좌절과 분노가 뒤죽박죽 엉킨 노년의 악몽 같은 것이었다.

2016년의 여름을 대한민국 실록은 어떻게 기록할까?

가을이 왔다. 가을은 우리를 배신하지 않고 화려한 퍼포먼스를 숨가쁘게 연출했다.

물대포의 직사살수는 마침내 백남기 농민의 일생을 거두어 갔는데 그 죽음의 원인은 병사라 했고 백화점의 세일 행사 같은 촌스런 단식 하나와 그 정치적 색깔이 인구ㅅㅁ에 회자하는 가운데 재단법인 미르와 K스포츠 재단의 스토리는 미친 듯이 흘러갔다.

새로운 사드 부지로 경상북도 성주군 롯데 스카이힐 골프장이 선정됐다…

젊고 깊은 대통령감 어디 없을까?

가을이 깊었다. 어떻게 늙어야 하지?

이 풍진 세상에 술잔 잡구 휘영청한 달 그냥 두지 말어.

이름 남는 건 그저 술꾼뿐인 것이여. 권주가라도 한가락 뽑아보든가.

❖ 언제부터 '느낌이다'가 '서술어'였지? 언제부터 형용사가 '명령어'였지?

오늘도 또 검색어를 쳤다.

걸핏하면 모르는 꼬부랑말이 티브이며 신문에 질펀하기 때문이다.

나 같은 글쟁이도 날마다 검색어를 치는 나라, 이것이 한글 나라의 실상이다.

한글이 자랑스럽다 떠벌이면서도 가꾸고 지키는 정책은 흉측하다.

세종임금의 모국어는 이미 사막화 진행에 가속이 붙었다.

많은 사람들은 모르는 꼬부랑말을 바보상자나 신문 같은 언론매체 속에서 보고 듣고 보고 그래서 마침내 대충 대충 팔자처럼 받아들이고 익혀 지식세계의 일원이라도 된 듯한 착각에 빠져 앵무새처럼 뱉으며 산다. 한글날만 되면 잠자던 울화가 솟구쳐 오른다.

문교부에서부터 시작하여 교육부 → 교육인적자원부 → 교육과학기술부로 명칭이 바뀌는 과정도 뭉글뭉글 화를 돋우기에 충분하다.

'인적자원'의 의미를 보태고 싶다면 교육부 안에 그런 과를 만들어 행하면 된다.

'과학기술'의 의미를 보태고 싶다면 그런 과를 만들어 행하면 된다.

보태고 싶은 의미가 있다고 교육부 명칭을 헝겊 덧대듯 누더기로 만들다니. 심지어는 교육부라는 명칭을 '인재과학부'로 바꾸려는 시도도 있었다.

티브이를 보다가 글을 읽다가, 모르는 외국어(외래어가 되기 위해 발정난 듯한)와 부딪히면 또또 화가 치민다. 사전을 뒤적이고 검색어를 치고 수선을 떨어서 겨우 알아내지만 머릿속에 입력하기는 쉽지 않다.

한글은 우리의 자랑이라고 나불대는 방송, 외국인 한국어 웅변대회 같은 일과성 행사, 꼬부랑말로 범벅이 된 정부의 정책 구호 나부랭이 따위가 또또또 부글부글 속을 끓게 한다.

교육부의 말글정책이 없다 보니 철딱서니 없는 아이돌조차 노래 제목이며 가사에 이르기까지 꼬부랑 노린내를 풍긴다.

영혼이 없다. 정권이 바뀌어도 교육의 내면에 흐르는 영혼이 바뀌어서는 안 된다.

국가 경영 시스템이 없다. 바뀌는 대통령마다 생각나는 대로 가계부 쓰는 초짜 살림꾼 같다. 초짜 살림꾼에다 어질지도 못하고 안목도 없으니.

나랏 말쌋미 듕귁에 달아 문쫘와로 서르 사뭇디… 쯧쯧쯧, 혀 차다 혀 닳겠다.

1961년 고2 무렵에 우리는 글자 가지고 놀았다.

나와 친구들은 마치 옛날 선비들의 파자破字놀이처럼 한자를 가지고 놀았다.

파자놀이는 한자를 깨뜨려서 글을 만드는 일종의 지적유희, 문자희롱이다. 이야기 하려면 길어지니까 궁금한 분은 검색어 쳐보시라.

한자에는 잘못 읽기 쉬운 글자가 좀도둑 쥐새끼처럼 많다.

낙인烙印, 뱅어白魚, 합천陜川, 오한惡寒, 요산요수樂山樂水, 익사溺死, 포착捕捉, 패배敗北, 항문肛門, 당구장撞球場, 탄로綻露, 살포撒布 세객說客… 이런 걸 가지고 우리는 익살스럽게 문장을 만들어 주거니 받거니 했다. 이 낱말들에는 잘못 읽기 쉬운 음이 하나씩 있는데 그런게 시험에도 나오기 때문에 놀면서 하는 공부였다.

"넌 담임한테 각인烙印찍힌 사나이야. 얼굴은 백어白魚처럼 하얀 협천陜川촌놈이 걸핏하면 악한惡寒난다고 조퇴해서는 동구장撞球場이나 들락거리구. 금방 정로綻露날 걸. 선생님이 그걸 포촉捕捉못할 줄 알았냐?"

"난 그렇다 치구 너는 무슨 악산악수樂山樂水하는 군자냐? 네 공문肛門이나 닦구 다녀. 물에 빠져 약사溺死할 놈아."

"알았다 알았어, 너는 설객說客 같은 놈이라구 삐라라도 산포撒布하

마. 내가 패북敗北했다!"

어쩐 일이었을까? 저녁 9시쯤에 잠든 것 같았는데 눈을 뜨고 보니 01시였다.

겨우 네 시간 잔 것인가?

원래(?) 여섯 시간이었던 내 잠시간이 점점 줄어드는 것인가?

그게 무슨 상관인가. 잠시간이 줄어들면 줄어든 그만큼 오래 사는 것인 걸.

그건 그렇고 무얼 하며 새벽을 기다린단 말인가. 행여나 싶어 현관문을 열고 마당으로 나갔더니 웬걸 신문이 떨어져 누워 있었다, 요 며칠 배달이 늦다 싶었는데 오늘은 용케도 일찍 깬 나를 위해 제시간에 온 것이다. 고마워. 나는 힐끗 달을 한 번 쳐다보았다. 올 추석 달은 둥글지도 크지도 않았고 이레나 지난 지금은 더구나 그럴만도 했다. 달은 럭비공 같았다.

들어와서 신문을 훑기 시작했다. 30분이 채 됐을까, 나는 영롱한 글 한 조각을 발견했다.

> "터키의 휴양지 보드룸 해변에 세 살배기 어린이가 싸늘하게 식은 몸으로 파도에 떠밀려왔다. 인형처럼 작은 남자아이는 해변 모래에 얼굴을 묻은 채 숨진 상태로 발견됐다. 아일란 쿠르디라는 이름으로 불린 이 아이는 터키 해안을 떠나 유럽으로 가려고 고무보트에 탔던 시리아 난민 가족의 아들로 밝혀졌다."
>
> (이주하는 인간, 호모 미그린스, 조일준 지음)

문장은 정확했고 사실적이었다. 날이 밝으면 책을 사리라.

강물처럼 흐르는 문장은 아름답다. 뛰어난 비유로 쓰인 문장도 아름답다.

리듬이 있는 문장도 훌륭하다. 술술 읽히는 문장이라면 말할 것도 없다.

논리 정연한 문장도 아름답다. 그런데 세상엔 비문非文(비문법적인 문장)이 골칫거리 비둘기처럼 난무한다. 하 많아서 다 열거할 수도 없지만 비둘기 두 개만 들어보자.

1. 소문만 무성하던 의혹의 실체에 한 발 다가선 「느낌이다」

2. 행복한 하루 '되세요' '행복하세요'

'느낌이다'는 서술어가 될 수 없다. 올바른 서술어 형태는 '느낌이 든다'다.

명사에 '~이다'를 붙여서 서술어로 쓰는데 상당수는 서술어라 할 수 없다.

우리말의 형용사는 명령어가 될 수 없다.

누가 당신에게 '붉으세요' 라고 말했다면 이상하다고 생각할 것이다. 누가 당신에게 '불행하세요' 한다면 기분이 나쁠 것이다.

누가 당신에게 '멍청한 하루 '되세요''하면 이 문장의 잘못을 눈치 챌 것이다.

당신은 행복한 하루가 될 수 없다. 당신은 멍청한 하루가 될 수 없다.

당신 자체가 행복한 하루, 멍청한 하루가 아니기 때문이다. 따라서 '행복한 하루를 보내십시오'라고 하거나 '행복하시기 바랍니다'라고 해야 올바른 어법이다.

어제 아침 신문에선 이런 문장도 읽었다.

비노동 소득으로 위기의 중산층을 구하자는 피터 판스의 책을 자주 만지작거리게 되는 '요즘이다'.

'요즘이다'를 서술어가 아닌 부사어로 쓰고 생략한 주어를 넣으면 자연스러운 문장이 될 것이다.

→ 요즘 나는 비노동 소득으로 위기의 중산층을 구하자는 피터 판스의 책을 자주 만지작거린다.

'되는'도 빼야 한다.

전형적인 일본 문장의 피동형이다.

붙여진 → 붙인, 만들어진 → 만든, 밝혀져야 한다 → 밝혀야 한다, 보여진다 → 보인다, 일컬어지는 → 일컫는, 개정되어야 → 개정해야 ……

'사랑스러운 눈으로 바라보면'과 같은 제목이 있었다.

이것은 '생각하지 않고 쓰는 무심코'의 비논리가 저지른 잘못이다.

무어가 이상한 것일까? 주어와 서술어의 관계가 불륜(?)이면 사생아 같은 문장이 태어난다.

'사랑스러운 눈'은 누구의 눈일까? 말할 것도 없이 그건 내 눈이 아니라 어떤 대상의 눈이다. 따라서 '바라보면'의 주어는' 사랑스러운 눈'이 아니다.

사랑스러운 눈으로 바라보면 → ①사랑스러운 '눈을' 바라보면 ② '사랑의 눈'으로 바라보면 …… 처럼 고쳐야 한다.

나는 오래 전부터 '각시붕어의 유영처럼 아름다운 글'을 쓰고 싶다는 생각을 해왔다.

문학청년도 아니었고 흔히 말하는 습작기도 없었던 평범한 대학생이 왜 어느 날 돌연히 신춘문예에 응모할 생각이 났던 것일까? 운명이라고 말한다면 과대 포장이다.

그건 그냥 우연이었다.

섬광처럼 떠오른 제목 하나가 11월의 허술하고 쓸쓸했던 대학생 하나를 방문해서는 누런 재생종이 노트 한 권과 펜을 던져주고 무작정 쓰게 했던 것이니 우연이 아니고 무엇이랴.

문창동의 셋방에 스며들었던, 기적 같은 겨울햇살이 떠오른다, 그 햇살로부터 '각시붕어의 유영처럼 아름다운 글'을 써보고자 용맹정진한(?) 지도 50년이 훌쩍 넘었다.

'각시붕어의 유영처럼 아름다운 글'은 포괄적인 개념의 표현이다.

토종 각시붕어가 우리말이라면 '유영'은 헤엄치며 노는 문장의 비유로 쓴 표현이다.

내가 말하고 싶은 의미, 내 문장관의 요체는 한 가지다. 정확한 글이 가장 아름다운 글이다.

자판을 두드리다가 왼쪽으로 고개를 돌리면 아직도 가지고 놀던 몇 권의 책들이 나를 꾸짖듯이 꽂혀 있다. '맞춤법과 문장의 실제''맞춤법과 교정의 실제' '우리글 바로쓰기' '나만 모르는 우리말' '한국 사람의 말과 글' '뜻도 모르고 쓰는 우리말 500가지' '제나라 글 닭나라 국어' '탈식민성과 우리 인문학의 글쓰기' '이렇게 해야 바로 쓴다' '고종석의 문장' …… 등등 모두가 '각시붕어의 유영처럼 아름다운 글'을 쓰고자 절차탁마의 반려로 삼았던 책들이다.

나는 좋은 글 쓰는 사람의 책만 사서 보는 편인데 그런 분들 모두가 내 스승이었다.

정확한 글을 쓰기 위해서 알아야 할 것들은 하나 둘이 아니고 셋 넷도 아니다. 그야말로 부지기수다. 가지가지의 무공 세계를 섭렵해야 비로소 고수의 경지에 도달하는 것처럼 정확한 글도 가지고 놀며 익혀야 할 영역이 많다.

맞춤법의 문제점, 비문법적 비과학적인 문장, 잘못 쓰기 쉬운 말, 우리말을 병들게 하는 일본말, 일본식 한자어, 우리말에 스며든 일본글의 잔재, 서양말의 홍수와 영문식 문장, 우리글 바로쓰기, 상식의 오류, 문맥의 호응, 어색한 문장, 문장 부호 사용법, 순수한 우리말, 말의 민주화, 한자어 문제, 은어 비어 속어 문제, 외래어 쓰기의 원칙, 뜻도 모르고 자주 쓰는 우리말, 우리말 살리기 문제, 한자말에서 벗어나는 문제 …… 그래서 순수한 우리말을 가려 뽑아 노트 서너 권에 채록하던 시절도 있었다.

나도 몰래 내 문장에 스며든 양왜洋倭의 찌꺼기는 또 얼마나 많았던가.

어미와 조사, 주어와 서술어 관계, 문장의 효율성을 위한 수사 문제 …… 알면 알수록 정확한 글로 가는 산티아고의 여정은 멀기만 했다. 그런 방면의 선각자인 미승우 선생이나 이오덕 선생, 초야에 묻힌 문장가들의 글이 글의 서역 천축국을 찾아가려는 나에겐 '반야경' '금강경처럼 고맙기 그지없었다.

40대에 접어들어서야 비로소 나는 내 문장에 찌든 때를 부끄럽지 않을 만큼 닦아냈다.

정확한 글이 바다라면 그동안 나는 기껏해야 샛강이었다.

도랑에 지나지 않았던 70년대의 글은 일그러진 자화상 같아서 삭제하고 싶다. 그러나 무지몽매가 낳은 내 글의 흑역사를 이제 어쩌랴 …… 그래서 '각시붕어의 유영처럼 아름다운 글'이 포괄적인 개념이라고 말한 것이다.

한자놀이로 장난치던 내 고교시절은 갔지만 '각시붕어의 유영처럼 아름다운 글'을 쓰고 싶은 내 염원은 고로롱 80까지 가야 할 과제다. 딱히나 그럴 듯한 노리개도 없거니와 그래서 나는 아직도 글 가지고 논다.

평화는 '주어지는' 것이 아니다 → 평화는 (누가)'주는' 것이 아니다.

국정교과서 제도는 반드시 '폐지돼야'한다 → 국정교과서 제도는 반드시 '폐지해야'한다.

'삼가해야'한다 → '삼가야'한다.

원자력발전은 핵발전이라 '불리워야'한다 → 원자력발전은 핵발전이라 '불러야'한다

글보만필 몇 장 써놓고 오늘도 나는 글 가지고 논다.
어떻게 늙어야 하지? 누가 좀 가르쳐 줘.

무슨 꿍꿍이속인지 '고희古稀'가 날 찾아왔다.
하는 수 없이 나는 그것과 어울렸다.

술생각 나면 술한테 가고
글생각 나면 글한테 가고
달생각 나면 마당에 내려서고
생각이 야위면 담바고 한 대 꼬나물고.

춘사월이 오면 나는 나에게 가만히 말했다.

나 찾지 마라 달 아래 앵화*꽃 보러간다
나 찾지 마라 바람 불어 낙화 보러간다

아득히 멀어보였던 서른 몇 살도 훌쩍 지나갔다.

언제쯤 막대에게 죽음이 올까? …… 내가 좋아하는 '개와 늑대의 시간'에 올 수는 없을까?

네루다의 시를 읽다가 스르르 영원의 잠이 든다면 무엇을 더 바라랴.

* 앵화(櫻花)는 앵두꽃, 벚꽃

잘 가라 사탕

2018년 1월 22일 인쇄
2018년 1월 25일 발행

저 자 • 김 수 남
발행자 • 성 정 화
발행처 • 도서출판 이화
대전광역시 중구 선화동 229-2번지
장현빌딩 2층
TEL. (042) 255-9708
FAX. (042) 255-9709

ISBN 978-89-6439-140-2 03800

〈값 11,000원〉

이 책은 대전광역시 (재)대전문화재단에서
사업비의 일부를 지원받아 출간되었습니다.